한일관계사연구논집 18

해방 이후 한일관계의 재편

한일관계사연구논집 편찬위원회 편

景仁文化社

발 간 사

최근 한국과 일본 두 나라는 새로운 미래를 함께 열어가기 위한 공동의 노력을 전개하고 있다. 양국의 정치지도자나 여론 주도층에서는 동아시아 내지 세계 인류의 발전과 번영을 위해 양국이 공동으로 노력해나가야 한다는 사실에 적지 않게 공감하고 있다. 특히 오늘과 내일의 역사를 주도할 두 나라의 젊은이들도 점차 과거의 관념에서 벗어나 새로운 양국 관계를 형성해 가려고 한다. 이는 양국 관계의 전개에 있어서 매우 바람직한 현상으로 생각된다. 이와 같은 공감대는 해방 이후 반세기 이상이 지나서야 비로소 나타날 수 있었다.

그러나 현재 한일 양국이 인류의 발전을 위해 공동보조를 견지하기 위해서는 더 큰 노력을 기울여야 한다. 특히 오늘의 역사연구자와 역사교육자들, 그리고 교육행정가들은 미래사의 주역이 될 양국의 젊은이들에게 중등학교 교육을 통해서 양국 간의 관계사에 대한 정확한 지식을 전수해야 할 책임을 지고 있다. 과거사에 대한 이해 없이는 미래에 대한 건전한 전망도 불가능하기 때문이다.

그럼에도 불구하고 한국의 연구자들은 일본의 중등학교 역사교육 과정에서 사용되는 일부 교과서에 대해 적지 않은 문제를 제기해 왔다. 이 문제를 해결하기 위해 양국 정부수반의 합의에 따라 2002년도부터 한일역사공동연구위원회가 설치되어 양국간의 역사문제에 대한 공식적 논의를 착수하게 되었다. 특히 제2기 한일역사공동연구위원회는 2007년도부터 활동을 시작하여 2009년도 말에 그 상호연구를 마무리 지을 수 있었다.

생각해보건대, 한국과 일본 두 나라는 분명 그 문화와 역사가 다른 나라이다. 그러나 한국과 일본 두 나라는 선사시대 이래 오늘에 이르기까지 긴밀한 관계를 유지해 왔다. 이 역사적 사실에서 양국 간에는 특별한 관계사가 성립되었다. 한일관계사 속에는 외교관계나 문화관계 등 평화적 상호관계가 있었다. 이와 함께 한국과 일본 두 나라는 때로는 전쟁관계에 놓이기도 했다.

더욱이 한국은 20세기에 이르러 일본 제국주의의 식민지로 전락되었다. 식민지 지배에 대한 한국인의 거부와 저항은 한일양국간의 상호관계를 적대관계로 변질시켰다. 이 적대관계는 해방과 그 이후에 체결된 한일간의 조약에 의해서 법적으로는 청산되었다. 그러나 일본의 중등학교 역사교과서에 수록된 정당하지 못한 내용이 전달될 경우에는 그 적대관계가 재차 형성되었고, 미래사에 대한 암담한 전망 때문에 양국의 상호관계가 냉각되기도 했다.

이에 양국의 연구자들은 그 과거사가 미래를 향하려는 길목에 장애가됨을 공감했다. 그리하여 연구자들은 새로운 미래사를 전개하기 위한 전제조건으로 양국의 역사문제에 대한 해결을 위해 진지하게 토론하고 의견을 나누었다. 한일역사공동연구위원회는 이를 위해 출범했으며, 제2기한일역사공동연구위원회의 한국측 위원회는 제1기의 전례에 따라 양국간에 합의한 공동주제에 대해 다시 심화연구를 추진했다.

그 결과 각 분과에서는 각기의 공동주제에 대한 이해의 심화를 위해소주제들을 정하여 이에 대한 심화연구가 이루어졌다. 4개 분과가 각기추진해온 그 세부 주제에 대한 연구는 모두 76편의 전문적 논문으로 정리되었다. 그런데 제1기의 경우에는 그 연구결과를 모아서 한일관계사연구논집 편찬위원회의 명의로 ≪한일관계사연구논집≫(전10권)을 간행한 바있었다. 이에 이어서 한일역사공동연구위원회 제2기 한국측위원회도 그논집을 이어받아 제11집부터 21집까지의 일련번호를 부여하여 간행하게되었다. 이번에 간행된 책자에는 영문과 일문의 요약을 첨부했다. 특히영문 요약문의 최종 검토작업은 한지은 선생과 UBC의 Franklin Rausch 선생이 나누어서 해주었다. 그동안 연구에 참여한 위원 및 공동연구원, 그리고 이 책의 간행에 도움을 준 모든 분들에게 특별히 감사드린다.

2010.3.

한일관계사연구논집 편찬위원회 위원장 조　광

<목 차>

연합국최고사령부, 샌프란시스코평화조약 그리고 한일 외교관계의 구축*

이 석 우**

Ⅰ. 전승국의 패전국 영토처리, 그 법적 근거에 대한 문제제기 그리고 영토분쟁 사건에서 보여준 국제사법기관의 법리

국제법상 전시점령국은 피점령국의 영토에 대하여 어떠한 권원이나 권한도 갖지 않기 때문에 그것을 최종적으로 처분할 권한이 없으며,

─────────────

* 이 논문은 ≪제2기 한일역사공동연구보고서 제5권≫(2010, 한일역사공동연구위원회)에서 재수록한 것임.
** 인하대학교 법학전문대학원 교수

피점령국 영토의 지위는 평화조약에 의하여 최종적으로 결정된다. 따라서 전시점령이 확립되었다고 해서 피점령국의 주권이 당연히 법적으로 점령국에게 이전되는 것은 아니며 점령 당국은 점령지의 질서유지와 평화회복을 위하여 필요한 행위를 수행할 권한과 수단을 취득하는 것뿐이다.

그러나 전시점령군의 권한에 대한 이러한 원칙적인 이해에도 불구하고 현실에서의 적용은 다른 양상을 보여주고 있다. 즉, 전승국들이 패전국의 영토에 대한 처분행위가 사실상 행해지고 있으며, 그 결과 또한 실질적으로 적법한 것으로 용인되고 있다. 제1차 세계대전의 동맹국(Central Powers)이나 제2차 세계대전의 樞軸國(Axis Powers)의 패배 이후, 주요 승전국가들은 해당 패전국가들의 영토에 대해 공동으로 처분권을 행사하였다. 1919년과 1920년에 연합국 최고위원회(Supreme Council of the Allied and Associated States)에 의해 취해진 결정과 1943년과 1945년의 테헤란, 얄타, 포츠담, 그리고 이후의 외무장관회의는 이러한 처분권 행사의 예이다.

이러한 방식의 영토 처분의 결과로 영토를 상실하게 되는 국가는 해당 지역에 대한 평화조약에서의 관련 규정에 의해 권원을 포기하게 되며, 실제로 이 같은 경우가 자주 발생하였다. 그러나 해당 영토의 포기 조치와 포기 영토를 접수하는 국가가 평화조약이 발효하기 이전에 일반적으로 점유하고 있는지의 여부에 관계없이 그러한 처분이 적법한 것으로 간주되어 온 관행은 많은 법적 논란을 내포하고 있다. 물론 이러한 처분 내지는 양도 권한의 존재에 대해 국제법학자들은 인정하고 있으나, 그러한 권한에 대한 만족스러운 법적 근거를 제시하거나 동의하는 것에는 난관에 봉착하고 있다. 일부는 국제사회가 그러한 권한을 주요 국가 또는 강대국에게 위임했다는 추정 하에 정치적 현실이 법적인 형태로 변형되었다고 주장한다.[1]

　문제는 전승국이 패전국의 영토에 대한 처분행위를 함에 있어 해당
처분영토에 대해 권원을 가지고 있는 관련 당사국들의 역사적인 이해
관계를 전혀 고려하지 않는 관행을 보여주고 있다는데 있다. 예를 들
어, 등대중재[*Lighthouses Arbitration* (Fr. v. Greece)] 사건에서 상설중재법
원(PCA)은 런던조약 제5조에 의해 연합국에게 처분이 위임된 에게海
상에 위치한 모든 오토만 도서들을 처분하는 권한을 행사함에 있어 연
합국이 이전에 영토를 박탈당했던 국가들의 역사적 권리를 고려하였다
는 증거가 없음을 그 결정을 통해 보여주고 있다.[2]

　이와 마찬가지로 영토분쟁과 관련된 사건의 해결에 있어서 ICJ로 대
표되는 국제사법기관은 기존의 전통적인 '영토 취득과 관련한 국제법
의 일반원칙'과는 다른 법리를 보여주고 있다. 특히 최근의 판례 등을
통해 ICJ가 도출한 가장 대표적인 법리 가운데 하나는 영유권 분쟁을

---

1) '주요 국가들에 의한 공동결정에 의한 처분(Disposition by Joint Decision of
   the Principal Powers)'에 언급된 Brownlie 교수의 해당 주장의 원문은 다음과
   같다. ("After the defeat of the Central Powers in the First World War, and the
   Axis Powers in the Second World War, the leading victor states assumed a
   power of disposition, to be exercised jointly, over the territory of the defeated
   states. In the years 1919 and 1920 decisions were taken by the Supreme
   Council of the Allied and Associated States; 1943 and 1945 by meetings of
   leaders at Tehran, Yalta, and Potsdam, and subsequently by meetings of Foreign
   Ministers. States losing territory as a consequence of dispositions in this wise
   might, and often did, renounce title by the provisions of a peace treaty to the
   areas concerned, but the dispositions were assumed to be valid irrespective of
   such renunciation and the recipients were usually in possession prior to the
   coming into force of a peace treaty. The existence of this power of disposition
   or assignment is recognized by jurists, but they find it difficult to suggest, or
   to agree upon, a satisfactory legal basis for it. Some translate political realities
   into legal forms by supposing that the community of states has delegated such
   a power to the 'principal' or 'great' powers. …") Ian Brownlie, *Principles of
   Public International Law* (2003), pp.130-131
2) *See, Lighthouses Arbitration* (Fr. v. Greece), 23 I.L.R. 659 (Perm. Ct. Arb. 1956)

해결함에 있어 당시 분쟁지역을 지배하고, 실질적인 영토 처분의 권한을 행사했던 제국주의 국가의 결정이나, 그러한 결정이 반영된 조약의 해석 및 적용에 대해 절대적인 증거 능력을 가지고 있는 것으로 평가함으로써, 논란의 여지가 많은 역사적인 사료에 대한 證憑力을 계속해서 부정하는 입장을 견지해 오고 있다는 사실이다.3)

영토 분쟁에 관한 최근의 판례들을 통해 보여준 이러한 국제사법기관의 영토 분쟁과 소위 '식민지 문제(Colonial Question)'에 대한 脫역사인식적, 기능주의적, 그리고 편의주의적인 법리는 결과적으로 그 법리 적용의 폐해에 직접적으로 영향을 받을 식민지 경험에서 벗어난 신생독립국가들의 경우 사법적 제국주의의 침탈이라는 순환에 직면하게 된다.

이러한 차원에서, 분쟁 당사국 역사의 전 구간을 고려함으로써만 그들의 현재 권리가 적절하게 평가될 수 있다고 주장하며, 전체 역사적 맥락에 당연한 가치를 부여하지 않음으로써 ICJ는 법적으로 설득력 있는 방식으로 분쟁을 해결하기 위한 범위를 불필요하게 줄이는 결과를 초래하였다고 주장한 '카타르와 바레인 간의 해양경계 및 영토분쟁에 관한 사건'에서의 Kooijmans 재판관의 개별의견4)과 식민지 시대의 해

---

3) 결과적으로 신생 독립국가들이 연관된 영토 분쟁의 해결을 위해 이들 지역 및 분쟁 국가들을 식민 지배했던 과거 제국주의 국가들의 무차별적인 영토 확장을 위한 전횡을 무비판적으로 수용했던 ICJ를 비롯한 국제사법기관의 이러한 법리는 잔혹했던 식민지 시대의 부활이라는 비판을 야기하고 있다. 외국에서도 국제법상 유럽중심주의적인 제국주의의 극복문제에 대해 끊임없이 문제제기가 이루어지고 있다. 그 가장 대표적인 문헌으로는 Antony Anghie, *Imperialism, Sovereignty and the Making of International Law* (2005) 참조

4) 해당 판결문의 원문은 다음과 같다. "[Only] by taking into account the full spectrum of the Parties' history, can their present rights be properly evaluated. By not giving the full historical context its due, however, the Court has ··· unnecessarily curtailed its scope for settling the dispute in a persuasive and legally convincing way." *Case concerning Maritime Delimitation and Territorial Questions between Qatar and Bahrain* (Qatar v. Bahrain), 2001 I.C.J. 40 (Mar. 16), Kooijmans, J., sep. op., para.4

악적 유산의 인정과 인식에 대한 제고를 촉구한 '카메룬과 나이지리아 간 영토분쟁 사건'의 Ranjeva 재판관의 개별의견[5][6] 등은 전승국의 패전국 영토처리의 법적 근거에 대한 문제제기가 가지고 있는 당위성을 보여주고 있다. 그리고 비록 脫식민주의의 구도에서 언급된 것이지만 '서부 사하라 권고의견'에서 Dillard 재판관이 "인민이 영토의 운명을 결정하는 것이며, 영토가 인민의 운명을 결정하는 것은 아니다"[7] 라고 설파한 것도 마찬가지다.

최근 말레이시아와 싱가포르 간의 페드라 브랑카/플라우 바투 푸테, 미들 락, 그리고 사우스 렛지에 대한 주권 분쟁 사건에서는 판결 자체보다

5) 해당 판결문의 원문은 다음과 같다. "The inequality and denial of rights inherent in colonial practice in relation to … colonies is currently recognized as an elementary truth; there is a resultant duty to memorialize these injustices and at the same time to acknowledge an historical fact." *Case concerning the Land and Maritime Boundary between Cameroon and Nigeria* (Cameroon v. Nigeria: Equatorial Guinea intervening), 2002 I.C.J. 303 (Oct. 10), Ranjeva, J., sep. op., para.3

6) 나이지리아 죠스대학교 법과대학 다카스 씨제이 다카스 교수 (Dakas CJ Dakas, Department of International Law & Jurisprudence, Faculty of Law, University of Jos, Nigeria)는 "식민주의에 대한 심문: 바카시, 식민주의 책임, 그리고 절실한 유럽중심주의적인 국제법의 악령 타파(Interrogating Colonialism: Bakassi, Colonial Responsibility and the Imperative of Exorcising the Ghost of Eurocentric International Law)"라는 논문을 통해, 2002년 카메룬과 나이지리아 간 사건(*id.*)에 대해 강하게 비판하고, 동 판결을 통해 오히려 ICJ가 식민주의자들이 식민지 경영의 희생자들을 온건한 태도로 인식하고 처리했던 기억들을 환기시켰다고 주장한다. Al-Khasawneh 판사가 동 사건에서 잘 지적한 것처럼, ICJ의 접근은 "명백히 타자 관념에 기초한 유럽중심적인 국제법 개념에 근거"하고 있다고 비판한다. 동 논문은 "독도: 역사적 인식과 국제법적 정의 (*Dokdo: Historical Appraisal and International Justice*)", 인하대학교-동북아역사재단 공동주최 세계석학초청 국제학술대회 (2008.11.17-19)에서 발표되었다.

7) 해당 판결문의 원문은 다음과 같다. "It is for the people to determine the destiny of [a] territory and not [a] territory the destiny of the people." 서부 사하라에 대한 권고 의견(*Advisory Opinion on the Status of Western Sahara*, 1975 I.C.J. 12 (Oct. 16)), Dillard, J., sep. op., p.122

개별선언을 통해 강조된 역사비판적 접근(Historical Criticism Approach)의 언급[8]이 인상적이며, 식민청산이라는 명제에 대한 국제법적 인식에 시사하는 바가 매우 크다고 본다.

他者 관념에 기초한 유럽중심적인 실증주의 현대국제법의 인식에 대항하여 이러한 역사비평적인 인식이 어느 정도 기능해 줄 수 있는가의 과제는 전승국의 패전국 영토처리에서 政務적인 편의성의 고려 및 남용이 결과한 현재의 영토분쟁 사례의 해법 강구에 직결되는 중요한 문제라고 판단된다.

이러한 전승국의 패전국 영토처리에서 政務적인 편의성의 고려 및 남용은 제2차 세계대전 이후 미국을 위시한 연합국이 패전국 일본의 영토를 처리하는 과정에서 극명하게 재연되었으며, 그 실체적인 여파가 현재에까지 미치고 있음을 파악하게 한다. 특히 패전국 일본의 전후 영토 처리과정에서 노정된 일본의 고유영토와 일본이 제국주의적인 영토팽창 과정에서 침탈한 영토와의 명확한 구분과 처리라는 과제가 주요 승전국 간의 이해관계와 정무적인 편의성에 의해 훼손되어졌다는 사실은 법적 근거 자체가 논란이 되고 있는 전승국의 패전국 영토처리

---

8) 말레이시아와 싱가포르 간의 페드라 브랑카/플라우 바투 푸테, 미들 락, 그리고 사우스 렛지에 대한 주권 분쟁 사건(Sovereignty over Pedra Branca/Pulau Batu Puteh, Middle Rocks and South Ledge (Malaysia/ Singapore)) (http://www. icj-cij.org/docket/files/130/14492.pdf?PHPSESSID=0abb63720e4bc 89f1bf9939f6890071c) ; Declaration of Judge Ranjeva (http://www.icj-cij.org/ docket/files/130/14493. pdf) ; Summary of the Judgment of 23 May 2008 (http://www.icj-cij.org/docket/files/130/14506.pdf) 등 참조 (방문일: 2009-08-20) Ranjeva 재판관은 사실관계를 해석함에 있어 그들 현재의 정치적, 법적 含意에 대한 역사비판적 접근을 고려하지 않은 상태에서 판결이 나왔다고 비판했다. 원문은 다음과 같다. ("Judgment came to this conclusion through a failure to take account of the historical criticism approach in interpreting the facts in their contemporary political and legal context.") Summary of the Judgment of 23 May 2008, id., Annex to Summary 2008/1, p.1

에 대한 권한문제를 더욱 의문시하게 하고 있다.

다음에서는 연합국최고사령부(Supreme Commander of the Allied Powers, 이하 'SCAP')[9]의 일본통치와 샌프란시스코평화조약(San Francisco Peace Treaty with Japan of 1951)[10]의 체결 과정에서 노정된 동아시아 영토처리 문제의 상호 연관성을 중심으로, 미국을 위시한 주요 전승국의 패전국 일본의 영토처리 과정의 문제점을 지적하고, 한일외교관계의 형성에서 그 현대적 의미를 조망한다.

Ⅱ. 연합국최고사령부, 샌프란시스코평화조약 그리고 영토처리 과정에 대한 문제제기

제2차 세계대전 이후 전승국과 패전국인 일본 간에 1951년 9월 8일 체결된 샌프란시스코평화조약은 패전 일본의 국가성을 결정하는 기본적인 법적 장치를 제공하고 있다. 또한 동 조약은 패전국 일본과 일본의 식민지에서 독립한 국가들과의 관계 설정에서도 기본적인 이해구도를 제공하고 있다. 동 조약을 체결하는 교섭 과정에서 노정된 전승국의 패전국 처리와 관련된 일반적인 현안, 즉, 영토, 인권, 청구권, 관련 국가들과의 국교정상화 문제 등은 동 조약을 통해 전후 일본의 국가성이 형성, 전개되어 가는 과정과 전후 한일관계의 정립에 상당한 영향을 미치게 된다.

여러 현안 가운데 SCAP과 샌프란시스코평화조약을 중심으로 패전국 일본의 영토처리 과정을 살펴보면, 제2차 세계대전 이후 미국을 위

---

9) SCAP의 기능, 구조, 그리고 평가에 대해서는 일반적으로 Eiji Takemae, *Inside GHQ: The Allied Occupation of Japan and its Legacy* (2002) 참조
10) 3 U.S.T. 3169; 136 U.N.T.S. 45

시한 연합국이 패전국 일본에 대해 취한 조치들의 법적 정당성과 함께
그 현대적 함의를 파악할 수 있다.

1. 연합국최고사령부, 패전국 일본의 전쟁책임 그리고 동아시아에 남겨진 유산

"일본인 대부분의 경우는 그들이 [아시아]에 남겨 놓았을 수도 있는
증오의 유산에 대해 아무런 개념이 없다고 말할 수 있다. 만약에 내가
다른 영국관리들과 마찬가지로 그러한 일에 대해 말한다면, 아마도 우
리가 거짓말을 하는 것으로 생각할 것이다."[11]

1943년 미국 국무부 산하에 동아시아담당 부처 간 지역위원회(The
Inter-Divisional Area Committee on the Far East)가 결성되어 전후 패전
일본의 제반 사항을 논의하는 과정에서 보여준 미국의 柔和적인 대일
본 정책은 패전 일본의 영토 처리과정에서도 예외 없이 극명하게 표출
되었다. 이러한 미국의 대일본 유화정책에 대한 비판은 연합국 내에서
도 빈번한 비판의 대상이 되었다.

일본제국주의의 폐해로 인해 고통을 받았던 과거 일본의 식민지에
서 독립한 국가들이 일본에 대해 간직하고 있는 감정이 과연 어떤 것

---

11) Harry N. Scheiber, "Taking Responsibility: Moral and Historical Perspectives on
the Japanese War-Reparations Issues", 20 *Berkeley J. Int'l L.* 233 (2002), p.247.
일본주재 영국연락사무소(U.K. Liaison Mission in Japan)에 근무했던 George
Clutton의 1951년 10월 런던에의 보고전문에 수록된 내용 (Clutton, Despatch
No., 332, Oct. 2, 1951, FJ102.77/6, KU.K. Public Records Office, Kew)으로
원문은 다음과 같다. ("I can only say that the majority of Japanese have no
idea of the legacy of hatred they may have left behind them in South East Asia
and that if I, or any other British official, were to tell them of it, we should
probably be thought to be lying …")

인지에 대한 원숙한 고민이 결여된 미국의 정책은 역사적 인식의 결여와 국제법적 정의의 不在를 대변하고 있다. 일본이 제국주의 침략국가로서, 또 패전국으로서 당연히 감내해야 하는 법적, 정신적, 도덕적 부채에서의 배려는 식민지 폐해의 고통으로부터 벗어난 많은 해당 지역의 국가들에게는 역사적 인식과 국제법적 정의의 박탈감과 상실감을 양산하게 하였다.

유럽에서 전후 보여준 죄악과 만행의 인정과 그 과오에 대한 책임이 동아시아 지역에서 재연되지 않았다는 것은 전후 처리과정에서 미국을 위시한 전승국인 연합국의 역할에 기인한 바 크다. 즉, 미국은 일본이 자신의 전쟁범죄와 그 책임문제를 회피하는데 있어서 일정한 역할을 함으로써 일본의 역사적 기억상실에 일조한 바 있다.[12] 청구권 및 배상문제와 관련하여 샌프란시스코평화조약이 패전국 일본에 대해 극도로 관대하고(extraordinarily generous) 非징벌적인(non-punitive) 성격을 가지게 된 배경에도 미국의 역할은 존재한다.[13]

결과적으로 샌프란시스코평화조약이 체결되기 이전에 형성된 연합국과 일본과의 관계사(history of Allied-Japanese relations)가 명확히 규명되어야만, 전후 패전 일본과 식민지 독립국가들과의 관계 설정 및 상호간에 존재하고 있는 현안의 처리에 대한 해법을 제공할 수 있다.

1945년 8월 15일 일본의 무조건 항복선언에 이어, 1945년 9월 2일 일본이 항복문서에 서명함으로써 연합국은 일본의 영토를 점령하게 되었다. 연합국은 일본점령을 실시하기 위하여 극동위원회(Far Eastern Commission), 연합국최고사령부(SCAP), 對일본연합국이사회(Allied Council for Japan) 등의 기관을 설립하였다. 주요 승전국들로 구성된 극동위원

---

12) Scheiber, id., p.238. 원문은 다음과 같다. ("The United States government thus has "played a role in Japan's historical amnesia" by failing to confront the question of war guilt and responsibility for war crimes.")

13) Id., pp.237-8

회에서 결정된 사항을 미국 정부가 구체화[14]하여 SCAP에게 훈령을 발령하였고, 이러한 훈령을 기초로 SCAP은 일본 정부에 개별적인 지령들을 발령함으로써 점령정책의 이행을 감시하고 감독하였다. 실제로 SCAP은 일본의 무장해제 및 전후 처리 등 점령의 주요 목적을 달성하기 위하여 '연합국최고사령관 지령(SCAPIN)'이라고 불리는 다수의 지령들을 일본 정부에게 직접 발령하였다. 이러한 SCAPIN은 제2차 세계대전의 전후 처리 과정에서 한국과 일본의 식민관계 청산에 중대한 영향을 미치는 내용들을 포함하고 있었다. 특히 SCAP은 오늘날까지도 주요 현안으로 양국 간의 관계에 영향을 미치고 있는 재일 한국인의 처우 문제나 독도 관련 현안 등과 같은 문제도 다루었다. SCAP이 점령 초기에 일본의 행정구역의 한계를 설정한 SCAPIN 제677호의 내용과 성격은 양국의 영유권 논쟁에서 빠지지 않고 등장하는 중요한 쟁점이다.[15]

일본을 점령하는 기간 동안 일본 정부에 대해 발령되었던 이러한 SCAPIN은 SCAP 단독으로 결정한 것이 아니라, 극동위원회의 구성국들 간의 합의와 미국 정부 내의 국무부, 국방부 및 해군부 간의 긴밀한 협력을 통해 이루어졌다는 사실은 매우 의미하는 바가 크다.[16] 즉, 결과적으로 전후 일본의 모든 분야에서 사실상의 정부로서 기능했던 SCAP의 역할로부터 1945년에서 1952년까지의 점령기간(occupation

---

14) Michael Schaller, *The American Occupation of Japan* (1985), pp.60-61
15) 1946년 1월 29일자 연합국최고사령부지침(SCAPIN) No.677, 즉 "일본으로부터 특정 외곽지역의 정부 및 행정상의 분리(Governmental and Administrative Separation of Certain Outlying Areas from Japan)"는 다음과 같이 규정하고 있다. "The Imperial Japanese Government is directed to cease exercising, or attempting to exercise, governmental or administrative authority over any area outside of Japan, or over any government officials and employees or any other persons within such areas." (Art.1); "For the purpose of this directive, Japan is defined to include the four main islands of Japan ... and the approximately 1,000 smaller adjacent islands ⋯ and excluding ⋯ Liancourt Rocks ⋯" (Art.3)
16) Takemae, *supra*, note 9, pp.201-212

period)의 유산을 발견할 수 있다는 것은 하나의 해답을 제공한다. 점령 기간 동안 미국의 정책운용은 성공적으로 일본, 일본인, 그리고 일본의 전후 지도계층을 세계여론의 도덕적, 정치적 압력으로부터 격리시킬 수 있었다.

이러한 맥락에서 일본의 전쟁책임에 대한 無知는 맥아더 장군(General MacArthur)이 주도했던 미국 점령당국의 정책에 기인한 바 크다고 판단된다. 1945년 이후 일본정부와 국민의 역사적 기억상실과 관련한 미국의 공모는 평화조약에서의 면제조항을 삽입하는데 있어서 미국이 일정한 역할을 수행하거나, 미국과 다른 외국시민들의 일본에 대한 개인 청구권의 가능한 선례들과 관련한 정보를 은폐하는데 제한되지 않았다. 더 나아가서 점령기간 동안 미일관계의 전체 구도를 형성하였다.[17]

점령당국의 성과가 무엇이든지 간에, 다른 국가는 전후 일본이나 일본의 도덕적 책임의 부담에 대해 맥아더 장군이 보는 것과 마찬가지의 방식으로 보지 않는다는 사실을 미국이 일본 정부에 전달하는데 처참하게 실패했다고 평가 받는다.[18]

즉, 연합국들의 경제가 전쟁의 충격으로부터 간신히 회복되어 가기 시작할 때, 일본인들은 미국에 의해 자신들이 얼마나 우호적으로 대우 받았으며, 그들의 경제회복에 얼마나 높은 우선순위가 부여되었는가에 대해, 지속적인 고통과 분노가 있었음을 전혀 이해하지 못했다. 영국의 외교관 Sir Alvary Gascoigne은 일본 Shigeru Yoshida 수상 역시 일본이 제2차 세계대전의 기간 동안 점령지역에서 자행한 야만적 행위에 대해 해당 지역의 국민들이 가지고 있는 증오를 극복하기 위해서는 어느 정도의 일정한 시간이 경과해야만 함을 전혀 이해하지 않았고, 이해하려고 하지도 않았다고 보고했다.[19] 이러한 일본의 연합국의 인식 및 의

---

17) Scheiber, *supra*, note 9, p.240
18) *Id.*, p.247

견에 대한 오해와 무지는 일본이 과거에 대한 일정한 규정과 전쟁범죄에 대한 책임부과에 대해 저항하게 했다. 다른 국가들과 국민들이 느끼고 있는 도덕적 분노에 대한 일본의 둔감은 맥아더의 지령과 非징벌적인(non-punitive) 성격의 조약에 대한 John Foster Dulles의 입장 견지에 의해 보호되었다. 이러한 현상은 일본이 과거의 전쟁행위로부터의 규정을 거절하는 것을 정당화하는 사고방식을 배양시켰다. 게다가 냉전시대에 직면해 광의의 평화조약 외교종합대책의 일환으로 공산진영에 대한 미국과의 동맹조약을 체결하는데 일본의 동의를 필요로 했던 미국의 필요에 의해 더욱 보강되었다.[20]

2. 샌프란시스코평화조약 체결 이전, 패전국 일본의 영토처리 과정 그리고 국제법적 평가

제2차 세계대전 이후 한일관계의 형성과 변화에 있어 전승국인 연합국과 패전국인 일본 간의 관계형성에 대한 국제법적, 정치외교적인 평가는 매우 중요하다. 연합국최고사령부와 샌프란시스코평화조약을 중심으로 패전국 일본의 영토 처리과정을 개괄하면 다음과 같다.

미국, 영국 및 중국의 국가수반이 참석하여 제2차 세계대전 이후의 처리 방침을 정한 1943년 12월 1일자 카이로선언(Cairo Declaration)은 "일본은 폭력과 탐욕에 의해 약취한 모든 다른 지역으로부터 축출될 것이다"라고 명기하고 있으며, "한국 인민(people of Korea)의 노예상태에 유의하여 적당한 시기에 한국이 자유롭고 독립하게 될 것을 결정하

---

19) *Id*. (Conversation between His Majesty's Ambassador and the Japanese Prime Minister: Sir. A. Gascoigne to Mr. Bevin (Received 29 January 1951), printed copy in FJ 10198/4 (19521), United Kingdom Public Records Office, Kew, U.K.)

20) *Id*., pp.247-8

였다"[21]라고 명시하였다.

1945년 7월 26일자 포츠담선언(Potsdam Declaration) 제8항은 "카이로선언의 문구는 이행되어야 하며, 일본의 주권은 혼슈, 홋카이도, 큐슈, 시코쿠와 우리들이 결정하는 부수적 섬들(minor islands)에 국한될 것이다"[22]라고 규정하고 있다.

이후 1945년 9월 2일 일본의 항복문서(Instrument of Surrender)에 따르면 "우리[일본]는 1945년 7월 26일 포츠담에서 미국, 중국, 영국의 정부 수뇌들에 의해 발표되고, 그 후 소련에 의해 지지된 선언에 제시한 조항들을 수락한다. 우리는 이후 일본 정부와 그 승계자가 포츠담선언의 규정을 성실히 수행할 것을 확약한다"[23]라고 하고 있다.

일반적으로 국제법상 선언(declaration)이란 일방적인 의사표시에 불과하며 국제조약이라고 할 수 없으므로, 일응(prima facie) 카이로선언이나 포츠담선언 역시 국제법상 법적 구속력이 없다는 주장이 가능할 수 있다. 그러나, 일본은 1945년 9월 2일자 항복문서를 통해 우선 포츠담선언의 제 규정을 수락함은 물론 신의성실하게 이행할 것을 서약함으로써 포츠담선언은 일반 국제법상 단순한 선언적 효력을 지닌 일방

---

21) 원문은 다음과 같다. "…Japan will also be expelled from all other territories which she has taken by violence and greed. The aforesaid three great powers, mindful of the enslavement of the people of Korea, are determined that in due course Korea shall become free and independent." US Department of State [이하, 'USDOS'], *Foreign Relations of the United States: The Conferences of Cairo and Teheran* (1961), pp.448-9; USDOS, *A Decade of American Foreign Policy: 1941-1949, Basic Documents* (1950), p.20

22) 원문은 다음과 같다. "[t]he terms of the Cairo Declaration shall be carried out and Japanese sovereignty shall be limited to the islands of Honshu, Hokkaido, Kyushu, Shikoku, and such minor islands as we determine." USDOS, *Dept. of State Publication*, 2671 (Far Eastern Series, 17), p.53; USDOS, *A Decade of American Foreign Policy, id.*, pp.28-40

23) USDOS, *Dept. of State Bulletin*, Aug. 19, 1945, pp.257-9 ("[Japan] … accept[s] the provisions set forth in the [Potsdam Proclamation] …")

적 행위(unilateral act)로 그치지 않고, 연합국 측과 일본국 간에 합의된 국제문서, 즉 법적 구속력이 존재하는 문서로 전환되었다고 평가하는 것이 타당하다. 1945년 9월 2일자 항복문서의 법적 성격은 카이로선언과 포츠담선언을 통한 연합국 측의 전후 처리에 관한 제안(offer)을 패전국인 일본이 수락(acceptance)하는 의사표시를 구성하는 것으로 항복문서 자체가 명확하게 "조항들을 수락한다(accept the provisions)"라는 문구를 사용하고 있다.

2006년 국제법위원회(ILC)가 작성한 "법적 의무를 창출할 수 있는 국가의 일방적 선언에 적용되는 기본원칙(Guiding Principles applicable to unilateral declarations of States capable of creating legal obligations)"에서는 일방적 선언의 경우에도 법적 구속력이 발생하여 법적 권리나 의무가 창설될 수 있다고 명시하고 있다.[24] 특히 국제법위원회의 기본원칙의 제3조는 일방적 선언의 법적 효력을 결정하기 위해서는 당해 선언의 내용 및 선언이 이루어진 사실적 배경과 그 선언에 대한 반응(reaction) 등을 고려해야 한다고 규정하고 있다.[25]

따라서 비록 카이로선언과 포츠담선언은 일국이 행한 일방적 선언이 아니라는 점에서 국제법위원회 기본원칙의 적용대상이 되느냐는 논란이 발생할 수 있지만, 연합국의 공동선언이라 하여 그 법적 성격을 일국의 일방적 선언과 달리 취급할 이유가 없다.

우선 내용과 관련하여 포츠담선언 제8항은 전후 일본 영토의 처리라는 처분적 성격을 지닌 조항으로, 이 조항에서 사용된 'shall'이란 표

---

24) UN Doc A/CN.4/L.706 of 20 July 2006. 1957년 이집트의 수에즈 운하의 법적 지위에 대한 선언, 1974년 프랑스의 핵실험 중지 선언, 1988년 요르단의 West Bank에 대한 권리 포기 선언 등은 법적 의무를 창설하는 일방적 선언의 구체적 예가 될 수 있다.

25) "3. To determine the legal effects of such declarations, it is necessary to take account of their content, of all the factual circumstances in which they were made, and of the reactions to which they gave rise" Id.

현은 일본의 항복문서를 통한 수락에 의해 단순히 미래에 대한 정치적 선언의 성격을 지니고 있다고 해석하기보다는 국제조약상의 용법과 마찬가지로 법적 권리 내지 의무를 창설하는 것으로 해석해야 한다. 즉, 일본의 항복문서에 의한 수락이 없었다 하더라도 포츠담선언의 다른 내용과는 달리 구체적이며 처분적인 성격과 내용으로 인해 최소한 연합국을 구속하는 효력을 지니고 있다. 또한 형식에 있어서도 공개성의 요구를 충족하고 있다.

　더구나 일본은 1945년 9월 2일 항복문서에 조인함으로써 당해 선언들의 신의성실한 이행을 약속하였으므로 명백하게 관련 문구들은 연합국을 당연히 구속해야 한다고 해석해야 한다. 한편 국제법위원회 기본원칙 제9항은 일방적 선언이 과연 타국에 대해 의무를 발생시킬 수 있는지의 문제를 다루고 있는데, 법적 의무를 발생시키기 위한 요건으로 그러한 타국의 선언에 대한 명백한 수락을 요건으로 하고 있는 바,[26] 일본은 1945년 9월 2일 항복문서에 조인하면서 명시적으로 포츠담선언의 신의성실한 이행을 천명하였으므로 카이로선언과 포츠담선언은 일본에 대해서도 법적 구속력이 있음은 물론 신의성실하게 이행해야 할 법적 의무를 창설하고 있다. 양 선언의 당사국인 중국의 경우 카이로선언과 포츠담선언에 대해 법적 구속력이 있는 문서로 해석하고 있는 것이 중국정부의 공식적 입장이다.[27]

　또한 카이로선언과 포츠담선언 제8항은 전후 일본 영토의 처리에 관한 것이고 일본의 패전을 전제로 하고 있는 사실적 배경을 지닌 것

---

26) "9. No obligation may result for other States from the unilateral declaration of a State. However, the other State or States concerned may incur obligations in relation to such a unilateral declaration to the extent that they clearly accepted such a declaration" *Id*.

27) Wang Tieya, "International Law in China: Historical and Contemporary Perspectives", *Recueil des Cours* (collected courses of the Hague Academy)(1990), pp.203-357

으로, 일반적으로 승전국은 패전국의 영토를 취급하는 처분적 권능을 보유하기 마련이므로 당해 선언의 관련 문구는 연합국의 이러한 처분적 권능의 행사이기 때문에 처분의 결과는 패전국인 일본도 구속한다.

법적 구속력이 있는 포츠담선언 제8항은 일본의 주권 범위를 혼슈, 홋카이도, 큐슈, 시코쿠와 연합국 측이 결정하는 부수적 도서에 명백하게 한정하고 있으며, 카이로선언의 문구를 이행할 것을 요구하고 있다. 카이로선언은 한국의 독립을 보장하고 있으며 일본은 첫째, 1914년 제1차 세계대전 발발 이후에 일본이 장악 또는 점령한 태평양 내의 모든 섬, 둘째, 1894년에서 1895년 사이에 청일전쟁 이후 일본이 중국에게서 침탈한 만주, 대만, 팽호도 등의 지역, 셋째, 일본이 폭력과 탐욕에 의해 약취한 모든 다른 지역으로부터 축출되어야 한다고 규정하고 있다.

일본이 축출되어야 할 지역 중 세 번째 지역인 폭력과 탐욕에 의해 약취한 지역의 경우는 일본 제국주의 침탈과정에서 약탈된 것으로 주장되는 한국의 영토처리 문제와 관련이 있다. 즉, 전승국인 연합국이 패전 일본의 영토를 처분하는 과정에서 문제의 영토가 일본이 폭력과 탐욕에 의해 약취한 한국에 귀속되는 영토인지, 아니면 혼슈, 홋카이도, 큐슈, 시코쿠와 연합국 측이 결정하는 부수적 도서에 해당되어 일본에 잔존해야 하는 영토인지에 대한 판단은 전후 연합국의 일본 영토의 처리과정에 대한 적절성과 적법성을 평가하는 지표가 된다.

3. 샌프란시스코평화조약 체결, 패전국 일본의 영토처리 과정 그리고 국제법적 평가

샌프란시스코평화조약의 체결을 위한 패전국 일본의 영토처리 과정에서 보여준 미국의 태도는 일본의 고유영토와 일본이 제국주의적인

영토팽창 과정에서 침탈한 영토와의 명확한 구분과 처리라는 과제가
주요 승전국 간의 이해관계와 정무적인 편의성에 의해 훼손되어졌음을
보여주고 있다. 이러한 훼손은 법적 근거 자체가 논란이 되고 있는 전
승국의 패전국 영토 처리에 대한 권한 문제를 더욱 의문시하게 하고
있다.

샌프란시스코평화조약에서의 독도의 법적 지위와 관련, 조약의 실질
적인 문안 작성자인 미국 국무부 내에서 패전국 일본의 영토처리 과정
에서 노정된 다음과 같은 내부문건[28]은 전후 일본의 영토처리의 적법
성 평가에 있어 그 시사하는 바가 크다고 판단된다.

즉, "아직 구체화되지는 않았으나, 일본인들에 대한 적절한 심리적
접근을 강조한 하바드대학 라이샤워 교수의 제안에 대한 참조가 있었
음",[29] "따라서 11월 2일자 초안의 많은 용어들은, 우리에게 어떤 상당
한 이익을 제공함이 없이, 완전한 패배를 겪은 일본에게 너무 가혹한
것은 아닌지에 대한 질문이 있을 수 있다. … W. J. 시볼드"[30]; "그러
나 동 조항에 도입된 기술방식은 심각한 심리적인 불이익을 가지고 있
다고 믿어진다. 비록 부속서에 많은 수의 영토들이 명시되는 것이 필
요하게 되더라도, 만약 가능하다면 일본을 線에 의해 에워싸는 방식을
회피할 수 있는 또 다른 기술방식을 도입할 것이 권고된다. … 어떤 경
우에 있어서도, … 지도의 삭제는 권고된다. …. 제4조부터 12조까지:
11월2일자 초안의 제4조부터 12조까지 조약에서 삭제할 것과 조약에
부속되는 문서에, 일본을 제외한 체약국 사이에 이전 일본의 관할권

---

28) 본 논문에 언급되는 미국 국무부 문건들은 미국 국립문서보관소에 소장중인
   자료로, 그 주요 사본이 이석우 편, 2006 ≪대일강화조약 자료집≫ (동북아역
   사재단)에 수록되었다. 본 논문에서는 인용 문서의 문서번호 대신 수록 자료
   집의 해당 면수로 인용한다.
29) 이석우 편, 2006 ≪대일강화조약 자료집≫ (동북아역사재단) 226
30) Id., p.248

하에 있었던 영토들의 처분에 대해 동의할 것을 우리는 제안한다."[31]; "제2장에서 채택된 구성방식은 제3조에서 새롭게 축소된 일본을 구성하는 영토를, 이후의 조항들에서는 일본이 할양하거나 포기하는 모든 여타 이전 일본의 영토나 영토적 청구권을 규정하게 하였다. 초기의 초안들에서는 조약체결 이후 일본은 제3조에 기술된 연속선에 의해 에워싸이게 되었고, 동 조약에 첨부되는 지도에 표시되었다. 동 선은 일본에 대한 표상적인 울타리치기는 심리적으로 바람직하지 않다고 믿는 동경 주재 정치고문관 대행의 제안에 따라 삭제되었다."[32]; "일본에 부속된 또는 일본이 이전에 점령한 특정 도서에 대한 노트 … 1. 다케시마(리앙코르락). … 1905년 일본 정부는 공식적으로 동 도서를 일본의 영토로서 청구했으며, 이에 대한 한국으로부터의 항의가 없었던 것은 분명하며, 동 도서를 시마네현 오키섬의 관할권 하에 위치하게 하였다. 일본의 항복 이후에, 연합국최고사령부는 동 도서를 일본의 관할권으로부터 제외시켰으며 현재 미군이 동 도서를 통제하고, 폭격연습장으로 사용하고 있다. … 1. 이 보고서는 국무부와 의회 도서관에서 이용가능한 일본어로 쓰여진 참고자료들에 대부분 근거했다. 국무부와 일본 외무성에서 준비한 특정 도서들에 대한 연구도 또한 참조되었다."[33]; "1950년 8월 9일 … 상황이 단축형 조약을 기본으로 일본과의 평화를 이루기 위해 신속하게 행동하는 것이 바람직할 수도 있게 한다는 이론에서, 앨리슨과 나는 기존에 회람된 긴 형식에 대한 가능한 대안으로서 첨부된 것을 작성하였다. …."[34] (저자 밑줄 강조) 등이 특기할 만하다.

국내외에서 이미 관련 연구들이 소개된 바와 같이,[35] 독도의 영토

---

31) *Id.*, p.251
32) *Id.*, pp.284-285
33) *Id.*, p.327
34) *Id.*, p.346
35) Seokwoo Lee, "The Resolution of the Territorial Dispute between Korea and

처리 문제는 하나의 중요한 의제로 다루어졌다. 그러나 한국전쟁의 발발과 냉전시대 동아시아에서의 일본의 역할에 대한 제고 등 당시의 정치적인 여건들은 미국으로 하여금 전승국 간의 신속한 교섭 및 일본과의 조약 체결을 정책의 최우선 과제로 인식하게 했으며, 그 결과 논란의 여지가 많은 사안들은 조약문 자체에서 명시하지 않는 방향으로 문안을 작성하게 된다. 독도와 관련된 사항도 이러한 당시 미국의 정책적인 고려대상에서 자유롭지 않았으며, 최종 조약문에서는 현재 우리가 보는 바와 마찬가지로 '독도' 및 그에 상응하는 어떠한 용어도 언급되지 않게 된다.

한일 간에 논쟁의 대상이 되고 있는 독도 뿐만 아니라, 일본이 현재 주변 국가들과 분쟁 상태에 있는 쿠릴섬(북방영토)[36]과 센카쿠섬(조어도)[37]의 경우에도 해당 영토의 영유권 귀속 문제를 결정함에 있어, 해

Japan over the Liancourt Rocks", 3 *Boundary and Territory Briefing* 8 (2002); Seokwoo Lee, "The San Francisco Peace Treaty with Japan of 1951 and the Territorial Disputes in East Asia", 11 *Pacific Rim L. & Pol'y J.* 63-146 (2002) 이석우, 2007 ≪동아시아의 영토분쟁과 국제법≫ 등 참조

36) 동 분쟁에 대해서는 일반적으로 Seokwoo Lee, "Towards a Framework for the Resolution of the Territorial Dispute over the Kurile Islands", 3 *Boundary and Territory Briefing* 6 (2001) 등 참조.

37) 동 분쟁에 대해서는 일반적으로 Seokwoo Lee, "Territorial Disputes among Japan, China, and Taiwan concerning the Senkaku Islands", 3 *Boundary and Territory Briefing* 7 (2002) 등 참조. 센카쿠섬의 영토 처분과 관련한 샌프란시스코평화조약에서 관련 규정은 제2조 (b), "일본은 대만과 팽호도에 대한 모든 권리, 권원 및 청구권을 포기한다 ("Japan renounces all right, title and claim to Formosa and the Pescadores.")"와 제3조, "일본은 북위 29도 이남의 南西제도 (류구(琉球)제도 … 를 포함) …에 대해, 미국이 유일한 행정권한을 가진, 유엔의 신탁통치제도하에 위치하게 하는 미국의 어떠한 제안에도 동의한다. … 미국은 상기 도서들의 영해를 포함하여, 영토 및 주민들에 대한 행정, 입법 그리고 사법상의 전권을 행사할 권리를 가진다("Japan will concur in any proposal of the United States to the United Nations to place under its trusteeship system, with the United States as the sole administering authority,

당 영토에 대한 이해관계 국가들의 역사적 권리에 대한 고려보다는 전승국의 政務적인 편의성이 더 고려되었음을 알 수 있다. 즉, 일본이 현재 러시아와 쿠릴섬, 중국 및 대만과는 센카쿠섬을 둘러싼 영토 분쟁의 당사국이라는 사실은 패전국 일본의 전후 영토처리 과정에서 일본의 고유영토와 일본이 제국주의적인 영토팽창 과정에서 침탈한 영토와의 명확한 구분과 처리라는 과제가 전혀 해결되지 않고 도외시되었다는 사실을 보여준다.

샌프란시스코평화조약을 승인하는 과정에서 패전 일본의 처분 영토 가운데 쿠릴섬과 센카쿠섬에 대해, 미국은 전승국의 입장에서 일본이 쿠릴섬에 대한 소련의 주권을 인정한다면 샌프란시스코평화조약 제26조[38]에 의해 부여된 권리를 원용하여 동 조약 제3조에서 규정한 센카쿠섬이 지리적으로 귀속된 류큐(琉球)제도를 포함한 북위 29도 이남의 南西제도에 대한 주권을 주장하겠다고 일본을 압박했다.[39]

Nansei Shoto south of 29 deg. north latitude (including the Ryukyu Islands …) … . …[T]he United States will have the right to exercise all and any powers of administration, legislation and jurisdiction over the territory and inhabitants of these islands, including their territorial waters".)"이다. 샌프란시스코평화조약, *supra*, note 10

38) 26조의 원문은 다음과 같다. "Japan will be prepared to conclude with any State which signed or adhered to the United Nations Declaration of 1 January 1942, and which is at war with Japan, or with any State which previously formed a part of the territory of a State named in Article 23, which is not a signatory of the present Treaty, a bilateral Treaty of Peace on the same or substantially the same terms as are provided for in the present Treaty, but this obligation on the part of Japan will expire three years after the first coming into force of the present Treaty. Should Japan make a peace settlement or war claims settlement with any State granting that State greater advantages than those provided by the present Treaty, those same advantages shall be extended to the parties to the present Treaty." 샌프란시스코평화조약, *id.*

39) 당시 미국 상원은 이와 관련하여 다음의 선언을 하였다. "As part of such advice and consent the Senate states that nothing the treaty contains is deemed

당시 일본의 쿠릴섬에 대한 소련의 주권인정에 대한 미국의 경계는 여러 채널을 통해 일본에 전달되었다. 동아시아 지역에서 영토현상의 유지를 지향하는 미국의 이러한 입장은 쿠릴섬에 대한 일본의 주권에 동조하는 미국의 조치들이 류큐제도를 포함한 해당 지역에 있어서의 미국의 국가 이익과 어떻게 작용, 반작용할 수 있는지에 반영되었다. 동아시아에 있어 일본의 북측 국경지대에 접경하고 있는 소련의 적대적인 존재는 일본과 소련 간의 관계에 있어 끊임없는 불안요소가 될 것이라는 판단도 반영되었다.[40]

결과적으로 동아시아에 있어서 미국 외교정책 집행의 최상 조건은, 특히 당시 냉전의 시대적 배경을 감안하면, 일본이 쿠릴섬에 대한 소련의 주권을 인정하려는 시도를 억제하게 함으로써 이루어질 수 있었다. 다시 말해 미국은 일본의 영토로부터 보다 많은 이익을 향유할 수 있는 정치적 조건의 형성이 최대 관심사였다.

---

to diminish or prejudice, in favor of the Soviet Union, the right, title, and interest of Japan, or the Allied Powers as defined in said treaty, in and to South Sakhalin and its adjacent islands, the Kurile Islands, the Habomai Islands, the island of Shikotan, or any other territory, rights, or interests, possessed by Japan on December 7, 1941, or to confer any right, title, or benefit therein or thereto on the Soviet Union and also that nothing in the said treaty, or the advice and consent of the Senate to the ratification thereof, implies recognition on the part of the United States of the provisions in favor of the Soviet Union contained in the so-called 'Yalta agreement' regarding Japan of February 11, 1945." USDOS, "Office Memorandum: Kurile Islands", 1956/8/3, [USNARA/661.941/8-356]

40) USDOS, "Memorandum from William J. Sebald (Deputy Assistant Secretary of State for Far Eastern Affairs) to Robert D. Murphy (Deputy Under Secretary of State for Political Affairs): Japan-USSR Relations", 1955/4/20, [USNARA/Doc. No.: 661.94/4-2055]

Ⅲ. 연합국최고사령부, 샌프란시스코평화조약 그리고 한일 외교관계의 구축

1975년 "일본의 가치관에 변화가 있었느냐"는 한 저널리스트의 질문에 일왕은 좀 더 평이한 말로 대답했다. "전쟁이 끝나고 국민들은 다양한 의견을 개진해 왔습니다. 하지만 넓은 관점에서 보면 전전과 전후에 달라진 것이 있다고는 생각지 않습니다." 그리고 일왕은 1989년 생이 다할 때까지 일왕으로 군림했다. 이러한 사실 자체가 전전과 전후에 달라진 것이 없다는 일왕의 말을 증명하고 있는 것이다.[41]

국제법상 SCAP은 전시점령 당국으로서 점령시부터 평화조약의 체결 전까지 점령지의 공공질서를 유지하고 평화를 회복시키는 잠정적이고 제한적인 역할만을 수행하는 법적 실체였다. 점령기간 중 소련공산주의 세력의 확산과 일본 점령정책의 시행에 따른 미국의 경제적 부담 등에 따라 미국 및 SCAP의 점령정책이 변화하게 되었고, 이에 대해 일본은 적극적으로 대처하여 '사실상 평화상태'에서 평화조약 체결 전에 주권의 제한을 최대한 완화하고자 노력하였다. 미국의 점령정책 변화와 일본의 적극적 노력은 실제 평화조약에도 반영되어 다른 국가들의 평화조약과 비교하여 일본에 온건한 평화조약 체결이란 결실을 맺었다.

전승국의 패전국 영토처리에 있어서의 정무적인 편의성의 고려 및 남용은 영토 분쟁의 해결에 관한 최근의 판례들을 통해 보여준 국제사법재판소(ICJ)를 위시한 국제사법기관의 영토 분쟁과 소위 '식민지 문제(Colonial Question)'에 대한 脫역사인식적, 기능주의적, 그리고 편의주의적인 법리의 적용과 함께 그 폐해를 양산하고 있다. 즉, 결과적으

---

41) John W. Dower, *Embracing Defeat: Japan in the Wake of World War II* (1999), 최은석 역, 2009 ≪패배를 껴안고: 제2차 세계 대전 후의 일본과 일본인≫ 727

로 그 법리 적용의 폐해에 직접적으로 영향을 받을 식민지 경험에서 벗어난 신생독립국가들의 경우 사법적 제국주의의 침탈이라는 순환적 상황에 직면하게 된다.

특히 패전국 일본의 전후 영토처리 과정에서 노정된 일본의 고유영토와 일본이 제국주의적인 영토팽창 과정에서 침탈한 영토와의 명확한 구분과 처리라는 과제가 주요 승전국 간의 이해관계와 정무적인 편의성에 의해 훼손되어 졌다는 사실은 법적 근거 자체가 논란이 되고 있는 전승국의 패전국 영토 처리에 대한 권한 문제를 더욱 의문시하게 하고 있다.

과거 죄악에 대한 부인이 불신을 잉태하고 국제 화합을 어렵게 한다는 사실을 한일 간의 관계와 프랑스와 독일과의 관계를 비교하여 설명하고, 따라서 과거 죄악에 대한 국가차원의 인정이 신뢰와 화합을 구축하는데 본질적이라는 주장을 하는 연구는 이미 상당수 존재하고 있다.42) 또한, 이와 관련하여 미래지향적인 입장을 견지하면서 과거의 죄악을 인정하는 것이 보다 좋은 접근방향이라는 제언도 가능하다.43)

유럽에서 전후 보여준 죄악과 만행의 인정과 그 과오에 대한 책임이 동아시아 지역에서는 재연되지 않았다는 것은 전후 처리과정에 있어서 미국을 위시한 전승국인 연합국의 역할에 기인한 바 크다. 즉, 미국은 일본이 자신의 전쟁범죄와 그 책임문제를 회피하는데 일정한 역할을 함으로써 일본의 역사적 기억상실에 일조한 바 있다.44) 청구권 및 배

---

42) 가장 최근의 연구 가운데 대표적인 것으로는 Jennifer Lind, *Sorry States: Apologies in International Politics* (2008)를 들 수 있다.

43) Jennifer Lind, "The Perils of Apology: What Japan Shouldn't Learn From Germany", 88 *Foreign Affairs* 3 (2009), p.146

44) 독일이 철저하게 전쟁에 대한 책임을 져야 했던 반면 일본이 전쟁의 책임으로부터 자유로울 수 있었던 연유를 당시 일본을 지배했던 맥아더 군정의 대일본 정책에서 찾은 한 연구는 미국이 일왕을 이용하기 위해 그의 전쟁 책임을 부정함으로써 그 이하 일본인들의 죄의식이 무뎌졌다는 분석을 하고 있다.

상문제와 관련하여 샌프란시스코평화조약이 패전국 일본에 대해 극도
로 관대하고(extraordinarily generous) 非징벌적인(non-punitive) 성격을
가지게 된 배경에도 미국의 역할은 존재한다.

소위 1905년 Katsura-Taft Agreement[45]를 체결하는 과정에서, 미국의
전쟁장관(US Secretary of War) William Howard Taft는 일본 수상
Katsura Taro와 미국의 필리핀 지배에 대한 일본의 동의의 대가로 일본
의 한국지배에 대해 동의하면서 미국 대통령은 미국 상원의 동의 없이
이러한 약속의무를 공식적으로 이행할 수는 없지만, 미국 국민들은 이
러한 미일 간의 거래를 미국의 조약상 의무 이행의 차원에서 받아들일
것으로 확신한다고 언급했다. 이틀 후 미국 Theodore Roosevelt 대통령
은 Taft의 이해가 모든 점에서 매우 정확했다고 언급한 전문을 보내면
서, "일본의 동의 없이 한국은 다른 외국과 조약을 체결할 수 없다고
하는 일본군대의 한국에 대한 宗主權(suzerainty)의 설정은 현재의 [러일
전쟁]의 합리적인 결과이며, 동아시아에서의 항구적인 평화에 직접적
으로 공헌할 것이다"[46]라고 강조하였다.

미국 전쟁장관 Taft는 1906년 일본 동경의 일본상공회의소(Japanese
Chamber of Commerce)에서의 연설을 통해 "우리는 지금 법과 질서의
정부를 유지할 수 없는 민족의 문제에 보다 강한 국가가 개입하여 해
당 민족이 보다 좋은 정부가 되어 세계의 발전을 위한 국가적 의무와
역할을 수행할 수 있도록 지원해야 하는 시대에 살고 있다"[47]라고 설

Dower, *supra*, note 41 참조

45) Katsura-Taft Agreement of 1905에 대한 사항은 일반적으로 Council on Foreign
Relations, 3 *Encyclopedia of U.S. Foreign Relations* (1997), p.24 참조

46) 원문은 다음과 같다. "The establishment of a suzerainty over Korea by Japanese
troops to the extent of requiring that Korea enter into no foreign treaties
without the consent of Japan was the logical result of the present war and
would directly contribute to permanent peace in the East." Harold Hak-Won
Sunoo, *Korea: A Political History in Modern Times* (1970), pp.196-197

파한 바 있다.

미국이 제국주의시대 자신의 영토를 확장하는 과정에서 노정한 국가이익의 실현과 관련한 국가실행[48]이 제2차 세계대전 이후 전승국의 입장에서 연합국최고사령부, 샌프란시스코평화조약의 구도를 거치면서 적용한 政務적인 편의성의 고려 및 남용은 현대 동아시아, 특히 한

---

47) 원문은 다음과 같다. "We are living in an age where the intervention of a stronger nation in the affairs of a people unable to maintain a government of law and order to assist the latter to better government becomes a national duty and works for the progress of the world." 원문 자료는 Jon Van Dyke 교수에 의해 제공되었다.

48) 이와 관련, 미국의 하와이 병합과정에서 재현된 미국과 일본과의 조율은 영토확장에서 국가이익의 최대 실현을 도모한 당시 제국주의 국가들의 관행에 대한 한 단면을 보여주고 있다. 일본은 1897년 하와이에서의 현상유지의 지속은 태평양에 이해를 가지고 있는 국가들의 선린적인 관계에 매우 필수적인 사안이라고 강조하면서 미국이 하와이를 병합하는 과정에서 원칙적으로 반대 입장을 표명했었다. 그 연장선상에서 일본은 하와이에 거주하거나 일하고 있는 일본인들의 권리가 위험해 질 수 있다는 사실에 대해 우려를 나타냈다. John Bassett Moore, 1 *A Digest of International Law* (1906), p.504; Sylvester K. Stevens, *American Expansion in Hawaii 1842-1898* (1945, reissued 1968), p.287. 미국은 하와이에 거주하고 있는 일본인이 차별 없이 공평한 처우를 받을 것이라는 점을 일본에 대해 약속했지만, 이러한 약속은 결국 지켜지지 않았다. Moore, *id.*, pp.505-509. 1897년 12월, 일본은 항의를 중단하고, 일본인 계약노동자와 관련한 분쟁의 해결에 대해 미화 $75,000에 합의하였다. Stevens, *id.*, p.288. 미국의 하와이 병합에 대한 당시 캐나다 의회의 반대는 해당 사안에 대한 일본의 접근 및 이해와는 많은 차이가 있는 것이었다. 당시 N.F. Davin 의원은 "어느 국가의 한 부분을 강제적으로 병합하는 것은 강대국의 행위들을 통제하는 의무와 관련한 근대적 사상에 반하는 것이다"고 비판했고, Alexander McNeill 의원은 "만약 원주민들이 그 변화에 반대하는 것이 사실이라면, 미국에 의한 어떠한 개입도 미국 자신의 원칙에 반하는 것이다"고 언급했다. Jennifer M.L. Chock, "One Hundred Years of Illegitimacy: International Legal Analysis of the Illegal Overthrow of the Hawaiian Monarchy, Hawai`i's Annexation, and Possible Reparations", 17 *University of Hawaii Law Review* 463 (1995), p.492 (quoting from "Canadians Don't Like It: They Think Annexation Would Mean Trouble for U.S.", *N.Y. Times.* Feb. 16, 1893, at 1)

일 외교관계에 있어 불안정을 잉태하게 한 결과를 낳았다.

제국주의 국가가 영토를 확장하는 과정에서 자행한 행위에 대해 사후 자신의 행위를 방어하는 과정에서 주로 원용되는 시제법(intertemporal law)의 원칙49)이 동아시아의 현실에서는 제한적으로 적용되어야만 하는 근거가 여기에 있다. 사실상 과거 서구 제국주의 국가들의 정책들은 현재 법적 안정성이라는 법 이념 및 시제법이라는 법기술에 의해 그대로 인정을 받고 있는 상황이며, 이러한 모습은 최근 ICJ 판결에서도 여실히 나타난다. 과연 법적 안정성이라는 법이념은 현재의 不정의한 상황과 구체적 타당성에 반드시 우선하는 것인가라는 의문을 던져 볼 수 있다. 시제법의 법적 효용성 강화, 기능/편의주의적인 uti possidetis 원칙50)

---

49) 시제법의 원칙이란 특정한 시기의 특정한 분쟁에 어떠한 법 원칙을 적용해야 하는가의 문제와 관련된 것으로, 분쟁 당사자들 간의 특정한 분쟁 사안에 대해 당사자들이 제기한 주장은 분쟁이 발생한 당시에 존재했던 국제법과 법 원칙에 따라 평가되어야만 한다는 원칙을 말한다. 팔마스섬 중재재판에서의 시제법의 원칙에 대한 개념 정의에 대해서는 팔마스섬 중재재판 (*Islands of Palmas Arbitration* (U.S. v. Neth.), 2 R.I.A.A. 829 (1928)), p.845 ("[as] regards the question which of different legal systems prevailing at successive periods is to be applied in a particular case (the so-called intertemporal law), a distinction must be made between the creation of rights and the existence of rights. The same principle which subjects the act creative of a right to the law in force at the time the right arises, demands that the existence of the right, in other words its continued manifestation, shall follow the conditions required by the evolution of law.") 참조. 시제법에 대한 비판적인 견해로는 Joshua Castellino & Steve Allen, *Title to Territory in International Law: A Temporal Analysis* (2003), p.3 등 참조 ("a mere political handmaiden to the politics of power of the imperial states who set out on a worldwide conquest of territory" "to prevent blind acceptance of past manipulations of a legal system that was created by, dominated by and imposed by imperial states upon the rest of the world")

50) 이와 관련, *uti possidetis* 원칙의 개념, 형성과정, 그리고 적용 문제에 대해서도 연구할 필요가 있다. *uti possidetis* 원칙은 스페인 통치 지역이었던 남미지역의 경우, 스페인 식민지 지역의 국가가 독립을 성취하였을 때 식민지 시대의 내부 행정 구획이 신생 독립 국가들 간의 국경선으로 획정된다는 원칙으로, 이

의 보편적 적용 가능성 증가 등 법적 안정성이라는 법의 이념에 충실
한 현대의 국제법이 제국주의 시대의 국제법을 계수하고 있는 현실에
서 연합국최고사령부 및 샌프란시스코평화조약 체제에 의해 근거하여
형성된 현대 한일 외교관계의 구축은 변하지 않는 미국의 영토적 이익
추구가 동아시아 지역에 실현된 역사적 배경과 함께 그 타당성이 재검
토되어야 된다고 판단된다.

후 아시아, 아프리카 지역 및 최근의 구 유고사태에서도 적용되었다. *uti possidetis* 원칙에 대한 보다 자세한 내용은 일반적으로 Suzanne N. Lalonde, *Determining Boundaries in a Conflicted World: The Role of Uti Possidetis* (2002); Steven R. Ratner, "Drawing a Better Line: Uti Possidetis and the Borders of New States", 90 *Am. J. Int'l L.* 590 (1996); Surya Sharma, *Territorial Acquisition, Disputes and International Law* (1997), pp.119-29 등 참조

Supreme Commander of the Allied Powers, San Francisco Peace Treaty and establishment of Korea & Japan diplomatic relationship

Lee, Seok-Woo

This thesis pointed out problems in the processing course of national territory of a defeated nation by Japan by way of a war victory nations including the USA centering on mutual connectivity of processing East Asian national territory, which was revealed through ruling of Japan by Supreme Commander of the Allied Powers and the course of signing San Francisco peace treaty (San Francisco Peace Treaty with Japan of 1951) and viewed the modern meaning of it in formation of diplomatic relationship of Korea & Japan.

Ignorance about war responsibility of Japan was largely originated from the policy of the US occupation authority initiated by General MacArthur as the result. And national implementation with regard to realization of national interests revealed during the course of expanding its own national territory during the period of imperialism by the USA and consideration and abuse of political convenience which the USA had applied through the course of Supreme Commander of the Allied Powers and structure of San Francisco peace treaty in a position as a war victory nation after World War II had produced the results giving birth of instability in modern East Asia, in particular, in diplomatic relationship of Korea & Japan. Therefore, establishment of modern diplomatic relationship of Korea & Japan based on

Supreme Commander of the Allied Powers and San Francisco peace treaty system must be re-reviewed in its feasibility together with historical background realized in East Asian region by unchanging pursuit of American national territorial interests.

In particular, the fact that the task of clear separation processing of unique national territory of Japan and national territory Japan had obtained by invasion and looting through the course of expansion of national territory was damaged by relationship of interests between main war victory nations and political convenience, which was revealed during the course of processing national territory of defeated nation of Japan after the war, is pointing out that the problem of authority of processing national territory of defeated nation by war victory nations, which is debated in its legal ground itself, becomes more questionable.

Key words : Supreme Commander of the Allied Powers, San Francisco Peace Treaty, national territory processing of defeated nations, Korea & Japan diplomatic relationship, history critical approach

連合国最高司令部、サンフランシスコ平和条約、そして韓日外交関係の構築

李碩祐

　本論文は、連合国最高司令部(Supreme Commander of the Allied Powers)の日本統治とサンフランシスコ平和条約(San Francisco Peace Treaty with Japan of 1951)の締結過程で露呈された、東アジア領土処理問題の相互関連性を中心に、アメリカを始めとした主要戦勝国の敗戦国日本に対する領土処理プロセスの問題点を指摘し、韓日外交関係の形成におけるその現代的意味を眺望するものである。

　日本の戦争責任に対する無知は、結果的にマッカーサー将軍(General MacArthur)が主導したアメリカ占領当局の政策に起因した部分が大きく、アメリカが帝国主義時代に自らの領土を拡張する過程で露呈した、国家利益の実現と関連した国家実行が、第2次世界大戦以後、戦勝国の立場から連合国最高司令部、サンフランシスコ平和条約の構図を経て適用した政務的な便宜性の顧慮及び濫用は、現代の東アジア、特に韓日外交関係において不安定を懐胎するという結果を残した。従って、連合国最高司令部及びサンフランシスコ平和条約体制に基づいて形成された現代の韓日外交関係は、変わらないアメリカの領土的利益の追求が東アジア地域で実現された歴史的背景と共にその妥当性が再検討されなければならない。

　特に、敗戦国日本の戦後領土処理プロセスにおいて露呈された日本の固有領土と日本が帝国主義的な領土膨張過程で侵奪した領土との明確な区分と処理という課題が、主要勝戦国間の利害関係と政務的な便宜性により

毀損されてしまったという事実は、法的根拠自体が論難されている戦勝国の敗戦国領土処理に対する権限問題を一層疑問視していることを指摘している。

核心語：連合国最高司令部、サンフランシスコ平和条約、敗戦国の領土処理、韓日外交関係、歴史批判的接近

한일 식민관계 청산을 둘러싼 전후 연합국최고사령부의 역할과 법적 지위

김 원 희*

Ⅰ. 서론

1945년 8월 15일 히로시마와 나가사키에 원자폭탄이 투하된 이후 일본은 무조건 항복을 선언하였다. 1945년 9월 2일 일본이 항복문서에 서명하자 이를 근거로 연합국은 일본의 영토를 점령하였다. 연합국은 일본 점령을 실시하기 위하여 극동위원회(Far Eastern Commission), 연합국최고사령관(Supreme Commander of the Allied Powers, 이하 SCAP), 대일본 연합국이사회(Allied Council for Japan) 등의 기관을 설립하였다. 주요 승전국들로 구성된 극동위원회가 일본점령에 관한 최고기관이었지만

* 서울대학교 박사수료, 국제법 전공

미국은 일본과의 전쟁을 단독으로 수행했기 때문에 극동위원회가
SCAP에 대해 직접 명령을 내릴 수는 없었다.[1] 극동위원회에서 결정된
사항을 미국정부가 구체화하여 SCAP에게 훈령을 발령하였고, 이러한
훈령을 기초로 SCAP은 일본정부에 개별적인 지령[2]들을 발령함으로써
점령정책의 이행을 감시하고 감독하였다. 실제로 SCAP은 일본의 무장
해제 및 전후처리를 위해 '연합국최고사령관 지령(SCAPIN)'을 일본정
부에 직접 발령하였다.[3] 이러한 SCAPIN은 제2차 대전의 전후처리 과
정에서 한국과 일본의 식민관계 청산에 중대한 영향을 미치는 내용들
을 포함하고 있었다. 특히 SCAP은 전후 일본의 무장해제와 사회개혁
이라는 점령의 주요 목적을 달성하기 위해 활동했을 뿐만 아니라 재일
한국인의 처우문제나 일본이 제국주의 침략으로 획득했던 영토의 반환
등에 관한 문제를 다루기도 하였다. 하지만 일본을 점령하는 기간 동
안 일본정부에 발령되었던 많은 SCAPIN은 SCAP 단독으로 결정한 것
이 아니라, 극동위원회의 구성국들 간의 합의와 미국정부 내의 국무부,
국방부 및 해군성 간의 긴밀한 협력을 통해 형성된 것이었다.[4]

　이러한 SCAP의 역할과 활동에 대해 비교적 많은 선행연구가 이루어

---

1) Michael Schaller, 1985, *The American Occupation of Japan* (New York: Oxford
　University Press) 60~61
2) 선행연구들에서는 연합국최고사령부가 발령한 'Instruction'을 각서, 지령, 지
　침, 훈령 등 다양한 용어로 번역하고 있으나, 연합국최고사령부는 일본정부의
　상급 행정기관이 아니라 연합국 점령당국이었다는 점에서 상급행정기관이 하
　급행정기관에게 발령하는 훈령 보다는 적절한 번역용어를 생각할 필요가 있
　다. 또한 연합국최고사령부가 일본정부에게 내린 Instruction은 직접적이고 중
　대한 효력을 발생했다는 점에서 법적 구속력의 의미가 미약한 '지침' 보다는
　'지령'이 적합할 것으로 생각된다. 이하에서는 연합국최고사령부 지령 또는
　SCAPIN으로 부르기로 한다.
3) United States Department of State, 1946, *Foreign Relations of the United States,*
　Vol. III (The Far East, U.S. Government Printing Office) viii.
4) Takemae Eiji, 2002, *Inside GHQ: The Allied Occupation of Japan and its Legacy*
　(Continuum, New York), 201~212

졌지만 대부분의 선행연구는 SCAP의 활동과 SCAPIN의 내용을 독도 영유권 문제와 관련시키면서 한국측에 유리한 근거로 사용하려는 경향을 보여 왔다.5) 선행연구에서는 한국측의 독도 영유권 주장을 정당화하기 위해 SCAP의 활동과 SCAPIN의 내용을 파악하다보니, 국제법상 SCAP의 권한범위나 법적 지위 등의 문제는 등한시되어 온 측면이 있다. 하지만 SCAP의 역할과 활동은 재일한국인 문제나 독도영유권 문제에 직간접적으로 영향을 주었기 때문에, 한일 식민관계의 청산을 위해 SCAP이 어떠한 활동과 역할을 하였는지, 그리고 그러한 SCAP의 역할과 활동은 당시의 국제법상 정당한 권한 범위 내에서 이루어진 것인지를 객관적으로 규명할 필요가 있다.

따라서 이하에서는 제2차 세계대전 후 일본을 점령했던 미국의 대일 점령정책 수립과정과 그 과정에서 설립된 SCAP의 조직과 기능을 살펴보고자 한다. 일본 점령 초기에 무장해제와 민주화에 초점을 두었던 미국의 점령정책이 전환되면서 SCAP의 역할과 활동 또한 변화되었는데 이러한 전환의 원인에 대해서도 새로운 시각에서 조명해보고자 한다. 다음으로 제2차 세계대전 당시의 여러 조약과 국제판례에서 나타난 전시 점령당국의 법적 지위와 권한범위를 살펴보고, 그러한 국제법 이론에 따라 SCAP의 법적 지위와 권한범위를 평가해보고자 한다.

---

5) SCAPIN 제677호를 한국측의 독도 영유권 주장의 근거로 들고 있는 곳으로는 박관숙, 1968 《독도의 법적 지위에 관한 연구》 (연세대학교 박사학위논문) 70~72 ; 이한기, 《한국의 영토》 269~270 ; 백충현, <국제법상으로 본 독도연구> 《독도연구》 438~439 ; 김명기, 《독도와 국제법》 93~96 ; 신용하, 《독도의 민족영토사연구》 259~262 ; 이상면, 2001 <독도 영유권의 증명> 《서울대 법학》 42-4, 232 ; 김선표·이형기, 《한국의 독도영유권 논리 보강방안에 대한 연구》 149~152, 165~166 ; 정갑용·주문배, 2004 《독도영유권에 관한 국제법적 쟁점 연구》 (한국해양수산개발원) 64~65 ; 이장희, 2005 <일본의 독도 영유권 주장의 부당성과 한국의 대응방안> 《국제법논총》 11, 10~12.

이상의 논의를 기초로 SCAP이 한일관계 청산을 둘러싸고 실시했던 정
책과 활동들을 검토하고 그것들이 재일한국인 문제와 독도 영유권 문
제에 지니고 있는 함의들을 살펴보고자 한다.

Ⅱ. 연합국최고사령부의 조직과 기능

1. 제2차 대전 후 대일 점령정책의 수립과정

일본은 1945년 8월 15일 무조건 항복을 선언하였고 같은 해 9월 2
일 포츠담 선언6)을 수락하는 항복문서7)에 서명하였다. 포츠담 선언을
수락함으로써 일본정부는 그 선언에 규정된 목적을 달성하기 위한 연
합국의 군사점령을 받게 되었고, 연합국이 공식적으로 일본과 그 식민
지들을 점령하였다. 하지만 1941년 12월 태평양 전쟁이 발발한 이후에
미국은 영국이나 소련의 도움 없이 일본과의 전쟁을 단독으로 수행했
기 때문에 전쟁이 종결되는 1945년 8월 이전부터 단독으로 일본을 점
령하기 위한 계획을 준비하고 있었다.

2차 대전 발발 후 적국에서의 군사점령과 통치의 필요성을 인식한
루즈벨트 행정부는 1941년 국무부와 국방부에 점령과 통치의 기본적
목적 및 원칙을 규정하기 위한 특별위원회를 설치하였다.8) 1944년부터

---

6) Potsdam Declaration of July 26, 1945. 포츠담 선언은 일본에 대해 항복할 것
   을 권고하고 2차 대전 후 일본의 처리문제에 대해 규정하고 있었다.
7) Instrument of Surrender of September 2, 1945. 항복문서는 포츠담 선언의 완전
   한 수락과 이행, 일본 군대의 무조건 항복, 최고사령부의 지령에 대한 일본의
   이행, 일본의 황제와 정부는 연합국 사령관의 통치하에 있을 것 등을 규정하
   고 있었다.
8) Akira Iriye, 1988, "The United States as an Occupier", *Review in American
   History*, Vol. 16, 66

미국은 일본을 군사적으로 패망시키고 군사점령 및 통치를 실시하기
위한 계획을 추진하였고 국무무 내에 설립된 전후계획위원회(Postwar
Programs Committee)와 국방부의 민정국(Civil Affairs Division)은 일본
점령에 참여할 국가들과 일본의 식민지 및 점령지들을 처리하기 위한
방안을 담은 전반적인 일본 점령계획의 수립을 논의하였다. 여기서 전
후계획위원회는 연합국 군대가 대일점령에 일부 참가하는 것은 허용하
지만 연합국과 함께 분할점령하는 것이 아니라 미국 단독으로 점령할
것을 제안하였다. 또한 행정적인 편의를 위해 기존의 일본 행정조직과
기구들을 이용할 것을 제안하였다.[9] 한편 1944년 12월 통일적인 일본
점령계획을 수립하기 위하여 국무부, 국방부, 해군성 3부 정책조정위
원회(State-War-Navy Coordinating Committee, 이하 SWNCC)가 설립되
었다. SWNCC는 전후계획위원회의 견해를 토대로 일본점령과 통치에
관한 기본원칙들을 정리하였다. 그러한 노력의 결과 1945년 4월
SWNCC의 극동담당 소위원회는 "일본의 항복 후 미국의 초기정책(이
하 초기정책)"[10]을 완성하였다. 이 초기정책은 일본의 점령에 대한 기
존의 계획들을 통합하고 기획하였던 문서이다. 초기정책에 따르면 미
국은 단독으로 일본 전역을 점령 및 통치하며, 일본의 철저한 무장해
제, 민주화 및 경제개혁을 점령의 목적으로 삼고 이를 달성하기 위하
여 기존의 일본 정부조직과 기구를 이용한다는 내용을 담고 있었다.
특히 중요한 내용은 일본 천황이 직접 일본의 무조건 항복을 선언함으
로써 모든 일본 군대의 군사적 활동의 중단을 명령하고, 이후 SCAP이
일본의 전 지역에 대한 모든 입법, 사법, 해정에 대한 권한을 지니며
공공질서를 유지하고 평화를 회복하기 위한 정상적인 임무수행을 일본
의 모든 민간인과 군인에게 명령할 수 있다는 것이었다.[11]

---

9) Michael Schaller, 1985, ≪앞 책≫ 6~7
10) United States Initial Post-surrender Policy for Japan, August 29, 1945

〈표 1〉 일본 점령기구 조직도 (1948년 12월 기준)12)

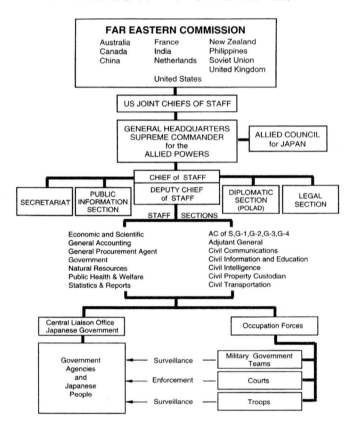

맥아더 장군이 전후 연합국최고사령관으로 임명된 이후에, SCAP의 본부는 당시에 현존하던 태평양군 사령부(U.S. Army Forces in the Pacific, 이하 AFPAC)의 본부 내부에 설립되었다. SCAP과 AFPAC의 본부는 물

11) Report by SWNCC's Sub-committee for the Far East, June 11, 1945

12) U.S. Department of the Army (Historical Section, G-2, FECOM), ed., *Reports of General MacArthur*, vol. 1: Supplement (MacArthur in Japan: The Occupation: Military Phase), U.S. Government Printing Office, 1966, 72. (이하 'Reports of General MacArthur, vol. 1: Supplement, 1966')

리적으로 혼합되어 있었고, 실무적인 이유들로 인해 많은 부서들, 기관 및 직원들이 계속적으로 SCAP과 AFPAC에서 이중적인 역할을 수행하였다. 하지만 SCAP과 AFPAC의 권한과 책임에는 명확한 경계가 존재하였다. 즉 SCAP의 권한은 일본 내로 제한되어 있었던 반면에, AFPAC의 사령관은 태평양 지역에 있는 모든 군대를 지휘하였다.[13]

2. SCAP의 내부 조직과 기능

SCAP은 총사령관 맥아더를 정점으로 참모장(Chief of State), 부참모장(Deputy Chief of State), 개별 부국(Staff Section) 그리고 점령군(Occupation Forces)으로 구성되어 있었다. 또한 개별 부국은 일반참모부(General staff section)와 특별참모부(Special Staff Section)로 나누어져 있었다. 일반참모부는 주로 서무 및 군사활동을 주된 임무로 수행하였고 기능에 따라 4가지 부서로 나누어져 있었다. 한편 특별참모부는 일반적인 행정부처와 비슷한 조직을 갖추고 있었다. 즉 1947년 12월을 기준으로 민간재산관리국, 통계보도국, 공중보건복지국, 민간정보교육국, 군무국장, 일반조달국, 민간정보국, 민정국, 일반경리국, 경제과학국, 민간통신국, 민간통신국, 천연자원국, 민간운송국 등으로 구성되어 있었다.[14]

각 부국은 자신들의 권한과 기득권을 유지하기 위해 노력하였고 이로 인해 불가피하게 부서간 경쟁이 유발되어 때로는 일본 개혁정책에 걸림돌이 되기도 하였다. 1945년 10월에 정치자문부(Office of the Political Advisor)는 주요 부국들의 업무를 명확하게 하기 위해 부서간 회의를 소집하기도 하였으나, 부서간의 긴장관계가 계속적으로 유지되다가 1946년 4월에 별도의 부참모장이 임명되면서 어느 정도 해소되었다.[15]

---

13) *Reports of General MacArthur*, vol. 1: Supplement, 71
14) *Ibid.*, 77

〈표 2〉 SCAP의 내부 조직도 (1947년 12월 31일 기준)16)

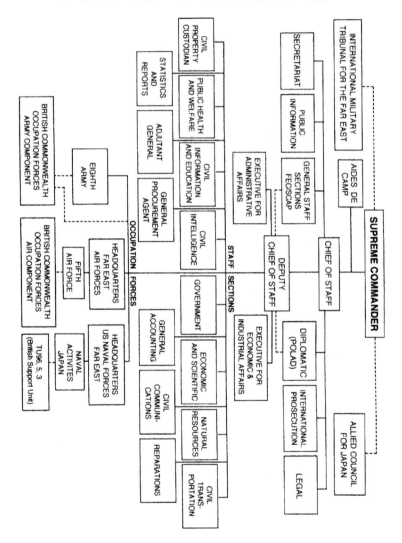

---

15) Takemae Eiji, ≪앞 책≫ 146~147

16) *Reports of General MacArthur*, vol. 1: Supplement, 77

3. 미국의 초기점령 정책상 SCAP의 목적과 기능

연합국의 점령정책은 일본의 항복조건을 규정한 포츠담선언, 일본의
항복문서, 일본의 항복 후 미국의 초기정책, 모스코바 선언[17]과 같은
기본문서들의 방침에 근거를 두고 있었다.[18] 이 문서들은 일본 군국주
의의 배제 및 군대의 무장해제, 민주주의의 부활 및 강화, 기본적인 인
권의 존중과 언론, 종교 및 사상의 자유 확립 등 일본에 대한 전반적인
개혁정책을 기본방침으로 상정하고 있었다.

사실상 연합국의 대일 점령 최고기구인 극동위원회는 점령정책의
목적을 증진시킬 수 있는 한 SCAP이 일본 천황을 포함한 일본정부의
조직과 기관들을 그대로 이용하는 것을 골자로 한 행정조직을 수립하
였다. 일본정부의 조직을 그대로 이용하는 것을 기반으로 SCAP이 조
직되었기 때문에 일본 점령은 독일, 오스트리아, 한국 및 필리핀에서
적용된 초기의 점령과는 근본적으로 성격이 달랐다.[19] 즉 전술한 점령
목적을 달성하기 위하여 연합국최고사령부가 직접 활동하는 직접적 통
치방식이 아니라, 기존의 일본정부 조직을 매개체로 하여 활동하는 간
접적 통치방식을 택하였다.[20] 특히 개혁적인 성격의 입법을 할 때에는
일본 국민들을 대표하여 입법기능을 행사하는 일본 국회(Diet)를 통해
이루어지도록 하였다.[21] 물론 일본 국회에 의한 입법이 연합국 점령의

17) Moscow Declaration of Foreign Ministers of December 27, 1945. 모스코바 선언
　　은 일본의 통치에 참여하는 연합국의 조직, 특히 극동위원회(Far Eastern
　　Commission)를 규정하고 있었다.
18) Hugh Borton, 1947, "United States Occupation Policies in Japan since
　　Surrender", *Political Science Quarterly*, Vol. 62, No. 2, 251~252
19) Ralph J. D. Braibanti, 1948, "Occupation Controls in Japan", *Far Eastern Survey*
　　Vol. 17, No. 18, 215
20) Alfred C. Oppler, 1949, "The Reform of Japan's Legal and Judicial System
　　under Allied Occupation", *Washington Law Review & St. B. J.*, Vol. 24, 292-293

기본방침에 배치되는 경우에는 연합국최고사령부의 거부권 행사에 의해 거부되었다.

반면에 점령의 주요 관심사였던 특정 영역에 있어서 연합국사령부는 일본정부에 지령의 형식으로 직접 명령을 하달하였다. 이러한 SCAPIN은 전시에 자행된 시민적 자유에 대한 억압과 전쟁국가의 잔인한 속성을 제거하기 위한 조치를 포함하고 있었다. 다만 SCAPIN이 발령되는 경우에도 관행상 일본의 국내법 형식으로 집행되었기 때문에 간접적인 통치방식의 원칙은 일반적으로 유지되었다. 이와 같이 일본정부는 점령당국의 명령에 절대적으로 구속되면서 일본 헌법과 국내법에 따라 책임을 지지 않는 대행기관으로 활동하였다. 일본의 국회는 원칙적으로 SCAPIN의 내용을 결정할 자유가 없었고 SCAP의 결정에 그대로 따라야 했기 때문에 SCAPIN의 독립적인 집행을 위한 적절한 기관이 될 수 없었다. 따라서 SCAPIN은 국회가 제정한 법률에 의해서 집행된 것이 아니라 행정부의 명령(Ordinance)의 형식으로 집행되었다. 점령 초기에 SCAPIN은 일본 제국령의 형식으로 발령되었지만,22) 새로운 일본의 헌법이 제국령을 폐기한 이후에는 내각명령의 형식으로 발령되었다.23)

SCAPIN의 이행을 확보하기 위하여 SCAP의 담당국 대표에 의한 일

---

21) 간접적 통치방식으로 일본을 점령했기 때문에 일본인들의 많은 의견이 고려되었으며, 점령정책에 대한 일본인들의 반응이 대개 무시되지 않을 수 있었다. 점령이 오래 지속될수록 일본정부에 대한 통제는 완화되어 갔다. *Ibid*, 293.

22) 이 명령의 법적 근거는 다음과 같은 Imperial Ordinance No. 542 of September 20, 1945 에 규정되어 있었다. "포츠담 선언을 수락함에 따라, SCAP의 요청에 근거한 항목들을 실행하기 위하여 정부는 특별히 필요한 경우에 명령을 통해 필요한 조치를 취할 수 있으며, 필요한 형벌규정을 제정할 수 있다."

23) Law 72 of 1947 (The Law concerning the validity of the Provisions of Orders in Force at the Time of coming into Force of the Constitution of Japan, etc.), English Edition of the Official Gazette, No. 313, April 18, 1947; Alfred C. Oppler, 1949, *op. cit.*, 294 에서 재인용.

시적인 시찰과 점령군에 의한 지속적인 감시·감독의 두 가지 방식이 사용되었다. 또한 SCAP은 일본을 통치하면서 네 가지의 절차적 방식 (procedural mechanisms)을 전개하였다. 첫 번째로 SCAP은 점령 초기에 문자 그대로 점령의 성격을 잘 나타내는 SCAPIN을 발령하였다. 이러한 SCAPIN은 특정한 사항에 대한 명령이나 금지를 담고 있는 강제적 지령이었다. 그 지령들은 일본에 현존하는 민주주의에 대한 제약들을 제거하고 타락한 반민주적 세력들에 대한 억압정책을 계속 유지하는 기능을 수행했다. 이러한 SCAPIN의 전형적인 예로는 일본의 무장해제, 특정한 법률의 폐지, 매매춘 허가의 폐지, 학교에서 일정한 수업의 축소, 神道에 대한 국가적 후원의 폐지 등을 들 수 있다.[24] 두 번째 단계에서 SCAP은 건설적이고 긍정적인 성격의 SCAPIN을 발령하였다. 이 범주의 강제적 지령들에는 지방선거법의 개정, 여성에 대한 선거권 확대, 1946년 헌법의 제정 등 그 밖의 긍정적인 조치들이 포함되어 있었다. 세 번째 단계에서는 군사재판소, 군사위원회 및 극동국제군사재판소와 같은 사법적인 절차들이 수립되었다. 그러한 사법절차는 강제적인 성격을 가진 것이고 사법기관들의 활동이 행정적인 성격을 가지지는 않았다. 끝으로 네 번째 단계에서는 점령당국의 담당자 또는 미국의 특사단이 일본정부에게 자문과 권고를 하는 원조의 형식으로 진행되었다. 1946년부터 1948년까지 일본정부에 대한 SCAP의 통치권은 대부분 이러한 방식으로 행사되었다. 실제로 SCAP의 특수참모부(Special Staff Sections) 전문가들은 일본정부가 내린 대다수의 중요한 결정들에 큰 영향력을 행사했으며, 미국인들과의 계속적인 비공식적 접촉은 제도적인 양식을 서구화시키는 자극제로 기능해왔다. 공식적 또는 비공식적으로 이루어진 권고적 기능은 성격상 강제적이지 않다는 점에서, 앞서 언급한 4가지 중에서 독특한 것이라고 할 수 있다.[25]

---

24) Ralph J. D. Braibanti, 1948, *op. cit*, 216

결국 SCAP은 전후 일본을 점령하고 통치하기 위하여 일본정부를 매개체로 하는 간접적인 통치방식을 채택하였고, 이러한 점령정책으로 인해 한일 간의 식민지 청산관계를 둘러싼 여러 가지 문제들을 처리하는 과정에서 일본정부의 의견이 강하게 반영되는 결과를 가져오게 되었다.

4. 미국의 대일본 점령정책의 전환과
SCAP의 권한 및 역할의 변화

SCAP의 초기 대일본 점령정책은 1947년부터 1948년에 이르면서 급격한 변화를 겪게 된다. 즉 점령 초기에 일본의 '무장해제와 민주적 개혁'에 중점을 두었던 미국의 점령정책이 1946년 3월 5일 당시의 영국 수상 처칠의 '철의 장막' 선언을 시작으로 하여 중국의 공산화를 거쳐 미·소 냉전의 심화로 인해 일본의 '경제재건 및 부흥'에 중점을 두는 방향으로 전환되었다. 이러한 일본 점령정책의 전환을 '급반전(reverse course)'이라고 표현하는 전통적인 견해들은 미소 냉전의 심화로 인한 공산주의 봉쇄정책을 근본적인 원인으로 제시하였다. 특히 전통적 견해는 당시 국무부의 정책계획참모장으로서 미국의 대일정책에 관한 권고(이하 NSC 13/2)[26]를 작성한 조지 캐넌(George Kennan)의 역할을 강

---

25) *Ibid*

26) Recommendation with Respect to U.S. Policy toward Japan, NSC 13/2. 이 권고안은 1945년 11월 3일 초기의 기본지령(JSC 1380/15)을 대신하여 조지 캐넌이 제시한 새로운 점령정책을 담고 있는 것이다. 이 권고안(NSC 12/2)을 작성했던 조지 캐넌은 일본이 점령 이후에도 안전을 유지하고 자발적인 의사로 미국의 우호국으로 남을 수 있도록 하는 것이 목적임을 지적하였다. 당시 유럽에서 마샬플랜을 통해 공산화를 저지했던 것처럼 동아시아에서는 일본을 부흥시킴으로써 공산화를 막는 기지로 이용하고자 했던 것이다. NSC 13/2의

조하였다.[27) 캐넌은 초기지령에 근거한 SCAP의 점령정책이 일본에 공산주의를 확산시킬 위험이 있다고 확신하고서, SCAP이 지향해온 정책을 제한하고, 일본 내부의 안보를 강화시키며 경제적 부흥을 가져올 새로운 정책(NSC 13/2)을 채택하도록 워싱턴을 설득하였고 이것이 점령정책 전환의 근본원인이 되었다고 본다.[28)

하지만 미국의 대일 점령정책이 변화된 근본 원인을 일본에서 공산주의의 확산을 저지하기 위한 캐넌의 우려만으로 설명하는 것은 지나친 단순화라고 지적하는 견해도 있다.[29) 이러한 견해들은 케넌의 역할 이외에도 당시 일본 정치세력의 적극적인 로비활동[30)과 미육군 차관 윌리엄 드레이퍼의 기여가 점령정책 변화에 큰 역할을 했다고 주장한다. 즉 당시 일본정치를 이끌었던 요시다 시게루(吉田茂) 수상, 카타야마(片山哲) 내각 및 일본의 천황은 소련의 팽창에 대한 미국의 두려움을 확산시킴으로써 일본 소도서들의 처분과 미래의 안보에 대한 케넌의 계획을 적극적으로 지지하고 실현되도록 도왔다는 것이다.[31) 또한 급격하게 전환된 대일 점령정책의 진정한 수립자는 조지 캐넌이 아니

전문은 http://www.ndl.go.jp/modern/e/img_l/M008/M008-002l.html 참조 (최종 방문일: 2008.12.20)

27) 차상철, 1992 <미국의 일본점령정책> ≪충남대학교 인문과학연구소 논문집≫ 19-2, 288~294 ; 이경희, 1994 <미국의 일본점령정책전환과 샌프란시스코조약> ≪국제문제논총≫ 6, 55~57

28) Ray A. Moore, 1981, "The Occupation of Japan as History - Some Recent Research", *Monnumenta Nipponica*, Vol. 36 No. 3, 319~320

29) Shindo Eiichi, 'Divided Territories and the Origins of the Cold War', paper at presented at the Amherst International Conference on the Occupation of Japan, 21-23 August 1980; Howard Schonberger, 'General William Draper, the Eightieth Congress, and the Origins of Japan's "Reverse Course"; Ray A. Moore, *Ibid.*, 320~321에서 재인용.

30) 조성훈, 2008 <제2차 세계대전 후 미국의 대일전략과 독도 귀속문제> ≪국제지역연구≫ 17-2, 59~61

31) Ray A. Moore, *Ibid.*, 320

라 '월스트리트 장군'이라는 별명을 가졌던 당시 육군차관 윌리엄 드
레이퍼(William Draper)라고 보는 견해도 있다.[32] 드레이퍼는 전후배상,
경제력 집중화의 배제 및 기업인의 숙청과 같은 SCAP의 초기 점령정
책들을 계속 비판하였는데, 그 동기는 소련 공산주의의 확산에 대한
두려움이 아니었다. 월스트리트의 은행가 출신인 드레이퍼는 오히려
자본주의에 대한 그의 신념과 장래 일본과의 무역 및 투자에 대한 기
대 때문에 SCAP의 정책을 비판하고 새로운 점령정책을 제시했던 것이
다. 드레이퍼가 추진했던 경제회복계획은 전후 일본의 기업과 산업을
회복시키는데 결정적인 역할을 하였고, 1948년에 NSC 13/2를 채택함
으로써 미국이 전후 대일 초기점령정책의 목적을 이룰 수 있는 기회는
종말을 고하게 되었다고 지적한다.

결과적으로 본다면 미국이 대일 점령정책을 전환하게 된 근본적인
이유는 공산주의를 봉쇄하기 위한 정책 때문이라고 평가할 수 있을 것
이다. 하지만 그러한 결과를 가져온 보다 실질적인 동인(動因)은 소련
이라는 공산주의 세력의 위협을 자신들에게 유리하게 이용했던 일본
정치세력의 적극적인 로비활동[33]과 자본주의와 세계무역에 대한 신념
을 가지고 있었던 드레이퍼와 같은 미국 정책결정권자들의 역할에 있
다고 볼 수 있다.[34] 결국 점령정책의 우선 사항이 일본의 민주화 및 무
장해제로부터 자본주의의 회복과 미국에게 유리한 세계무역체제의 추
구로 전환되었다고 평가할 수 있을 것이다.

---

32) *Ibid*
33) 조성훈, 2008 <앞 논문> 59~61
34) Ray A. Moore, op. cit., 321~322

Ⅲ. 연합국최고사령부의 법적 지위와 권한범위

1. 전시점령의 개념과 국제법적 규율의 발전

국제법상 점령(occupation)은 전통적으로 실효적인 지배를 통해 다른 국가의 영토를 보유하는 것을 의미한다. 그러한 지배가 군사력을 통해 취득된 경우에 그 점령은 전시점령(belligerent occupation)이 되고, 피점령국의 동의하에 이루어지는 경우에는 평시점령(pacific occupation)이 된다.[35] 앞서 살펴본 바와 같이 연합국최고사령부는 제2차 대전 중 일본이 항복문서에 서명함으로써 일본을 점령하였다. 따라서 SCAP의 법적 지위와 권한범위를 검토하기 위해서는 2차 세계대전 당시의 국제공법상 점령당국의 법적 지위를 살펴볼 필요가 있다. 이하에서는 국제법상 전시점령의 개념과 전시점령을 규율하는 국제법의 발전 상황을 살펴보고 이를 근거로 SCAP의 법적 지위와 권한범위를 검토하고자 한다.

18세기 이전에 적국영토의 군사점령은 점령지의 영토주권을 취득하기 위한 적법한 권원으로 간주되었다. 그러나 18세기에 이르러 전시의 일시적인 점령과 전쟁 후의 최종적인 정복 또는 병합이 구분되기 시작했으며, 이는 19세기에 전쟁법의 법전화를 통해 국제법의 원칙으로 확립되어 갔다. 국제법의 각 분야별 역사에 관한 전집을 저술한 버질(J. H. W. Verzijl)에 따르면, 전시점령은 역사적으로 세 가지의 발전단계를 거쳤다.

---

35) 정전(ceasefire) 이후에도 피점령국이 점령에 동의할 수 있지만, 그 경우에는 거의 전시점령의 필수요건들이 충족되어 전시점령에 해당한다. Michael Bothe, 1997, "Occupation, Belligerent" in; R. Bernhardt(ed.), *Encyclopedia of Public International Law*, Volume Ⅲ, 763~764

첫째, 16세기와 17세기 동안에 군사점령은 적법한 주권의 취득 방식으로 간주되었다. 둘째, 1713년 유트레히트 조약(Treaty of Utrecht)이 체결된 이후에 군사점령은 소급효를 갖는 평화조약의 체결을 전제조건으로 하여 주권을 변경시키는 기능을 해왔다. 셋째, 19세기에 들어서면서 군사점령은 평화조약에 의해 최종적인 결정이 내려지기 전까지 점령지의 주권을 종료시키는 것이 아니라 중단시키는 것이며 일시적인 관리행위로 간주되기에 이르렀다.36)

19세기 중반부터 전쟁법을 규율하기 위한 노력에 의해 전시점령에 관한 규칙들이 성문화되었다. 1863년 리버법전(Lieber Code)37)과 1874년 브뤼셀 선언38)은 전시점령에 관한 많은 내용을 규정하고 있었다. 그 이후에 전시점령에 관한 내용을 포함하고 있는 중요한 전쟁법규와 관습은 1899년 육전에 관한 헤이그규칙(이하 '헤이그규칙')39)과 1907년 육전에 관한 법규 및 관습40) 제4장에 성문화되었다. 이 규정들은 제2차 세계대전의 경험을 기초로 하여 전시민간인의 보호를 규율하는 1949년 제네바 4개 협약41)에 의해 상당히 발전되었으며 이러한 제네바 4개 협약의 주요 내용들은 전시점령에도 적용된다.

---

36) J. H. W. Verzijl, 1978, *International Law in Historical Perspective - The Laws of War* (SIJTHOFF & NOORDHOFF) 150-151
37) Instructions for the Government of Armies of the United States in the Field, Laws of War: General Order No. 100
38) Project of an International Declaration concerning the Laws and Customs of War. Brussels, 27 August 1874. <http://www.icrc.org/ihl.nsf/INTRO/135?Open Document> (최종방문일: 2008.12.20.)
39) Convention (II) with Respect to the Laws and Customs of War on Land and its annex: Regulations concerning the Laws and Customs of War on Land, The Hague, 29 July 1899
40) Convention (IV) respecting the Laws and Customs of War on Land and its annex: Regulations concerning the Laws and Customs of War on Land. The Hague [이하 '헤이그 규칙'], 18 October 1907
41) 1949년 8월 12일, 제네바에서 개최된 외교회의에서 민간인 보호에 관한 협약이 추가된 전쟁 희생자 보호에 관한 4개의 협약이 채택되었다.

한편 전시점령은 전쟁수행의 세 단계를 거쳐 전개되었다. 먼저 문제된 영토 내에서 전투가 여전히 진행 중인 경우에 점령이 수립될 수 있고, 다음으로 휴전이 성립하지는 않았지만 교전국에 대한 조직적인 저항이 중지되었을 때 점령이 수립될 수 있으며, 마지막으로 교전국들 간에 휴전협정 또는 평화조약의 체결로 인해 휴전이 성립된 이후에 점령이 수립될 수도 있다.[42] 전시점령법이 적용되기 시작하는 것은 침략 후 그 영토에 대한 실효적인 지배가 수립된 이후이다. 점령군의 철수 또는 교전국 간의 평화관계의 재수립 후에 그 영토의 지위에 대한 최종적인 결정이 내려짐으로써 사실상의 점령이 종결된 경우에는 전시점령법의 적용도 종료된다.[43] 이렇게 종국적인 해결이 이루어지기 전까지, 전시점령 체제는 정전 또는 휴전협정에 의해 수정될 수도 있다.

전통적으로, 전시점령은 국가들 간에 전쟁상태가 지속되는 동안 발생하는 점령을 정의하는 것으로 사용되어 왔다. 그러나 제네바 4개 협약의 공통된 제2조[44]는 "일 체약국 영토의 일부 또는 전부가 점령된 모든 경우에 대하여 비록 그러한 점령이 무력저항을 받지 않았다고 하더라도 적용된다"고 규정하고 있다. 또한 공통된 제2조에 따르면 제네바 협약의 적용은 전쟁상태를 필요로 하지 않는다. 이것은 일단 무력충돌이 발생하면 전쟁상태가 어떻게 시작되고 종결되는지에 관한 정교한 법적 논의와는 무관하게 일단 전쟁법이 적용되도록 규정하고 있는 국제인도법의 일반적인 경향에 부합하는 것이다. 이하에서는 일본의

---

42) Gerhard von Glahn, 1957. *The Occupation of Enemy Territory* (The University of Minnesota Press) 30

43) 제네바협약 제1추가의정서 제3조(b) (Protocol Additional to Geneva Conventions of 12 August 1949, and relating to the Protection of Victims of International Armed Conflicts).

44) 전시 민간인의 보호를 규정하고 있는 4개의 제네바 협약은 모두 제2조에서 동일한 내용을 규정하고 있다. 이와 같은 내용을 '제네바 4개 협약의 공통된 제2조(Common Article 2 of the four Geneva Conventions)'라고 부른다.

무조건 항복선언 이후부터 대일강화조약이 체결되기 이전까지 미국의 대일 점령을 살펴보고자 한다. 즉 전쟁이 최종적으로 종결되기 이전에 점령군이 피점령지에 주둔함으로써 발생하는 전시점령의 전개과정 중 두 번째 단계의 점령을 주된 논의의 대상으로 하기로 한다.

2. 제2차 세계대전 당시 점령당국의 법적 지위와 권한

제2차 세계대전을 전후하여 적국의 영토에서 군사점령이 확립되는 경우에 피점령지의 주권을 행사하는 주체는 누구이며, 점령당국이 행사하는 권한의 법적 성질은 무엇인가와 같은 복잡한 문제가 발생하였다.45) 제2차 세계대전 이전에 이루어진 군사점령은 '점령'이라는 사실상의 권한 행사로 인해 주권취득의 효과가 발생하고 추후에 평화조약의 체결에 의해 법률상의 권한까지 취득함으로써 정당화되었다. 이렇게 사실상의 권한과 법률상의 권한이 점령군에게 모두 이전된다고 본다면, 점령지는 더 이상 적국정부의 영토로 간주될 수 없고 점령군의 영토에 병합된다고 보아야 한다. 하지만 평화조약이 체결되기 이전에 법률상의 권한이 점령군에게 이전되지 않은 상태에서, 피점령지에 대한 물리적인 통제력을 행사하는 점령군에게 부여된 행정권한의 법적 근거와 지위는 무엇인지가 문제되었다.

헤이그 규칙 제43조는 피점령지의 주권 문제에 대해 명확히 규정하고 있지는 않았지만, 사실상의 권한이 점령군에게 이전된다는 것만을 규정하고 있다.46) 이 문제에 관하여 국제법 학자들은 일반적으로 그

---

45) Gerhard von Glahn, 1957. op. cit., 31
46) "정당한 권력이 사실상 점령군에게 이관되면 점령군은 절대적인 지장이 없는 한 점령지의 현행법을 존중하며, 가능한 한 공공의 질서 및 안녕을 회복하고, 확보하기 위하여 권한 내에 있는 모든 조치를 취하여야 한다." Convention (II)

영토에 대하여 주권을 보유하는 것은 점령군이 아니라 합법적인 정부이지만, 전시점령의 기간 동안에는 주권이 정지되는 것으로 보았다.[47] 따라서 점령군은 어떠한 방식으로도 점령지의 주권을 취득하지 못하고 점령지에 대한 최종적인 처분이 결정되기 전까지는 신탁통치국과 같은 잠정적인 행정권을 행사하는 것으로 보았다. 결국 국제법상 점령군이 점령지에서 행사하는 권한은 사실상의 권한이지 법적인 권한은 아니며, 국제법은 점령군에게 권리를 부여하는 것이 아니라 점령군이 행사하는 사실상의 권력을 제한하는 기능을 한다는 것이다.

오토만 공채 중재사건[48]에서 M. Eugène Borel 중재관은 1919년에 불가리아가 연합국의 군대에 의해 점령되었을 당시에 일정한 영토에 대해 주권을 상실했다는 불가리아측 주장의 유효성을 부인한 바 있다. 이 사건에서 불가리아가 그리스에 할양된 영토에 할당된 채무 비율에 대한 책임을 면하는 것은 전시점령이 시작되었던 1918년이 아니라 뇌이 조약(Treaty of Neuilly)에 의해 공식적으로 권리를 포기한 1919년이라고 판단하였다.[49] 즉 M. Eugène Borel 중재관은 전시점령이란 잠정적인 행정권을 행사하는 것이지 최종적인 처분권까지 부여받는 것은 아니라고 해석하였다.

1940년에 제정된 미육군의 육전규칙[50] 제273항도 다음과 같이 규정하고 있었다.

with Respect to the Laws and Customs of War on Land, The Hague, 29 July 1899, Article 43

47) Wheeler, Everett P., 1911, "Government De Facto", *American Journal of International Law* Vol. 5, 66-83; Pasquale Fiore (Translated in English by Edwin M. Borchard), 1958, *International Law Codified and its Legal Sanction*, paras. 1543-1546

48) Ottoman Debt Arbitration, Annual Digest, 1925-1926, Case No. 360

49) Philip Marshall Brown, 1926, Editorial Comment - Ottoman Public Debt Arbitration, *American Journal of International Law* Vol. 20, 138~139

50) U.S. Army, Rules of Land Warfare, 1 October 1940

전쟁이 발생하면, 군사점령은 점령군에게 점령 기간 동안 통제권을 행사할 권리를 부여한다. 군사점령으로 인해 점령군에게 주권이 이전되지는 않지만, 주권에 관한 권리 중 일부를 행사할 권한이나 권력은 이전된다.[51]

제2차 대전 당시의 조약과 국제판례 등에 따르면, 전시점령은 전쟁으로 인하여 점령한 외국영토를 일시적으로 통치하는 사실상의 권력이지 그 영토의 주권을 최종적으로 취득할 수 있는 것은 아니다. 무력충돌의 최종결과가 나오기 이전에 정복한 영토를 병합하는 것은 불법이다. 또한 모든 영토가 적국에 의해 점령되었다고 하더라도 피점령지의 국가가 법적 실체로서 소멸되는 것은 아니며 그 정부는 일반적으로 망명정부(government in exile)로서 활동하게 된다. 결국 점령당국이 피점령지의 영토를 점령했다는 사실만으로 점령지에 대해 어떠한 권리를 획득하는 것은 아니고, 점령기간 동안 일시적으로 그 영토에 대하여 군사적 또는 행정적 권한을 행사할 수 있을 뿐이다.[52]

예를 들면, 제2차 대전 당시 독일이 항복함으로써 독일 정부가 해체되고 국가의 모든 권한이 연합국에게 이전되었던 경우에도 다수의 견해는 점령당국인 연합국이 부재중인 독일 정부를 대신해 피점령지의 행정권한을 행사하였을 뿐이지 독일의 영토가 연합국에게 귀속되지는 않았다고 보았다.[53] 결국 점령당국은 평화조약 또는 강화조약이 체결되

---

51) *Ibid*, para. 273

52) L. Oppenheim; H. Lauterpacht(Ed.), 1952. *International Law A Treaties*, 7th ed., Vol. II (Longmans, Green and Co.) 432~434 ; Charles Cheney Hyde, 1983, *International Law Chiefly as Interpreted and Applied by the U.S.*, Vol. 2 (Fred B. Rothman & Co) 362~363; U.S. Army, *Ibid*, paras. 271~273

53) 다만 당시 점령 중이던 독일의 법적 지위에 대해서는 의견 대립이 존재했다. 먼저 독일을 당시에도 주권을 보유한 국가로 인정하는 다수의 견해로는, Pitman B. Potter, 1949, "Legal Bases and Character of Military Occupation in Germany and Japan", *American Journal of International Law*, Vol. 43, No. 2, 323-325 ; Mann, 1947, "The Present Legal Status of Germany," *International*

기 이전까지 점령지에 대한 일시적인 통치권을 행사할 뿐이지 점령지
에 대한 처분권까지 보유하는 것은 아니며, 이러한 원칙은 국제판례와
여러 국가들의 국내 판례에서도 여러 차례 등장하여 확인된 바 있다.[54]

3. SCAP의 법적지위와 권한범위

이상의 논의를 기초로 살펴볼 때, SCAP은 일본이 항복문서에 서명
한 이후 제2차 세계대전의 전쟁상태를 종료시키는 1952년 샌프란시스
코 평화조약이 체결되기 전까지 일본을 점령했던 전시 점령당국에 해
당한다고 볼 수 있다. 따라서 이론적으로 SCAP은 점령지인 일본 영토
에 대해 일시적이고 잠정적인 행정권한을 행사할 수 있었지만 일본의
영토에 대한 최종적인 처분권까지 보유했던 것은 아니라고 할 수 있
다. 또한 점령당국으로서 SCAP은 일본의 법질서와 안전을 회복하고

Law Quarterly Vol. 1, 328 ; Jennings, 1946, "Government in Commission," *British Yearbook of International Law* Vol. 23, 120 ; Max Rheinstein, "The Legal Status of Occupied Germany," *Michigan Law Review* Vol. 47, 23~24. 하지만 주권 개념을 근거로 독일이 점령으로 인해 더 이상 국가의 지위를 보유하지 않는다고 본 견해로는 Kelsen, "The Legal Status of Germany," *American Journal of International Law* Vol. 39, 518 ; "Is a Peace Treaty with Germany Legally Possible and Politically Desirable?" *American Political Social Review* Vol. 41, 1188.
54) 동일한 취지의 판결로는 Ottoman Debt Arbitration, *Annual Digest*, 1925~1926, Case No. 360; Kemeny v. Yugoslav State (Hungarian-Yugoslav Mixed Arbitral Tribunal), *ibid.*, 1927~1928, Case No. 374; Del Vecchio v. Connio (Court of Appeal of Milan), *ibid.*, 1919~1922, Case No. 320; Naoum and Others v. The Government of French West Africa(decided by the French Court of Cassation), *ibid*, 1919~1922, Case No. 312; Commune of Bácsborod Case(decided by the Hungarian Supreme Court), *ibid*, Case No. 316. L. Oppenheim, 1952. *op. cit.*, 432~434; Charles Cheney Hyde, 1983, *International Law Chiefly as Interpreted and Applied by the U.S.*, Vol. 2 (Fred B. Rothman & Co) 362~365 참조.

거주민들의 일정한 권리와 복지를 보장해야 할 의무를 부담하고 있었다.[55]

한편 맥아더 장군이 연합국최고사령관으로 임명된 후에 SCAP의 권한에 관한 내용을 담고 있는 각서가 발령된 바 있다.[56] JSC 1380/6은 당시 미국 투르먼 대통령의 승인을 얻어서 합동참모부에 송부되었는데, 이에 따르면 일본 점령에 대한 '최고' 권한이 맥아더 장군에게 부여되었다. 또한 일본의 통치가 일본 정부를 통해서 이루어지지만, 필요한 경우에는 맥아더 장군이 '무력사용'을 포함하는 조치를 채택할 수 있음을 지적하고 있다. 동 각서는 포츠담 선언에서 언급된 취지들이 준수되어야 하지만, 그 이유는 포츠담 선언으로 인해 미국이 일본과 계약상의 관계에 구속되기 때문이 아니고 일본이 무조건 항복했기 때문이라는 사실을 명시적으로 언급하였다.

더욱이 1946년 8월 13일자 SWNCC 297/3[57]은 SCAP의 행정적 권한에 대하여 다음과 같이 언급하고 있었다.

> 일본 점령의 유일한 집행당국으로서의 책임을 이행함에 있어서 총사령관은 필연적으로 개별적인 지시사항에서 다루어지지 않는 항복조건들과 기본적인 정책 지시사항에서 도출되는 세부적인 행정업무를 입안하고 완

---

55) 헤이그 규칙 제43조에 따르면 점령당국은 점령지에 대한 지배가 확립되면 지배권을 획득하는 반면에 적국 정부 대신 책임 있는 정부로서 활동해야 할 의무와 피점령지 거주민들의 복지에 대한 일정한 의무를 부담하게 된다. 특히 점령당국은 최대한 공공질서와 공공안전을 회복시키고 확보하기 위하여 그 권한 내의 모든 조치를 취하여야 한다.

56) JCS 1380/6: Message to General of the Army Douglas MacArthur concerning the Authority of the Supreme Commander for the Allied Powers, September 6, 1945. 원문은 http://www.ndl.go.jp/constitution/e/shiryo/01/023/023_001l.html 참조(최종방문일: 2008.12.20.).

57) SWNCC 297/3: A Definition of the Relationship between the Far Eastern Commission and the Supreme Commander for the Allied Powers, 13 August 1946, Appendix, 11~12

료한다는 점을 주목해야 한다. 그러한 필수적인 행정행위를 수행하기 위한 총사령관의 의무와 권한은 모스크바 협정에 묵시적으로 규정되어 있다.

이 취지에 따르면 SCAP은 단순히 극동위원회에서 결정된 사항을 미국 정부로부터 하달 받아서 그대로 이행하는 단순한 집행기관 이상의 권한을 부여받고 있었음을 알 수 있다. 현실적으로 일본 점령을 실시함에 있어서 극동위원회와 미국 정부가 모든 문제에 대해 세부적인 지시를 내릴 수 없었기 때문에 SCAP은 점령정책을 실시함에 있어서 뿐만 아니라 일부 점령정책을 입안하고 집행함에 있어서 상당한 재량권을 행사하였다.[58]

실제로 맥아더 사령관은 대개 극동위원회의 결정을 무시하였으며, 미국정부의 지시를 그대로 이행하지 않고 독자적인 행동을 강행하는 경향을 보여주기도 하였다. 가장 두드러진 예는 맥아더 사령관이 민정국에 일본의 새로운 헌법 초안의 작성을 지시하고 1946년 2월 초에 일본에게 헌법 초안을 제시한 사건이었다. 맥아더 사령관은 점령정책의 핵심인 신헌법의 제정이 완료되었다는 통보를 미국 정부와 극동위원회에 기성사실로 전달하였다.[59] 이에 대해 극동위원회는 신헌법의 공포 이전에 헌법초안을 검토할 권리를 요구했으나, 맥아더 사령관은 이를 거부하면서 극동위원회는 정책을 입안하는 기구일 뿐이고 일본에서 정책의 집행은 SCAP의 배타적인 권한임을 주장하여 관철시킨 바 있다.

결국 SCAP은 국제법상 전시 점령군으로서 점령지인 일본을 실효적으로 지배하고 통치하는 사실상의 권력을 취득하였고, 극동위원회와 미국정부와의 관계 속에서 상대적으로 광범위한 재량권을 행사하고 있었다. 특히 앞서 살펴본 바와 같이 전후 대일정책을 제시하고 있었던 세 가지 문서들, 즉 '포츠담 선언(1945년 7월 26일)', SWNCC의 '일본 항복

58) Takemae Eiji, 《앞 책》 103~104
59) Takemae Eiji, 《앞 책》 105~106

후 초기 점령정책(1945년 9월 22일)' 및 미국 국방부의 '항복후 일본에
서의 적절한 군사정부를 위한 기본지침(1945년 11월 3일)'은 맥아더 사
령관에게 특별한 재량권을 부여하고 있었던 것으로 판단된다. 그렇지만
SCAP의 권한은 국제법상 점령지의 법질서를 회복 및 유지하고 거주민
의 일정한 복지와 권리를 보장해야 하는 책임 있는 정부로서 활동해야
할 의무와 견련되어 일정한 제약을 받고 있었다.

VI. 한일 식민관계 청산을 둘러싼
SCAP의 활동과 역할

1. 재일한국인의 처우문제

2차 대전이 종료되는 시점에 일본에는 한국인이 약 240만명, 대만인
과 중국인들이 약 4만명 이상 체류하고 있었던 것으로 추정된다. 240
만명의 재일한국인 중에는 남성 및 여성 노동자가 각각 116만명, 100
만명이었고, 나머지 24만명 정도는 사업가, 사무직 노동자 및 학생들이
었다.[60] SCAP이 공식적인 귀환정책을 실시하기 전에 이미 수천명의
한국인들이 본국으로 귀환하고 있는 상태였고, 1945년 말에는 130만명
이상이 귀환하였다. 1946년 2월 SCAP은 '한국인, 중국인, 류큐열도인
및 대만인의 귀환'이라는 명칭의 SCAPIN 제746호를 발령하였다.
SCAPIN 제746호는 일본의 복지부에게 재일 외국인들의 귀환의사를
조사하기 위하여 모든 재일 외국인들을 등록시키도록 명령하였다. 일
본 복지부가 조사한 수치에 따르면 647,000명의 한국인들이 등록하였

---

60) Takemae Eiji, ≪앞 책≫ 447~448

고, 그 중에서 133,000명만이 일본에 체류할 의사를 밝혔다. 하지만 실제로는 2차 대전 이전부터 일본에 거주해왔던 약 650,000명이 일본 체류를 선택하였다.[61]

이미 카이로 선언과 포츠담 선언에서는 한국의 독립을 예정하고 있었지만 일본을 점령한 연합국은 재일한국인을 어떻게 처리할 것인가에 대한 명확한 지침이 없었다. 즉 연합국은 재일한국인이 적국인 일본의 국민이 아니라 2차 대전의 종료를 통하여 독립이 예정된 "해방민족(liberated people)"임을 인식하고 있었지만, 일본 점령기간 중 그들을 법적으로 어떻게 대우할 것인가에 대해서는 사전에 분명한 방침이 없었던 것이다.[62]

미국정부가 SCAP에게 발령한 1945년 11월 1일자 '일본점령 및 관리를 위한 연합국최고사령관에 대한 항복 후 초기의 기본지령' 제8절 (d)은 다음과 같이 규정하고 있다.

> 귀관은 대만계 중국인 및 한인을 군사상 안전이 허용하는 한 해방민족으로 취급할 것, 그들은 본 지령에서 사용되는 일본인이라는 용어에는 포함되지 않으나, 한편 그들은 일본신민이었던 자들이므로 필요한 경우 귀관은 그들을 적국민으로 처우하여도 좋다 …

이 지령은 1946년 6월 5일 극동위원회 정책결정에서도 그대로 채택되어 연합국의 일본점령 기간 동안 재일한국인에 대한 연합국 사령부 당국의 기본시각으로 작용하였다.[63] 즉 SCAP은 기본적으로 재일한국

---

61) Takemae Eiji, 《앞 책》 448~450
62) 정인섭, 1996 《재일교포의 법적 지위》 (서울대학교출판부) 21 ; 정인섭, 1997, <재일교포의 법적 지위> (이영빈 編, 1997 《한일간의 미청산 과제》) 385~386 ; 김태기, 1998 <GHQ/SCAP의 對 재일한국인정책> 《국제정치논총》 38-3, 249~250
63) 정인섭, 1996 《위 책》 22

인을 '해방민족'으로 취급하되, 경우에 따라서는 '적국민'인 일본국민
으로 취급할 수 있도록 지시를 받았다.

하지만 지령에서 언급된 '해방민족'의 개념이 불명확했기 때문에
SCAP은 그 개념을 구체적으로 적용할 수가 없었다. 따라서 SCAP이 재
일한국인을 연합국 국민(Allied national)으로 처우할 수도 없고 적국민
인 일본 국민으로 처우할 수 없는 상황이 계속 되었다.[64] 또한 SCAP은
당시 재일한국인을 포함하여 외국인 문제를 담당하는 별도의 부서를
두고 있지 않았다. SCAP에는 참모부와 정치, 경제, 사회 문제 등을 담
당하는 부서가 있었지만 이러한 조직 내에 외국인 문제를 담당하는 부
서는 존재하지 않았다. 따라서 재일한국인 문제는 1945년 10월 민정국
(Government Section) 내부에 설치된 한국부서와 같은 SCAP의 각 관련
부서들이 독자적으로 판단하여 처리하고, 중첩되는 사항이 있으면 관
련 부서들 간에 논의하여 정책을 결정하며, 부서들 간에 의견대립이
있을 때에만 총사령관이 판단하는 정책결정 과정에 놓이게 되었다.[65]

이와 같이 재일외국인에 대한 SCAP의 방침이 불명확하다는 상황을
인식한 일본정부는 재일한국인을 통제하기 위해 1946년 2월경부터 대
일강화조약 발효시까지 한국으로 귀환하지 않는 재일한국인을 일본 국
민이라고 주장하기 시작했고, 재일한국인에 대한 사법경찰권과 형사재
판권의 이전을 SCAP측에 적극적으로 요구하였다. 결국 SCAP은 일본
이 재일한국인 문제를 정당하게 처리하지 않은 것에 대해 일체의 책임
을 추궁하지 않았으며, 단지 일본정부의 보고를 통해 재일한국인을 무
질서하고 귀찮은 존재로 인식하게 되었다. 그 결과 1946년 5월 SCAP
은 재일한국인을 한국에 정부가 수립되기 전까지 일본 국민으로 취급
한다는 방침[66]을 발표하고 국무부로부터 승인을 얻었다.[67]

---

64) 정인섭 1997 <앞 논문> 386~387 ; 김태기 1998 <앞 논문> 253~254
65) Takemae Eiji, 2002 ≪앞 책≫ 448~450 ; 김태기 1998 <위 논문> 250

이 과정에서 재일한국인에 대한 SCAP의 정책은 1945년 12월에서 1946년 5월의 기간 동안에 변화되는 양상을 보여주었다. 1943년 당시까지 미국무부에서는 일본인의 재일조선인에 대한 차별을 어떻게 저지하느냐 하는 것이 대일 점령 정책의 중요한 과제로 부각되기 시작하였다.[68] 또한 점령 초기에는 재일한국인을 연합국민과 유사한 지위로 취급하고 일본의 차별조치로부터 보호해야 한다는 인식이 존재하였다. 예를 들면 1945년 6월에 발간된 미군의 민간업무지침(Civil Affairs Guide: Aliens in Japan)에서는 전쟁 후에 사회경제적인 차별과 일본의 보복으로부터 한국인들을 보호하기 위한 적극적인 조치를 요구하고 있었다. 또한 1945년 12월경 SCAP의 내부기관인 외교국(Diplomatic Section)은 남한과의 정치적 관계를 고려하여 재일한국인을 적국민인 일본인이 아니라 연합국민과 동등하게 처우해야 한다고 주장한 바 있다.[69] 그러나 약 1년 후인 1946년 11월 20일에 SCAP의 외교국은 다음과 같은 방침을 발표하였다.

본국으로 귀환하지 않고 일본에 계속해서 체류하는 한국인은 한국 정부가 수립될 때까지 일본국적을 보유하는 것으로 간주한다.

이에 대해 재일한국인과 남한의 격렬한 항의가 있었고 남조선미군정청도 항의서한을 보냈다. 그러자 SCAP은 마지못해 12월 20일에 다

---

66) Check Sheet from Diplomatic Section to G-4(through G-1, G-2, G-3), 1 May 1946, Subject: Treatment of Koreans and Formosans, KK/G3-00044
67) Incoming Message(1 June 1946) from Washington to CINCAFPIC, dated 31 May 1946, KK/G3-00046
68) 김태기, 2004 <미국무성의 대일점령정책안과 재일조선인 정책> ≪한국동북아논총≫ 33, 130~131
69) Telegram, Department of State, *Foreign Relations of the United States* 1945, Vol. 6, 885

음의 내용으로 수정하여 발표하였다.[70)]

> 본국으로 귀환하지 않고 일본에 계속해서 체류하는 한국인은 일본의 모
> 든 국내법과 규칙을 준수해야 한다.

이러한 SCAP의 방침들은 형식적으로 재일한국인들을 일본 국민으로 취급하지는 않았지만, 일본의 국내법의 준수를 강요함으로써 일본 국민과 동일한 의무를 부담하도록 강요하는 결과를 가져왔다.

결국 SCAP은 점령 초기에 일본의 비군사화와 민주화를 추구하는 입장에서 일본의 전후복구와 공공질서의 유지를 중시하는 방향으로 입장을 전환함으로써 재일한국인에게 일본 국민과 동일한 의무를 부과하고 일본정부의 통제하에 위치시키게 되었다. 이러한 입장의 변화를 가져온 계기는 재일한국인들이 재일본조선인연맹을 중심으로 불합리하고 차별적인 처우에 대해 격렬한 시위를 벌이면서 일본 경찰의 권한을 인정하지 않았고, 일본정부와 언론을 통해 만들어진 재일한국인에 대한 편견을 SCAP도 여과 없이 받아들이게 되었기 때문이었다. SCAP은 법과 점령당국을 무시하는 불온한 재일한국인들(a restless, uprooted Korean minority)의 존재가 성공적인 일본점령에 심각한 장애가 된다는 결론을 내렸다.[71)] 따라서 SCAP은 재일한국인에 대한 공공연한 차별과 편견을 제거하기 위한 지속적인 노력을 하지 않았다. 특히 SCAP의 민감검열단(Civil Censorship Detachment)은 국수주의적이고 배타적인 정서를 담고 있는 선전과 보도를 억제할 의무가 있었지만, 일본의 언론들이 공개적으로 재일한국인들을 폭력배나 범법자라고 비방하는 것을

---

70) 김태기, 1998 <앞 논문> 253~254
71) GHQ/SCAP, 1952, *History of the Nonmilitary Activities of the Occupation of Japan, 1945-1951*, no. 6: Treatment of Foreign Nationals, 26; Takemae Eiji, 2002 ≪앞 책≫ 451~452에서 재인용.

방치하였다. SCAP 자체도 한국인에 대한 반감을 표명한 바 있으며, 많은 미국인들은 일본인에 대한 선호를 감추지 않았다.[72]

이러한 상황을 이용하여 일본정부는 형식적으로는 재일한국인이 일본국민이라고 주장하였지만 자신들의 편의에 따라 재일한국인을 외국인으로 취급하는 이중적인 태도를 취하였다. 구체적으로 일본정부는 재일한국인에게 일본의 재산세법과 교육법을 적용함으로써 일본국민과 동일한 납세의무를 부담하게 하고 민족교육의 실시를 방해하는 한편, 외국인등록령의 제정 및 시행을 통해 재일한국인들을 외국인으로 취급하면서 참정권을 제한하는 제도를 운영하였던 것이다.

한편, 1947년 4월 일본정부는 일정한 범주의 외국인들에게 등록의무와 등록증 휴대의무를 부과하는 외국인등록령을 공포하였고 이는 5월 2일부터 시행되었다.[73] 당시 일본정부와 정치계는 재일한국인과 대만인 등이 일본사회의 무질서와 경제파탄의 주범인 것처럼 의도적으로 과대선전하여 재일한국인에 대한 반감을 조장하였다. 이러한 분위기 속에서 외국인등록령은 일본 경찰의 권한을 인정하지 않고 장사하는 한국인과 대만인들, 그리고 콜레라가 성행하던 한국에서 다시 밀입국하는 한국인들을 규제하기 위해 제정되었다. 하지만 외국인등록령은 재일한국인을 일본 국민이라고 주장하던 일본정부의 입장과 모순되는 것이었기 때문에, 일본정부는 외국인등록령 제11조에서 "대만인 중에서 내무대신이 정하는 자 및 조선인은 이 칙령의 적용에 있어 당분간 외국인으로 간주한다"는 규정을 두고 있었다. 이러한 편법적인 조치를 통해 재일한국인을 규제하고자 하는 일본정부의 의도는 모두 SCAP의 동의하에 이루어졌다. 재일한국인은 외국인등록증 제도가 식민지시대

---

72) David Conde, 1951, "The Korean Minority in Japan," *The Far Eastern Survey* Vol. 26, 43~45
73) 정인섭, 1996 ≪앞 책≫ 218~219

당시 실시된 재일한국인 관리제도와 동일한 것으로 맹렬히 반대하였지
만 SCAP의 민정국은 외국인등록규정의 내용이 결코 외국인에게 엄격
한 것이 아니라고 하면서 재일한국인의 주장을 일축하였다.

또한 일본의 식민지배에서 해방된 재일한국인은 일본의 동화정책에
의해 소멸되어가던 민족성을 회복하기 위해 민족학교를 개설하였다.
1946년 10월 당시 초등학교 525개, 각종 청년학교 12개가 설립되어 있
었고, 총 학생 수는 5천여명, 교원 수는 1000여명에 달하였다. 하지만
SCAP의 민간정보교육국(Civil Information and Education Section)은 재일
한국인의 민족교육이 일본 내에서의 민족갈등을 야기할 가능성이 있다
고 하여 재일한국인이 설립한 민족학교에 대해 부정적인 입장을 취하
고 있었다.[74] 1947년 3월 일본의 새로운 교육제도를 규정하고 있는 교
육기본법과 학교교육법이 공포되면서, 재일한국인의 민족학교에 대한
제재가 시작되었다. 일본의 지방행정기관은 재일한국인의 민족학교도
새로운 학교교육법에 따라 등록하도록 지시하였으나, 해방민족으로서
일본의 학교교육법에 따라 등록할 필요가 없다고 생각한 대부분의 민
족학교는 등록에 응하지 않았다. 이에 일본의 지방행정기관은 민족학
교의 등록거부와 문부성이 민족학교에 대해 강경한 입장을 취하지 않
고 있는 상황을 점령당국에게 보고하였다. 이에 SCAP의 민간정보교육
국은 SCAP의 방침에 따라 재일한국인도 일본의 국내법을 준수해야 하
므로 문부성에게 한국인 학교에 대한 지방행정기관의 권한을 명백히
하는 통첩을 작성하도록 지시하였다.[75]

결국 문부성은 1948년 1월 24일자 '조선인설립학교의 취급에 대하
여'라는 통첩을 작성하여 지방행정기관에 송부하였다. 그 통첩은 재일

---

74) Memorandum from Edwin F. Wigglesworth(CIE E/D) to Lt Colonel Orr, Subj.
   Seperate Koreans in Gifu Prefecture, 28 Aug 1946, KK/CIE-04145
75) Letter from Hqs Yamaguchi MG Team to CG, Eighth Army, Subj. Special
   Report, 4 December 1947, KK/CIE-04236

한국인은 1946년 12월 20일자 SCAP의 방침에 따라 일본의 국내법을 준수해야 하기 때문에 재일한국인 초중학생도 일본의 국공립 또는 사립학교에 취학해야 하며, 사립 초중학교는 일본의 학교교육법에 따라 설치되어야 한다는 내용을 담고 있었다. 이러한 SCAP의 조치에 따라 일본의 지방행정기관들이 동 통첩을 실시하자, 한국인 거주자가 많았던 오사카와 고베 지역을 중심으로 재일한국인은 격렬한 반대운동을 전개하였고 일본의 공권력도 한 때는 이러한 저항에 주춤하기도 하였다. 하지만 미점령당국은 군대를 동원하여 재일한국인의 저항운동을 저지하였고 주모자로 간주된 자들을 엄격하게 처벌하였다.[76] 결국 재일한국인 단체는 일본정부와 5월 5일 각서를 체결하여 일본의 교육기본법과 학교교육법을 준수할 것을 약속하고, "사립학교로서의 자주성이 인정되는 범위 내에서" 독자적인 민족교육을 실시하도록 허가받았다.

결과적으로 미국의 일본 점령정책의 전환으로 인하여 재일한국인 처우문제는 일본의 경제부흥을 위한 정책에 부합하는 한도 내에서 이루어졌고 이는 SCAP과 일본의 편의에 따라 재일한국인을 취급하는 결과를 가져왔다. 특히 SCAP은 재산세와 교육 분야에 있어서는 일본 국민과 동일한 의무를 재일한국인에게 부여하였지만 외국인등록과 선거권과 같은 권리에 있어서는 재일한국인을 외국인으로 취급하는 모순된 태도를 취하였다. 이러한 결과는 일본의 '비군사화와 민주화'라는 점령의 본래 목적과도 배치되는 것이었다.[77] SCAP은 군사점령이라는 특수한 상황 속에서 재일한국인 문제를 그렇게 심각하게 고려하지 않았고 군사점령의 정치경제적 목적을 달성하는 것에만 집중하였다. 점령 초기의 SCAP은 일본을 비군사화 및 민주화시키고자 하였지만 재일한국인에 대한 일본정부의 처우에는 무관심했다. 오히려 재일한국인을 일

---

76) 朴慶植, 1989 ≪解放後 在日朝鮮人運動史≫ (三一書房, 東京) 186~200
77) 김태기, 1998 <앞 논문> 255~260

본사회로부터 배제하고 관리대상으로 전락시키는 일본정부의 인식과
정책을 묵시적으로 지지하였다. 그러므로 SCAP은 재일외국인 정책을
전후 처리의 부수적인 문제로 취급하였으며 일본정부에 의한 재일한국
인 관리체제를 강화시켰고 재일한국인에 대한 차별적인 처우를 용인하
고 동화정책을 조장하는 역할을 하는 결과를 가져왔다.[78]

2. 식민주의적 침략으로 취득한 영토반환 문제

미국정부는 일본이 항복문서에 서명한 1945년 9월 2일에 SCAP을
통해 일본 어선의 활동 범위를 제한하는 조치를 내린 바 있다. 이 조치
는 1945년 9월 27일 "맥아더 라인(MacArthur Line)"의 형식으로 선포되
었고, 일본의 활동이 허용되는 구역을 일본 본도와 북해도 및 대마도
만을 포함하는 지극히 제한된 범위의 수역으로 지정하고 있었다.[79] 그
이후에 SCAP은 1949년 1월 29일자 SCAPIN 제677호를 발령하면서 일
본의 행정구역을 일정한 범위로 한정하였다. 한편 "맥아더 라인"은
1946년 6월 22일자 SCAPIN 제1033호를 시작으로 하여 여러 건의
SCAPIN 문서들을 통해 수정 및 확장되어 왔으나, 독도는 일본의 활동
허용구역에서 제외되고 있었다.[80]

이와 같이 식민주의적 침략으로 취득한 영토의 반환문제와 관련하
여 논의되는 대표적인 SCAP의 활동은 1946년 1월 29일 발령한

---

78) 김태기, 2004 <앞 논문> 151~154
79) M. Whiteman(Ed.), 1963, *Digest of International Law*, Vol. I, Department of
State, 1185-1186
80) 일본의 활동 허용구역에 대해 규정하고 있는 SCAPIN 문서로는 SCAPIN
1033(1946.6.22.), SCAPIN 1033/1(1948.12.23.), SCAPIN 1033/2(1949.6.30.),
SCAPIN 2046(1949.9.19.), SCAPIN 2050(1949.10.10.), SCAPIN 2050/1(1951.
1.31.), SCAPIN 1033(1950.5.11.).

SCAPIN 제677호와 1946년 6월 22일에 발령한 SCAPIN 제1033호 제3 항(b)이라고 할 수 있다. 먼저 SCAP은 1949년 1월 29일자 SCAPIN 제 677호, 즉 "일본으로부터 특정 주변지역의 통치상 및 정치상 분리 (Governmental and Administrative Separation of Certain Outlying Areas from Japan)"를 일본정부에 하달하여 일본의 행정구역을 일정한 범위 로 한정하였다.[81] 그 후에 연합국최고사령부는 1949년 6월 22일자 SCAPIN 제1033호[82]를 일본정부에 하달하면서 일본인의 어업 및 포획 업의 허가구역을 명시하였다.

이러한 SCAPIN 제677호와 SCAPIN 제1033호 제3항(b)는 한국 정부 가 1952년 1월 18일 "대한민국 인접해양의 주권에 대한 대통령 선언" 에 따라 독도를 '평화선'의 내측에 위치시키자 이에 대해 일본이 항의 서한을 보내면서 독도 영유권 문제에서 중요한 쟁점으로 등장하였다. 1952년 1월 28일 일측의 항의공문을 시작으로 하여 1962년까지 양국 간에 오고간 많은 외교문서들은 독도 영유권을 둘러싼 여러 가지 역사 적 및 국제법적 문제에 대한 양국의 입장과 견해를 잘 드러내고 있 다.[83] 그러한 왕복 외교문서들에서는 여러 가지 역사적인 쟁점과 국제 법적인 문제에 관한 양국의 논쟁이 심도 있게 다루어졌으며, 1962년 이후에는 기존의 입장을 재확인하고 상대 국가의 주장을 부정하면서

---

81) SCAPIN 제677호의 원문과 번역본은 김병렬, 1998 ≪독도≫ (다다미디어) 414~418 참조.
82) SCAPIN 제1033호 제3항(b)의 원문과 번역본은 김병렬, ≪위 책≫ 414~418 참조.
83) 독도 영유권 문제에 관하여 역사적 및 법리적으로 의미가 있는 일본측 구술서 로는 1952년 1월 28일자, <평화선선포에 항의, 독도문제제기> ; 1953년 7월 13일자, <일본정부 견해(1) 표명> ; 1954년 2월 10일자, <일본정부 견해(2) 표명> ; 1956년 9월 20일자, <일본정부 견해(3) 표명> ; 1962년 7월 13일자, <일본정부 견해(4) 표명>을 들 수 있다. 외무부, 1977 ≪독도관계자료집 I - 왕복외교문서(1952-76)- ≫ (외무부집무자료) 13·43·137·234.

독도가 자국의 영토임을 형식적으로 표명하는 선에서 머물러왔다. 특히 2차 대전의 처리와 대일강화조약을 둘러싸고 양국의 입장이 첨예하게 대립된 것은 일본의 행정구역을 한정하고 있는 SCAPIN 제677호와 제1033호의 법적 효력이 어떤 것인가에 관한 문제였다.

이에 대하여 한국 정부는 1953년 9월 9일자 구술서에서 SCAPIN 제677호가 명시적으로 독도를 일본의 영토 점유(territorial possession)에서 배제하였으며, 일본의 영토에 관한 쟁점이 관련되어 있는 한 대일강화조약은 SCAPIN 제677호와 모순되는 내용을 규정하고 있지 않다는 것을 지적하였다. 한국 정부는 오히려 대일강화조약은 전혀 본질적인 변화 없이 이 문제에 관한 SCAP의 처분을 확인한 것으로 이해할 수 있다고 보았다.[84)]

이러한 주장에 대해 일본정부는 SCAPIN 제677호에 의해서 일본의 권한이 정지되었던 북위 30도 남쪽의 난세이 제도(南西諸島, Nansei Islands) 중에서 북위 29도 북쪽의 섬들에 대해서는 1951년 12월 5일자 SCAPIN에 의해 일본정부의 행정권이 복원되었으며, 아마미 제도(奄美諸島, Amami Islands) 또한 1953년에 일본의 관할권으로 반환되었다는 점을 지적하였다. 더 나아가서 일본정부는 난세이 제도(南西諸島, Nansei Islands), 소후칸(Sofu Gan)의 남쪽에 위치한 남포쇼토(Nampo Shoto), 파라스 벨라(Parace Vela), 마르쿠스(Marcus) 등에 대한 '잔존주권(residual sovereignty)'을 가진다는 점을 강조하였다. 또한 샌프란시스코 회의에서 미국 대표 존 덜레스(John Foster Dulles)가 SCAPIN 제677호에 의해 일본의 권한이 정지된 하보마이 제도(歯舞諸島, Habomai Islands)는 평화조약에 의하여 일본이 모든 권리, 권원 및 청구권을 포기해야 했던 쿠릴열도에 포함되지 않는다고 명시하였음을 지적하면서 SCAPIN 제677호와 평화조약은 무관하다고 주장하였다.[85)]

---

84) 1953년 9월 9일자, <한국정부 견해(1) 표명>(외무부, 1977 ≪위 책≫ 37, 38)

한편 한국 정부는 일본이 행정관리권을 회복했다고 주장하는 이들 섬은 미국을 유일한 관리자로 지정한 유엔의 신탁통치하에 있었던 것이라고 보면서, SCAPIN 제677호와 평화조약에 한국의 독도 영유권을 부정하는 조항이 없다는 점을 지적하였다.[86] 결국 한국 정부는 독도가 SCAP에 의해 일본의 도서로 인정된 바 없고 미국의 주권하에 있었거나 일본의 잔존주권에 속하는 것도 아니라는 점을 강조하였다.[87] 이에 대하여 일본은 다시 한 번 SCAP의 권한은 일본의 점령과 통치를 위한 목적을 달성하기 위해 필요한 범위 내로 제한되는 것이며, SCAPIN 제677호 제6항에서 언급된 바와 같이 일본 영토의 최종적인 결정과는 아무런 관계가 없는 것이라는 점을 강조하였다. 또한 북위 29도와 30도 사이의 난세이 제도와 아마미 제도는 결코 유엔의 신탁통치하에 있었던 적이 없다고 주장하였다. 즉 난세이 제도는 SCAP이 일본에 회복되기 전까지 통치하였고, 아마미 제도는 미국이 평화조약 제3조에 따라 일본에 반환되기 전까지 그 섬들에 대해 행정권, 입법권 및 사법권을 행사했다고 주장하였다.[88]

이상의 왕복 외교문서상의 논의를 종합해 볼 때 SCAPIN 제677호와

---

85) 1954년 2월 10일자, <일본정부 견해(2) 표명>(외무부, 1977 ≪위 책≫ 51~52)
86) 1954년 9월 25일자, <한국정부견해(2) 표명>(외무부, 1977 ≪위 책≫ 88~89)
87) 1959년 1월 7일자, <한국정부견해(3) 표명>(외무부, 1977 ≪위 책≫ 198~199)
88) 1956년 9월 20일자, <일본정부 견해(3) 표명>(외무부, 1977 ≪위 책≫ 172~174). 이 밖에도 한일 양국 정부는 평화조약과 관련하여 몇 가지 쟁점에 대하여 논쟁을 벌였다. 즉 평화조약 제2조에 일본의 영토에서 배제되는 지역 중 독도가 언급되지 않고 제주도, 거문고, 울릉도만 명시된 것이 열거적 규정인지 예시적 규정인지의 문제, 독도가 울릉도의 부속도서로서 평화조약에 의해 한국에게 반환되는 것인지의 문제, 독도가 식민주의적 침략에 의해 취득된 영토인지의 문제, 미군이 독도를 폭격 연습장으로 사용한 것이 일본의 영유권을 인정하는 근거인지의 문제 등이 논의되었다. 외무부, 1977 ≪위 책≫ 참조.

제1033호를 둘러싼 논쟁의 핵심은 결국 SCAP이 일본의 영토를 최종적으로 결정할 권한을 보유하는 실체인지, 그리고 SCAPIN 제677호의 효력이 대일강화조약의 체결 후에도 유효한 것인지의 여부라고 할 수 있다. 이 문제에 대하여 선행연구들은 대개 전시점령 당국인 SCAP 자체의 법적 지위와 권한범위에 대한 검토 없이 한국과 관련된 SCAPIN의 일정한 법적 성격과 효력을 전제하고 한국측의 주장에 유리한 방향으로 SCAPIN의 내용을 해석하여 왔다.[89] 선행연구들은 독도 영유권 문제에 관하여 한국측에 유리한 SCAP의 지령들이 한국과 일본을 당연히 법적으로 구속한다는 전제하에서 이를 정당화시키는 근거를 여러 가지 형태로 제시하여 왔다.[90] 즉 선행연구들은 SCAPIN 제677호에 의하여 독도를 포함하는 한국에 대한 일본의 영역 통치권과 점유가 공식적으로 배제된 것이 확인되었다고 보았다. 그리고 SCAPIN 제677호의 조치가 최종적인 것이 아니라는 제6항 단서에 대해서는 관련 국가의 영역의

---

89) 먼저 한국의 독도 영유권 주장의 근거로 SCAPIN 제677호와 제1033호 제3항 (b)를 원용할 수 있다고 보는 견해로는 박관숙, 1968 ≪독도의 법적 지위에 관한 연구≫ (연세대학교 박사학위논문) 70~72 ; 이한기, ≪한국의 영토≫ 269~270 ; 백충현, <국제법상으로 본 독도연구> ≪독도연구≫ 438~439 ; 김명기, ≪독도와 국제법≫ 93~96 ; 신용하, ≪독도의 민족영토사연구≫ 259~ 262 ; 이상면, 2001 <독도 영유권의 증명> ≪서울대 법학≫ 42-4, 232 ; 김선표·이형기, ≪한국의 독도영유권 논리 보강방안에 대한 연구≫ 149~152, 165~166 ; 정갑용·주문배, 2004 ≪독도영유권에 관한 국제법적 쟁점 연구≫ (한국해양수산개발원) 64~65 ; 이장희, 2005 <일본의 독도 영유권 주장의 부당성과 한국의 대응방안> ≪국제법논총≫ 11, 10~12 등을 들 수 있다.

90) SCAPIN에 관한 선행연구의 내용을 상세하게 분류하여 분석한 것으로는 김석현·최태현, 2006 ≪독도 영유권과 SCAPIN 문서의 효력관계≫ (한국해양수산개발원) 4~13 참조. 이 논문에서는 SCAPIN 제677호에 대한 선행연구의 내용을 1) SCAPIN 제677호가 독도영유권을 한국에 귀속시킨 직접근거로 보는 견해, 2) SCAPIN 제677호를 한국측에 유리하게 해석하는 견해, 3) SCAPIN 제677호를 대일강화조약과 연계하여 해석하는 견해, 4) SCAPIN 제677호가 일본으로부터 통치권만을 분리시킨 것이라는 견해로 나누어 검토하고 있다.

범위가 SCAPIN 제677호로서 궁극적으로 결정된다고 명시할 경우에 야기될 수 있는 영역분쟁에 연합국 특히 미국이 개입되는 것을 미연에 회피하기 위한 주의규정으로 보고 그 의미를 축소해석하고 있다.[91] 즉 전시 점령당국인 SCAP이 발령한 SCAPIN에 중대한 법적 효과가 있고, SCAP이 이를 철회하거나 취소하기 전까지는 그 효력이 유지된다고 보면서 대일강화조약의 체결 이후에 그러한 철회나 취소가 이루어지지 않았으므로 SCAPIN 제677호의 효과가 계속 유지된다는 것이다.

하지만 선행연구들이 일본의 영토문제를 다루고 있는 SCAPIN에 대해 막연하게 전제하고 있는 법적 효과는 국제법상 전시점령당국인 SCAP의 법적 지위 및 권한범위가 어떠한 것이냐에 따라 결정되는 것이므로 그에 대한 면밀한 분석과 검토가 필요하다. 국제법상 전시점령당국인 SCAP의 실체나 법적 지위에 대한 검토 없이 SCAPIN이 일본에 대하여 법적 효력을 가졌고 그러한 SCAPIN의 내용이 연합국최고사령관에 의하여 무효화된 바 없으므로 여전히 효력을 가진 다는 주장은 일면 의제적인 것이고 당시의 국제법과 국가관행에 대한 고려가 배제된 측면이 있음을 부인할 수 없다.[92]

앞서 살펴본 바와 같이 19세기 중반부터 확립된 전쟁법규와 관습법, 그리고 국제관례에 따르면 전쟁에 의하여 타국의 영토를 점령함으로써 취득하는 권력은 일시적으로 주어지는 사실상의 권력이지 법적인 권력이 아니다. 따라서 전시점령이 확립되었다고 해서 피점령국의 주권이 당연히 점령국에게 이전되는 것은 아니며 점령 당국은 점령지의 질서

---

91) 김영구, 2004 ≪한국과 바다의 국제법≫ (21세기북스) 338~339
92) SCAPIN 제677호를 독도 영유권 주장의 직접적인 근거로 보는 것에 대해 의문을 제기하는 견해로는 김병렬, <대일강화조약 제2조의 해석> ≪대한국제법학회논총≫ 43-1, 21~23 ; 이석우, 2005 <샌프란시스코 평화조약에서의 독도의 지위와 향후 독도분쟁의 대응논리 개발을 위한 제언> ≪국제법논총≫ 11, 212; 김석현·최태현, ≪위 책≫ 39~41

유지와 평화회복을 위하여 필요한 행위를 수행할 권한과 수단을 취득하는 것뿐이다. 그러므로 국제법상 전시점령군은 피점령국의 영토에 대하여 어떠한 권원이나 권한도 취득하지 못하는 것이고 점령지를 최종적으로 처분할 권한이 없다. 결국 피점령국 영토의 지위는 평화조약에 의하여 최종적으로 결정되는 것이다.[93] 또한 당시의 국제법과 국가관행에 대한 미국정부와 SCAP의 인식은 SCAPIN을 통한 일본 행정구역의 한계설정이 최종적인 결정이 아니라는 취지의 SCAPIN 제677호 제6항 단서의 내용에 잘 드러나 있다.

결론적으로 SCAPIN 제677호와 제1033호 제3항(b)가 독도를 일본의 영토에서 배제시키는 내용을 포함하고 있다고 하더라도 그러한 영토분할이 연합국의 최종적인 결정으로 확정되었던 것은 아니다. 또한 당시의 국제법과 국제판례에 비추어 보더라도 점령당국은 평화조약에 의한 최종결정이 이루어지기 전까지 일시적으로 점령지의 평화와 질서의 유지를 위한 목적의 한도 내에서 제한적인 통치권만을 가지는 것이므로, 독도 영유권 주장의 주요 근거로서 SCAPIN 제677호를 제시하는 것에 대해서는 신중한 재검토가 요청된다.

V. 결론

SCAP은 제2차 대전이 종결되기 전부터 일본의 무장해제와 민주화를 위한 점령정책의 실시를 위해 미국이 준비하고 수립한 군사적 및 정치적 기구였다고 볼 수 있다. 하지만 유럽과 동아시아에서 공산주의의 확산을 방지하고 자본주의 및 자유무역주의를 보급하기 위해 미국은 초기의 점령정책을 전환하였고, 이로 인해 일본의 무장해제와 민주적

---

93) 이 글의 Ⅲ. 2 참조.

개혁에 박차를 가하던 SCAP의 역할과 활동 또한 그에 따라 변화되는 결과를 가져왔다. SCAP의 이러한 정치적 성격과 그에 따른 활동으로 인하여 재일한국인은 포츠담선언이나 항복문서와 같은 기본적인 점령의 목적에 따라 연합국 국민으로 대우 받지 못하였고, 해방민족이라는 모호한 지위가 부여됨에 따라 일본과 미국의 정치경제적 이해관계에 재일한국인의 법적 지위가 좌우되는 결과를 가져왔다.

재일한국인의 참정권이나 취업차별 등의 문제는 전쟁이 종결된 후 반세기가 지난 지금까지도 한일 양국 간의 정례회의를 통해 다루어야 할 만큼 중요한 외교현안으로 다루어지고 있다. 결국 재일한국인의 법적 지위에 관한 SCAP의 활동을 검토해보면 현재까지 계속되는 재일한국인에 대한 차별은 단순히 한일 간의 식민지관계에서만 비롯되는 것이 아니라 일본의 재건과 경제부흥을 통한 자본주의와 세계무역의 추구라는 국익을 달성하고자 했던 점령당국인 미국의 태도 변화에도 그 원인이 있었음을 알 수 있다.94)

또한 국제법상 SCAP은 전시점령 당국으로서 점령 시부터 평화조약의 체결 전까지 점령지의 공공질서를 유지하고 평화를 회복시키는 잠정적이고 제한적인 역할만을 수행하는 법적 실체였다. 따라서 일본의 영토 범위를 명확히 하기 위하여 SCAPIN 제677호와 제1033호 같은 지령이 발령되었다고 하더라도 SCAP 자체의 법적 지위와 권한이 일시적이고 잠정적이기 때문에 그러한 SCAPIN이 최종적이고 확정적으로 영토경계를 결정하는 법적 효력을 가지는 것은 아니라고 할 것이다. 물론 영토문제와 관련하여 SCAP이 내린 SCAPIN 제677호나 제1033호의 내용이 향후 독도문제와 관련하여 전혀 무관한 것이 될 수는 없다. SCAP이 일본의 행정구역과 영토범위를 밝힌 지령들을 발령함에 있어

---

94) 재일한국인 문제가 한일관계의 관점이 아닌 미일관계의 관점에서 처리되었음을 지적하는 곳으로는 김태기, 2004 <앞 논문> 154.

서 참고하고 근거로 삼았던 문서와 지도들은 전후 영토처리 문제에 대한 당시의 기본적 인식을 보여주는 증거로 사용될 수도 있으며 한국의 권원 입증에 유리한 증거가 될 수 있는 가능성도 존재한다. 하지만 기존의 선행연구들이 당시 SCAP의 점령정책의 변화와 그에 따른 평화조약 초안작성 과정에서 영토문제의 취급이 복잡한 양상으로 전개되어 왔음을 간과하고 SCAP의 법적 지위에 대한 상세한 검토 없이 SCAPIN의 법적 효력을 의제하는 것은 문제가 있다.

약 50여년전 제2차 대전 종결 후 SCAP이 일본을 점령하면서 실시했던 점령정책과 그에 따른 지령들은 반세기가 지난 지금까지도 양국 간의 외교적 마찰의 원인이 되고 있다. 물론 재일한국인 문제에 대한 관심은 예전에 비해 줄어든 것이 사실이지만 양국 외교부 간의 정례회의를 통해 재일한국인 문제를 다루어야 할 만큼 재일한국인 문제에 관한 SCAPIN의 내용들이 전후 한일관계의 형성에 미친 영향을 실로 중대하다고 할 수 있다. 그럼에도 불구하고 한국에서는 SCAP에 대한 연구가 재일한국인 문제와 관련하여서는 크게 주목을 받지 못하였으며, 독도 문제와 관련하여서는 SCAP 자체의 국제법적 지위에 대한 검토나 평가 없이 한국측에 유리한 방향으로만 해석됨으로써 편향적인 역사 인식을 보여주는 결과를 가져왔다. 따라서 두 문제의 바람직한 해결책의 모색을 위해서는 한일 두 국가의 역사관계에 지나치게 매몰되어 연구의 범위가 협소해지거나 편향되는 것을 지양해야 할 필요가 있다. 한편 전후처리 문제에 있어서 중요한 행위자였던 미국, 소련, 중국, 러시아 등 다양한 행위자들이 한일간의 식민관계 청산에 미친 영향과 활동에 대해 추가적인 연구가 필요하리라고 생각한다.

The Role and Legal Status of the Supreme Commander of the Allied Powers after World War II

Kim, Won-Hee

In the early months of 1945, as the defeat of Japan became increasingly certain, the United States began to consider measures for the post-surrender control of Japan. As the U.S. had waged the war against Japan for itself around the far-eastern regions, the Far Eastern Commission could not deal with post-war Japan as their own interests and the U.S. led the post-surrender policy in Japan and occupied the territory of Japan. In the aftermath of Japanese imperial or colonial vestiges, the Supreme Commander of the Allied Powers (hereinafter SCAP) involved directly or indirectly with the treatment of Aliens in Japan and returning the territories acquired by the colonial aggression. In so doing, the SCAP should have solved two problems; treatment of Koreans in Japan and returning the territory acquired by Japan to the former colonies.

At the first part of American military occupation, the main object of the occupation was demilitarization and democratization of Japan. The aforementioned two problems became one of the most important factors for the SCAP to succeed in occupying Japan. As time went by, however, the policy of the SCAP reversed greatly from disabling Japan to restructuring Japan. As a result of the reverse, objective of the policy fundamentally changed as well. This paper examines not only the causes of the reverse course of the SCAP's policies toward Japan but also the effects on the treatment of Koreas in Japan and the territorial sovereignty over Dokdo islets.

Especially, to clarify the causes and effects, this paper focuses on the role and legal status of the SCAP under the public international law at those times. The problems concerning Korean people in Japan and the territory forcibly taken by Japanese imperialism was deeply involved with those roles and activities of the SCAP. During the occupation, the SCAP had issued many instructions to repatriate aliens in Japan and to set the policies for treatment of those in Japan. Moreover, the SCAP ordered that the scope of the Japanese territory would be limited to some areas as it was before the imperial aggression. As it issued a great deal of Instructions, the SCAP made a great influence on the Korea-Japan relationship after World War II. But the study on the two problems in Korea has not been conducted sufficiently. And most of approach was based on rather biased point of views because of the nationalism in Korea.

Keeping those limits and approaches in mind, this paper tried to approach the treatment of Koreans and the territorial problems over the Dokdo islets with more objective point of view and precise historical evaluation of those activities and legal status of the SCAP. In addition to the objective approach, this paper makes an effort to widen the scope of the studies including the international relations between Korea and Japan as well as between Korea and the U.S. and between Japan and the U.S.

Key words : The Supreme Commander of the Allied Powers(SCAP), military occupation, post-surrender policy in Japan, legal status of the SCAP, The treatment of Koreans in Japan, territorial problem over Dokdo islets, Legal effect of the Allied Commander Instruction

戦後連合軍司令部の役割と法的地位

金元熙

　1945年初頭に日本の敗戦が次第に確実になるにつれ、アメリカは日本が降伏した後、日本を統治するための措置を検討し始めた。アメリカは極東地域で単独で日本を相手に戦争を遂行したため、戦後に極東委員会はその利害関係によって日本に干渉することはできなかった。従って、アメリカは日本が降伏した後、政策を主導して日本の領土を占領した。日本の帝国主義または植民主義が残した問題を処理するため、連合軍司令官(以下、SCAP)は直接的にも間接的にも在日朝鮮人の処遇問題と植民主義的侵略により取得した領土の返還問題に関与するようになった。これにより、SCAPは二つの問題、即ち在日朝鮮人の処遇問題と日本の植民地の返還問題を処理しなければならなくなった。

　アメリカによる軍事的占領の前半におけるその主要目的は日本の非軍事化寡民主化であった。前述した二つの問題は、日本を占領するにおいてSCAPが成功を収めるための最も重要な要素のひとつになった。しかし時間が経つにつれ、SCAPの政策は日本の無能化から日本の再建に急転された。アメリカによる占領政策の急転により、占領政策の目的もまた根本的に変わっていった。本論文では、日本に対するSCAPの占領政策が急転した理由と、それによる在日朝鮮人の処遇、そして日本帝国主義により強制的に侵奪された領土の返還問題に及んだ影響を検討したい。

　特に因果関係を明確に明かすため、この論文では戦後当時の国際法上のSCAPの役割と法的地位に焦点を置いた。在日朝鮮人に関する問題と日本帝国主義により強制的に侵奪された領土の返還問題は、SCAPの役割と活動に深く関係していた。占領期間中、SCAPは日本にいる外国人を送還

し、日本にいる外国人への処遇に関する政策を樹立するために多くの指
令を発したことがある。またSCAPは、日本の領土の範囲が帝国主義的侵
略以前の一定の地域に制限されるという趣旨の指令を発令したりもし
た。SCAPは非常に多くの指令を発し、戦後の韓日関係に大きな影響を与
えた。しかし、二つ問題に対する先行研究が、国際法的な視点から照合
されていなかった側面があるため、SCAPの様々な活動と指令に対する
国際法的な検討が必要であるといえる。

　これを念頭に、本論文では、具体的に韓日植民関係の清算過程に影響を
及ぼしたSCAPの役割と活動について調査した。特に、1945年以後も韓日
関係において絶えず外交的摩擦の原因となっていた在韓日国人の処遇問題
や独島領有権の処理問題を巡る連合軍司令部の指令と役割を調べ、連合軍
司令部が行った指令と活動を客観的に提示し分析した。最後に、SCAPの
指令及び活動が韓日関係に及ぼした影響に関する法的評価を試みた。過去
の問題が解決されないことから発生する韓日間の不必要な摩擦と紛争を終
わらせ、未来志向的な韓日関係を正立するという観点から、SCAPの指令
と活動をどう解釈することが望ましいだろうかという点に関する展望と
提言を提示しようと努力した。

主題語：連合国最高司令官(SCAP)、戦時占領、日本の降伏後の政策、
　　　　SCAPの法的地位、在日朝鮮人の処遇、独島に対する領土問
　　　　題、連合国司令官　指令の法的効果

샌프란시스코평화조약 체결과정에서 일본의 법적 지위 분석

박 영 길*

Ⅰ. '관대한 평화조약'

1951년 9월 전승국인 연합국 측과 패전국인 일본 간에 체결한 샌프란시스코평화조약(이하 '대일평화조약')은 그 동안의 평화조약들에서 유래를 찾아보기 힘들만큼 패전국에 관대한, 온건한 평화조약이었다. 물론 이러한 평가에 대해 일본의 일부에선 거부감을 가질 수도 있을 것이다. 특히 원폭의 충격이 남아있는 가운데 약 7년 동안 연합국최고사령부(SCAP: Supreme Commander for the Allied Powers)의 지배하에 있으면서 국가 전반적인 개혁을 경험하고, 동경국제군사재판을 통해 전

---

* 인하대학교 법학연구소 연구원, 국제법 전공

범자들의 처형을 목도하고, 신으로 숭상받던 천황이 상징적 위치에 머물게 되고, 독도의 영유권을 확보하지 못하고 특히 류큐에의 미군 주둔을 치욕으로 생각하는 상황에서는 더욱 그러할 것이다. 그러나 대일평화조약에 대한 위와 같은 평가는 필자만의 생각이 아니라 이 조약에 대한 학자, 정치가들의 일반적인 견해라 할 수 있다. 1951년 대일평화조약의 체결 직후 이에 대한 상세한 분석을 행한 자나드(Zanard)는 대일평화조약을 다음과 같이 평가하였다.

> 대일평화조약은 과거 적국을 국제평화 추구에 동참시키기 위한 비징벌적이고, 비차별적이고, 관대한 제안이다. 복수 정신은 없으며 화해와 희망으로 대체되었다.[1]

또한 대이탈리아 평화조약과 대일평화조약에 대해 상세히 비교분석한 이근관 교수는 대일평화조약에 대해 다음과 같이 결론을 짓고 있다.

> 결론적으로 1951년 조약은 평화조약으로서는 유례를 찾기 어려울 정도로 패전국(그것도 침략전쟁을 시작하고 전쟁 과정 중에도 허다한 위법행위를 자행하였던 일본)에 대해 관대한 평화조약이었다.[2]

위와 같은 평가는 일본 내의 정치가와 학자들에 의해서도 이루어지고 있다. 예컨대 일본 측을 대표하여 1951년 샌프란시스코 평화회의에

---

1) "The Treaty is non-punitive, non discriminatory, a generous offer to a former enemy to join the search for international peace. The spirit of revenge is absent - replaced by conciliation and hope." Richard J. Zanard, 1951. "An Introduction to the Japanese Peace Treaty and Allied Documents" Georgetown Law Journal 40, 91
2) 이근관, 2009 <샌프란시스코 강화조약 및 대이탈리아 강화조약의 비교연구 - 이른바 '청구권'문제의 해결을 중심으로> 《한일간 역사현안의 국제법적 재조명》 (동북아역사재단) 369

참석하여 조약에 서명한 일본의 요시다 수상은 대일평화조약을 '공정하고도 관대한 조약'(a fair and generous treaty)이라 하였다. 또한 당시 일본의 대표적인 국제법학자였던 도쿄대의 요코다 교수도 이 조약을 '복수의 강화', '징벌의 강화'가 아니라 '화해의 강화', '신뢰의 강화', '기회의 강화'로 규정하였다.[3] 따라서 앞서 언급하였듯이 일부 일본인들의 거북한 감정에도 불구하고 대일 평화조약이 비보복적이고 일본에 관대한 조약이었다는 점은 일본 내외의 정치가, 학자들의 견해를 볼 때 명확하다.

그렇다면 어떠한 점에서 위와 같은 평가가 행해지고 또 왜 그렇게 되었는가, 그리고 미군의 류큐 지배와 같은 점들은 어떻게 이해할 수 있는가 하는 의문점들을 가질 수 있다. 이 글은 이를 위해 먼저 대이탈리아 평화조약과의 비교를 통해 대일평화조약이 비보복적이고 일본에 관대한 조약임을 드러낸다(제2장). 이러한 조약을 체결한 주된 배경이 공산세력의 팽창에 맞서기 위한 미국의 점령정책 전환에 있었다는 사실은 주지의 사실이다. 제3장에서는 이러한 정책 전환의 배경을 보다 상세히 살펴본다. 그리고 이러한 외적 요인과 더불어 일본에 보다 관대한 조약을 체결하기 위한 일본의 치밀하고도 적극적인 대응이 있었음을 강조한다. 마지막으로 그럼에도 불구하고 '관대한 평화조약'이라는 말에 의문을 제기할 수 있는 사실들 중 세 가지 사례를 살펴봄으로써 그러한 의문을 해소 내지 완화시키고자 한다.

---

3) 横田喜三郎, 1952 <平和條約の特色> 日本國際法學會 編, ≪平和條約の綜合研究(上)≫ (有斐閣, 東京) 40 (이근관, <앞 논문> 359에서 재인용)

Ⅱ. 평화조약의 일반적 경향
– 대이탈리아 평화조약과의 비교를 중심으로

1. 평화조약의 일반적 개념

평화조약은 교전 당사국간에 이미 중단된 교전상황에 대해 법적 의미에서 종결시키고 평시상태, 즉 이전의 우호관계로 전환하는 것을 주된 목적으로 한다.[4] 승자도 패자도 없는 전쟁 상황을 교전 당사국간의 협약에 의해 중단하는 경우와는 달리 어느 일방이 패전한 경우, 일반적으로 평화조약은 승전국이 패전국에게 전쟁책임을 묻는 방식으로 체결된다. 따라서 평화조약을 통해 승전국은 전쟁 수행에 투입된 인적, 물적 비용을 패전국에게 물리고 영토 일부를 할양하는 등의 조치를 통해 패전국의 전쟁행위를 (형법적 의미에서) '징계'한다. 그렇기 때문에 패전국에게 평화조약은 유죄확정을 받고 재산을 몰수당하고 징역을 당하는 죄인과도 유사하여 조약의 체결이 결코 유쾌할 수 없는 것이다.

가장 대표적인 예로 제1차 세계대전에 패한 독일과 승리한 연합국들 간에 체결된 베르사유조약이 있다. 베르사유조약은 패전국 독일에게 가혹한 전쟁 발발의 책임을 물었다. 독일은 막대한 배상책임을 부담해야 했으며 독일의 통치하에 있던 식민지들은 연맹국들의 위임통치

---

4) 법적 의미에서 전시상태를 종결시키는 방법에는 평화조약 체결 이외에도 외교관계 수립과 같이 상호 평화관계를 희망하는 행위를 수반하면서 적대행위를 중지하는 경우, 전쟁 중지에 관한 일방적 선언을 하는 경우 그리고 일방이 완전히 패배하여 법적으로 국가가 소멸하는 경우 등이 있다. 그러나 이 중 일방적 선언은 선언적 의미만 있을 뿐 새로운 법적 지위를 형성하지는 못한다. Wilhelm G. Grewe, 1997. "Peace Treaties", in Encyclopedia of Public International Law vol. Ⅲ (Elsevier) 940

하에 놓이게 되었으며 독일의 본토도 일부는 주변국들에 할양되었다. 베르사유조약의 양식을 답습한 것이 1947년 대이탈리아 평화조약인데, 이에 대해서는 절을 바꾸어 살펴보기로 한다.

2. 1947년 대이탈리아 평화조약

1) 체결 과정

1939년 알바니아를 침공한 이탈리아는 곧이어 독일과 동맹을 체결하였다. 1940년 6월에는 영국과 프랑스에 대해서도 선전포고를 함으로써 이탈리아는 제2차 세계대전의 주요 발발국이 되었다. 하지만 1943년 7월 미군의 시칠리아 침공으로 인해 이탈리아는 패배하고 결국 연합국 측과 이탈리아는 같은 해 9월 정전협정이 체결되었다. 1945년 7~8월에 개최된 포츠담회의에서 미국, 영국, 소련의 3대 강국은 이탈리아가 독일과의 동맹관계로부터 가장 먼저 이탈했기 때문에 이탈리아와 먼저 평화조약을 체결하고 이를 향후 독일, 일본과의 평화조약 모델로 사용하기로 하였다. 그리고 이 회의에서는 외무장관회의(Council of Foreign Ministers)를 신설하여 평화조약안 준비를 위임하기로 하였다.[5]

소련은 대이탈리아 평화조약 준비작업을 제2차 세계대전 기간 독일의 위성국이었던 헝가리, 루마니아, 불가리아 및 핀란드와의 평화조약 준비와 함께 진행시킬 것을 주장하여 이를 관철시켰다. 이것은 결국 대이탈리아 평화조약이 가지는 특성이 대폭 무시되고 평화조약 협상이 강대국간 유럽정책의 흥정물이 되는 결과를 가져왔다.[6] 미국과 영국은

---

5) 이근관, <앞 논문> 310~311
6) 이근관, <앞 논문> 301

전쟁배상과 관련해서 이탈리아의 입장을 최대한 반영하려고 하였지만 소련은 이탈리아 침공으로 피해를 입은 약소국들의 입장을 강하게 대변하고자 하였다. 배상과 관련해서도 소련은 이탈리아가 총 6억 달러의 전쟁배상금을 3대 강국과 피해국들에게 배상할 것을 주장하였다. 하지만 미국의 반대에 부딪혀 결국 외무장관회의에 의해 이탈리아의 총배상액은 3억 6천만 달러로 결정되었다.[7]

당연하게도 이탈리아는 "징벌적이지 않은 평화조약"(un trattato di pace non punitivo)의 체결을 원하였다.[8] 이탈리아는 비록 독일의 동맹국으로서 제2차 세계대전의 주요 발발국의 하나였지만 1943년 10월에는 독일에 선전포고를 함으로써 연합국 측에 가담하였다. 따라서 이탈리아의 바람은 일응 일리가 있는 것이었다. 그러나 이러한 이탈리아의 주장은 평화조약 체결과정에서 받아들여지지 않았다. 특히 대이탈리아 평화조약은 다른 4개국에 대한 평화조약과 함께 다루어짐으로써 연합국 측에 가담하여 전쟁승리에 일정 부분 기여한 이탈리아의 공적은 제대로 평가받지 못하였다.[9] 이러한 이탈리아의 열등한 지위는 평화조약의 협상과정에서도 나타났다. 이탈리아는 자신의 견해를 오직 서면으로만 제출할 수 있었으며 평화회의 협상의장단의 요청이 있을 때에만 구두로 진술할 수 있었다. 따라서 대이탈리아 평화조약은 이탈리아와 미국 등 일부 국가들의 노력이 있었지만 결과적으로 이탈리아의 전쟁 책임을 묻는데 중점을 두게 되었고 법적 책임의 추급을 엄격히 하였다.[10]

---

7) 이근관, <앞 논문> 313
8) Timothy Smith, 1998. "Gli Stati Uniti d'America ed il Trattato di Pace con L'Italia", Romain H. Rainero & Giuliano Manzari (eds.), L'Italia del Doppguerra (Stabilimento Grafico Militare) 18 (이근관, <앞 논문> 318에서 재인용)
9) 다만 대이탈리아 평화조약의 전문에 "정전[1943년 9월] 성립 후 정부군 및 저항운동군은 대독일전에 적극적으로 참여하였고 이탈리아는 1943년 10월 13일부터 독일에 대하여 선전포고를 행하였으며 그에 의해 독일에 대한 공동교전국이 되었다"라고 규정하여 일정부분 평가를 하고 있다.

2) 주요 내용 - 청구권 조항을 중심으로

1947년 대이탈리아 평화조약은 전문과 90개조의 본문으로 구성되어 있으며 본문에는 다시 17개의 방대한 양의 부속서가 첨부되어 있다. 본문 조항 중 청구권 관련 조항은 흩어져 있긴 하지만 주로 제6부(제74조-제77조, 전쟁으로부터 발생한 청구권)와 제7부(제78조-제81조, 재산, 권리 및 이익)에서 규정하고 있다. 아래에서는 대일평화조약과의 차별성을 부각시키기 위한 목적 내에서 그 내용을 간단히 살펴보기로 한다.[11]

(1) 제74조(배상금 액수 및 지급방법)

이 조항은 소련, 알바니아, 에티오피아, 그리스, 유고슬라비아에 대한 배상금액을 확정하여 규정하고 있다. 구체적인 배상금은 소련에 대해 1억 달러, 알바니아에 대해 5백만 달러, 에티오피아에 대해 2천5백만 달러, 그리스에 대해 1억5백만 달러, 그리고 유고슬라비아에 대해 1억2천5백만 달러였다. 이들 배상액을 이탈리아는 7년에 걸쳐 지급해야 했지만 처음 2년간은 지불의무가 면제되었다.[12] 그런데 평화조약 협상회담에서는 유고슬라비아가 13억 달러, 알바니아가 11억 6천 1백만 달러, 에티오피아가 7억 4천만 달러, 그리고 이집트가 5억 1천 1백만 달러의 배상을 이탈리아에 요구하였었다. 소련을 포함한 5개국에 대한 배상 총액이 3억 6천만 달러로 확정된 것에 비하면 이들 국가들

---

10) 이근관, <앞 논문> 318~319

11) 주로 이근관, <앞 논문> pp.323~332 및 Ellinor von Puttkamer, 1997. "Peace Treaties of 1947", in Encyclopedia of Public International Law vol. Ⅲ (Elsevier) 956~958을 참조하였음

12) 대이탈리아 평화조약 제74조(A)(1) 및 제74조(B)(1)

의 요구와 큰 차이가 있음을 볼 수 있다. 그런데 이러한 배상액 차이는 미국의 반대로 인해 삭감된 면도 있지만 그 보다는 금전 외에 그에 상응하는 제공이 있었기 때문이다. 즉 유고슬라비아와 그리스는 베네치아 줄리아,-도데카네사 제도를 각각 할양받았으며 이들 지역 내에 있는 공물 역시 무상으로 이전되었다. 알바니아와 에티오피아도 각각 평화조약 제29조, 제34조에 의해 통상적인 외교 및 영사공관을 제외한 이탈리아 또는 이탈리아의 준국가기관에 속하는 모든 종류의 '재산, 권리, 양허, 이익 및 특혜'를 넘겨받았다.

보다 큰 문제는 제74조 D로 이는 제74조 A, B에서 명시적으로 언급되어 있지 않은 국가들에 대한 배상을 규정하고 있다. 제74조 D는 A, B에서 명시하고 있는 국가들을 제외한 다른 국가들에 대한 배상규정으로 제74조 A, B와는 달리 배상액을 특정하지 않고서 단지 "여타 연합국의 청구권은 제79조에 따라 이들 국가의 관할권에 복속하는 이탈리아 자산을 활용하여 해결한다"라고만 규정할 뿐이다. 이탈리아는 이 조항에 대해 자의적으로 해석 적용될 여지가 높고 이탈리아가 식민지 건설을 통해 축적한 재산을 단번에 잃을 우려가 있다는 이유로 강하게 비판하였다.

한편 제74조(E)는 배상을 위해 그 재산을 박탈당한 자연인 또는 법인에 대해 이탈리아 정부가 보상을 하도록 규정하였다. 이탈리아 정부는 이 조항이 정부 예산에 매우 과중한 부담을 부과한다고 비판하였다.

(2) 제75조(이탈리아에 의한 연합국 재산의 반환)

제75조 제1항은 "이탈리아는 1943년 1월 5일의 국제연합선언상의 원칙을 수락하고 가능한 한 최단 기간 내에 모든 연합국의 영토로부터 반출된 재산을 반환한다"라고 규정하였다. 이어서 제75조 제2항은 반환 대상이 되는 재산을 "현재 이탈리아에 소재하고 있는 재산으로서

연합국의 영토로부터 추축국 중 어느 하나 또는 그 이상에 의하여 폭력 또는 강박에 의하여 반출된 것으로 판명된 재산"으로 규정하였다. 이는 "폭력 또는 강박에 의하여 반출된 것으로 판명된 재산"이면 무조건 반환해야 한다는 것으로, 그것을 선의취득한 현재 소유자를 보호해주지 않는 것이다.

(3) 제76조(이탈리아에 의한 청구권 포기) 및 제77조(이탈리아의 대 독일 청구권 포기)

제76조 제1항은 이탈리아가 "전쟁으로부터 직접적으로 발생하였거나 1939년 9월 1일 이후 유럽 지역에서 전쟁상태의 존재로 인하여 취해진 조치로부터 발생하는, 이탈리아 정부 또는 이탈리아 국민이 보유하는 모든 종류의 청구권을 포기한다 …"라고 규정하고 이어서 제2항에서는 이러한 청구권이 장래에 대해 소멸하며 청구권 제기가 '완전히 그리고 최종적으로'(completely and finally) 불가능하게 되었음을 선언하고 있다. 따라서 이탈리아는 연합국 측이 자신에게 가한 어떠한 피해에 대해서도 전혀 청구를 할 수 없게 되었다.

제77조는 특히 제4항에서 독일 및 독일 국민에 대한 이탈리아 및 이탈리아 국민의 모든 청구권을 포기하도록 규정하였다. 이탈리아는 자신이 연합국 측에 가담하여 전쟁을 수행한 시기 발생한 대독일 청구권만이라도 확보되어야 한다고 주장하였지만 받아들여지지 않았다.[13]

(4) 제78조(이탈리아 내 연합국 재산) 및 제79조(연합국 영토 내의 이탈리아 재산 처분)

제78조는 이탈리아 내 연합국 및 연합국 국민의 법적 권리 및 이익에 대한 원상회복의무와 유형재산에 대한 반환의무를 규정하고 있다.

---

13) 이근관, <앞 논문> 329

특히 연합국이 소유하고 있던 재산, 권리 및 이익이 전쟁 중 추축국 측의 강박에 의해 양도된 경우 이탈리아는 이들 양도를 무효화하여야 하며, 연합국 국민의 재산, 권리 및 이익의 반환이 불가능하거나 그 재산이 손상된 경우에는 이탈리아 정부가 유사한 재산을 구입하거나 손실을 전보하는데 필요한 금액의 3분의 2를 지급할 것도 규정하였다.

연합국 영토 내에 있는 이탈리아의 재산 처분을 규정한 제79조는 제1항에서 "연합국 각국은 본 조약 발효시 자국의 영토 내에 소재하고 있는 이탈리아 또는 이탈리아 국민에게 속하는 모든 재산, 권리 및 이익에 대하여 압류, 보유, 청산 또는 여타의 조치를 취할 권리를 가지며, 또한 이러한 재산 및 그로부터 발생하는 이득을, 자국 및 자국민이 이탈리아 및 이탈리아 국민에 대하여 보유하는 청구권의 한도 내에서, 본 조약의 다른 조항하에서 완전히 충족되는 청구권 이외의 채무를 포함하여 자국이 원하는 목적에 활용할 권리를 가진다"로 규정하고 있다. 동 조 제3항은 재산의 반환 가능성 없이 박탈당한 이탈리아 국민에 대하여 이탈리아 정부가 보상을 해야함을 규정하고 있다. 따라서 제79조 역시 이탈리아 정부에게는 매우 과중한 부담이 아닐 수 없었다.

3) 대일평화조약의 청구권 규정

대일평화조약은 전문과 본문 27개 조항으로 구성되어 있다. 청구권 관련 조항도 제5장(제14조~제21조)에서 규정하고 있을 뿐이다. 이렇듯 대일평화조약은 비단 대이탈리아 평화조약 뿐만 아니라 다른 평화조약들에서도 그 유래를 찾아보기 어려울 만큼 간략하게 규정되었다. 아래에서는 대일평화조약의 청구권 관련 조항들을 간단히 살펴봄으로써 대이탈리아 평화조약과 비교해 보기로 한다.

(1) 제14조(청구권에 관한 일반 조항)

청구권에 관한 핵심조항이라 할 수 있는 제14조는 장문으로 규정하고 있다. 하지만 그 중에서도 가장 중요한 의미를 내포하는 내용은 (a)항에서 다음과 같이 규정하고 있다.

> 일본은 전쟁 중에 발생한 손해 및 고통에 대하여 배상을 지불해야 한다. 그러나 일본이 존립 가능한 경제를 유지하고자 한다면 이러한 손해 및 고통에 대하여 완전한 배상을 지불하고 동시에 여타 의무를 이행하기에는 현재 일본의 자원이 충분치 않다는 점을 인정한다.(밑줄 강조)[14]

미국의 당초 정책은 배상조항을 삭제함으로써 아예 일본의 배상을 면제하는 것이었다.[15] 하지만 미국의 이러한 방침은 영국을 비롯한 연합국들로부터 강력한 저항에 부딪혔고 결국 어느 정도 이들의 요구를 수용할 수밖에 없었다. 이렇게 하여 마련된 제14조는 일본의 직접 배상을 규정하고 있다. 하지만 그러면서도 완전한 배상을 하기에는 일본의 자원이 충분치 않음을 곧이어 규정하고 있다. 이것이 조약의 조항으로 규정된 것은 일본의 경제상황에 대한 고려가 단지 정치적 고려대상이 아니라 법적 구속력 있는 의무사항임을 보여주는 것이다. 이렇게 패전국에게 배상책임을 물으면서도 그 국가의 경제상황을 고려할 것을 적시하고 있는 것도 그 동안의 평화조약들에서는 찾아보기 어려운 것이었다.

---

14) "It is recognized that Japan should pay reparations to the Allied Powers for the damage and suffering caused by it during the war. Nevertheless it is also recognized that the resources of Japan are not presently sufficient, if it is to maintain a viable economy, to make complete reparation for all such damage and suffering and at the same time meet its other obligation." (밑줄 강조)

15) 岡野鑑記, 1958 ≪日本賠償論≫ (東洋經濟新報社, 東京) 262 (이근관, <앞 논문> 359에서 재인용)

(2) 제15조 이하의 주요 내용

제15조는 연합국 및 연합국 국민의 재산의 반환과 보상을 규정하고, 제16조는 중립국 및 구추축국에 소재하는 일본의 자산을 인도함으로써 포로학대에 대한 배상을 하도록 규정하고 있다. 제17조는 일본포획심판소의 결정과 명령에 관한 규정을 두고 있으며, 제18조는 "전쟁상태의 개재가 전쟁상태가 존재하기 전에 존재한 채무 및 계약, 전쟁상태가 존재하기 전에 취득한 권리로부터 발행한 금전채무"에 영향을 미치지 않음을 규정하고 있다. 그리고 제19조는 일정 부분에 대해 연합국 및 그 국민에 대해 일본국 및 일본 국민의 청구권 포기를 규정하고 있다.[16)

4) 두 평화조약의 차이점

1947년 조약과 1951년 조약의 근본적인 차이점은 대이탈리아 평화조약이 미국의 노력에도 불구하고 이탈리아에 대한 징벌적 보복적 성격을 가지게 된 반면, 대일평화조약은 미국의 주도와 소련의 미개입으로 인해 일본에 관대한 성격을 가지게 되었다는 점이다. 이는 이탈리아가 제2차 세계대전 중반에 오히려 연합군 측에 가담하여 대독일 전쟁을 수행한 반면, 일본은 독일이 항복한 이후에도 끝까지 연합군에 저항했음에도 불구하고 평화조약에서는 이러한 점이 거의 고려되지 않았다는 점에서도 흥미롭다.

대이탈리아 평화조약에서는 전후 이탈리아가 감당하기 어려운 배상액들이 구체적으로 조약문에 규정되고 이탈리아가 연합국 또는 그 국

---

16) Werner Morvay, 1997. "Peace Treaty of Japan", in Encyclopedia of Public International Law vol. Ⅲ (Elsevier) 963 참조

민에 대해 가질 수 있는 청구권은 모두 포기되었다. 그리고 이탈리아
는 영토의 일부를 주변국들에게 할양해야만 했다.

반면 대일평화조약에서는 일본의 직접 배상을 규정하면서도 구체적
인 배상액에 대해서는 개별 당사국간의 협상에 일임하였으며, 그나마
도 일본의 경제상황을 참작하여 배상액을 책정할 것을 규정하였다.

Ⅲ. 미국의 점령정책 전환과 일본의
평화조약 체결 준비

이 장에서는 관대한 대일평화조약 체결의 배경이 된 미국의 점령정
책 전환과 또한 일본의 조약 체결 준비에 대해 살펴보기로 한다.

1. 피점령국 일본에 대한 지배구조

1945년 9월 2일 항복문서에 서명한 일본에 대해 연합국은 일본정부
를 통해 정책을 시행하는 간접 통치를 실시하였다. 이를 위해 연합국
이 활용한 기구로 극동위원회(Far Eastern Commission),17) 연합국최고사
령관(SCAP), 연합국대일이사회(Allied Council for Japan) 등이 있었다.
이 중 극동위원회는 명목상은 일본관리에게 최고기관이었지만 실제로
는 SCAP에 대해 직접 명령할 수 없었다. 극동위원회의 정책결정을 구
체화하는 훈령을 미국정부가 SCAP에 발하고, 이 훈령을 기초로 SCAP

---

17) 워싱턴에 소재, 처음 11개국으로 구성되었다가 13개국으로 확대(소련, 영국,
    미국, 중국, 프랑스, 네덜란드, 캐나다, 오스트레일리아, 뉴질랜드, 인도, 필리
    핀, 미얀마, 파키스탄)

이 일본정부에 대해 세부 지령을 발함으로써 일본정부를 구속할 수 있었다. 연합국대일이사회는 도쿄에 설치된 자문기구에 불과하였다.[18] 따라서 일본정부에 대한 직접적 명령은 SCAP에 의해 이루어졌지만 SCAP가 미국정부의 명령을 받고 있었으므로 미국정부의 정책방향이 일본의 장래방향을 결정하는 구조였다.

2. 미국의 점령정책 전환배경[19]

포츠담 선언에서 표명된 대일점령정책의 기본 방향은 일본의 비군사화와 민주화였다. 미국무부 내 극동문제국장의 특별보좌관(Special Assistant to the Director of the Office of Far Eastern Affairs)인 휴 보턴(Hugh Borton)이 이끈 보턴그룹은 대일평화조약의 초안작성을 위임받았다. 이 그룹은 1947년 3월 대일평화조약안을 작성하였는데 1947년 8월과 1948년 1월 수정되었다. 이 조약안은 일본의 군국주의 부활을 차단하기 위해서는 모든 조치를 강구해야 하며 특히 일본에 엄격한 배상을 물어야 한다는 것이었다.[20] 즉 이 조약안은 새롭게 형성되고 있는 냉전상황이 아니라 제2차 세계 대전 당시의 국제정세를 반영한 것이었다.[21]

---

18) 이근관, <앞 논문> 335~336 참조.
19) 자세한 논의는 다음을 문헌을 참조. 이경혜, 1995 <미국의 일본점령정책전환과 샌프란시스코조약> ≪국제문제논총≫ 6 ; 성기중, 2005 <미국의 대일점령정책의 전환과 일본보수지배체제> ≪대한정치학회보≫ 13-1; William R. Nester, 1996. Power across the Pacific: A Diplomatic History of American Relations with Japan (Macmillan Press) 22~260 ; Takemae Eiji, 2002. Inside GHQ: The Allied Occupation of Japan and its Legacy (Continuum) 457~515
20) Frederick S. Dunn, 1963. *Peace-making and the Settlement with Japan* (Princeton University Press) 58~59
21) Dunn, <위 논문> 59, 70

그렇지만 위 조약안이 작성된 무렵인 1947년 3월 이미 이른바 트루
만독트린이 선언되어 냉전의 도래를 알리고 미국의 국제정세에 대한
이해 변화와 이러한 새로운 정세 하에서 일본의 역할에 대한 인식이
재고되고 있었다. 즉 소련 공산세력의 팽창과 중국의 공산정부 수립에
맞서기 위해서는 일본의 재무장을 경계하기보다는 오히려 일본을 이를
위한 전초기지로 활용해야 한다는 견해가 점차 지지를 얻어가고 있었
던 것이다.[22]

특히 국무부 내의 정책을 집중하기 위해 1947년 4월에 만들어진 정
책기획실(Policy Planning Staff, 소련에서 풍부한 경험을 쌓은 조지 케난
(George Kennan)이 수장)은 보턴그룹이 작성한 보복적, 징벌적 정책에
대해 문제를 제기하였다. 그리고 대일평화조약은 냉전이란 새로운 상
황에 맞추어 일본을 전략적으로 이용할 것을 주장하였다.[23] 대일평화
조약에 대한 국무부의 인식 전환은 1947년 9월 22일 37페이지에 달하
는 초안의 표지 요약문에서 확연히 드러난다.

> 본 초안에서는 일본에 대한 미국 정책의 중요한 전환이 논의되고 있다.
> 영구적으로 군사강국으로서의 일본을 제거하려던 구상이 변화하고 있다.
> 러시아의 행태로 인하여 현재 히로히토의 섬들을 완충국가로 발전시키려
> 는 경향이 등장하고 있다. 현재 작성중인 평화조약안은 이러한 인식 전환
> 을 고려해야만 할 것이다.[24]

---

22) 이근관, <앞 논문> 339
23) Dunn, <앞 논문> 59~61
24) Minutes of discussion of treaty draft, Meeting 65, September 22 1947, box.32,
    PPS Records, RG 59. Michael Schaller, 1985. The American Occupation of
    Japan - The Origins of the Cold War in Asia (Oxford University Press) 104에서
    재인용. 이 문서는 1급 비밀에 붙여 이를 본 사람들은 모두 서명을 하도록 하
    였다. 인용 원문은 다음과 같다. "A major shift in U.S. policy toward Japan is
    being talked about under cover. Idea of eliminating Japan as a military power
    for alltime is changing. Now, because of Russia's conduct, tendency is to develop
    Hirohito's islands as a buffer state. The peace treaty now being drafted would

국무부의 이러한 인식전환에는 위에서 언급한 정책기획실을 이끈 조지 케넌의 기여가 컸다. 그는 1948년 2월 일본을 방문하였다. 그는 맥아더를 만나서 갑작스런 점령 종결은 취약한 일본에 재앙이 될 것이며 공산세력에 맞서기 위해 전략적으로 일본을 이용하려는 미국의 정책에도 맞지 않음을 설파하였다. 그리고 새로운 국제정세에 맞게 대일본 점령정책을 전환하도록 설득하였다.[25]

점차적으로 일본은 패전국이 아닌 공산세력에 맞서기 위한 자유국가의 일원으로서 다루어졌다. 미국의 정책전환이 결정화된 것은 1948년 11월 국가안전보장회의 결정을 통해서였다. 주요 내용은 점령이 종료된 후에도 일본이 안정을 유지하고 자발적으로 미국에 우호적인 국가로 남도록 하기 위해서 일본을 경제적, 사회적으로 강화한다는 것이었다.[26]

비록 이후에도 미 국방부와 영국을 비롯한 연합국들의 반대가 있었지만 징벌적, 보복적이지 않고 관대한 평화조약을 체결해야 한다는 미국의 입장은 크게 바뀌지 않았으며, 이러한 입장은 조약에 대부분 반영되었다.

3. 평화조약 체결을 위한 일본의 준비

일본이 항복문서에 조인한 1945년 9월 이후 연합군의 일본 점령정책은 시작되었다. 하지만 미국을 비롯한 연합국들은 대일평화조약안에 대한 구체적인 방향을 잡지 못하고 있었다. 일본 점령 약 2년이 지나서야 미 국무부 내 보턴그룹이 조약안을 작성했을 뿐이다. 이는 대이

---

have to allow for this changed attitude." 또한 이근관, <앞 논문> 340 참조.
25) Dunn, <앞 논문> 74~75
26) Dunn, <위 논문> 77

탈리아조약을 비롯한 유럽 5개국에 대한 방대한 분량의 조약이 2년 만에 체결된 것과는 대조적이다.

그러나 연합국 측과는 달리 일본은 외무성을 중심으로 신속히 준비해 나갔다. 연합국이 일본을 점령한 한 달 후인 1945년 10월 22일 외무성 조약국(조약 제3과)은 '평화조약 체결의 방식과 시기에 관한 고찰'이란 문서를 작성하였는데 평화조약 체결의 필요, 방식, 제문제, 시기 등과 함께 항복문서와 평화조약과의 관계에 대해 고찰하고 있다.[27] 또한 일본은 1945년 11월에 와서는 평화조약문제연구간사회를 발족시켜 보다 체계적인 연구와 대비를 하도록 하였다. 이 연구회는 평화조약 체결에 관한 제반 사항을 연구 검토하여 평화조약 체결에 대비하기 위한 것이었다. 연구회는 조약국장을 장으로 하고 정무국 제1, 3과장, 경제국 제1과장, 조약국 제1,2,3과장, 관리국 제1부제1과장 및 종전연락사무부 제1과장으로 구성되었다.[28] 연구간사회는 1946년 1월 제1차 회의에서 이미 평화조약 체결에서 일본의 기본 방침과 준비시책방침을 정하고 있으며 또한 연합국의 조약안을 예상하여 작성한 후 일본 측의 희망안을 비교하고 있다.[29]

이렇듯 일본은 연합국보다 훨씬 앞서서 평화조약 체결을 준비하고 있었기 때문에, 비록 연합국의 통치하에 있었지만 그러한 상황 가운데 자신들이 할 수 있는 최대한의 범위를 추구했음은 쉽게 짐작할 수 있다. 그렇기 때문에 1947년에서 1948년 사이에 나타난 미국의 점령정책 전환이란 상황변화에 대해서도 일본 정부는 빠르게 간파하였으며 이를 자신에게 유리하게 이용하고자 하였음도 어렵지 않게 짐작할 수 있을

---

27) 본 문서의 내용에 대해서는 다음을 참조. 日本外務省, 2006 ≪日本外交文書: サンフランシスコ平和條約 準備對策≫ 3~11
28) 西村熊雄, 1971 ≪日本外交史 27: サンフランシスコ平和條約≫ (鹿島 研究所出版會) 21
29) <위 글> 22~23

것이다. 그렇다면 일본은 미국의 점령정책 전환에 대해 어떻게 인지하고 반응했을까? 일본은 미국의 점령정책 전환 과정에서 나타나는 상황을 '사실상의 평화상태'로 규정하고 보다 적극적인 대응을 간구하였다. 이는 일본이 미국의 정책변화를 비롯한 대외정세 변화에 민감하였으며 아울러 그러한 변화에 대응할 준비가 되어있었음을 시사하는 것이다. 이를 위해 일본 외무성 조약국 조약과에서 1948년 6월 30일 작성한 <대일평화문제의 현 단계와 '평화조약전의 평화'의 문제>[30]란 문서와 총무국 총무과에서 1948년 12월 25일 작성한 <'사실상의 평화'의 내용상 요청되는 사항>[31]이란 문서를 살펴보도록 한다.

1948년 6월 30일 조약국 조약과에서 작성한 문서는 총 5개장으로 구성되어 있다. 이 문서의 제2장은 '미국의 대일정책변화와 맥아더원수의 육군장관에게 보내는 서한'이란 제목으로, 전반부에서 미국의 정책변화를 기술하고 있다. 먼저 '(미국의) 일본점령정책 중, 비군사화, 민주화 등의 군사적, 정치적 부분에서는, 점령개시 이래 일관된 방향을 견지하고 있어 변화의 조짐이 없지만, 주로 경제적 부분에서는 180도 전환되었다고 할 만한 중대한 정책의 변화가 나타나고 있다'고 파악하고 있다. 그리고 1948년 초부터 나타난 정책변화의 징후들을 7가지 열거하고 있다.((a)미국 육군장관 로얄이 1948년 1월 6일 '극동에서 전체주의에 대한 방벽으로써 일본의 강화 주장', (b) 맥아더 원수의 1월 18일 로얄 육군장관에게 보내는 서한에서 통상제한 완화, 일본인의 해외도항권 회복, 국내문제의 자주적 해결 요청, (c) 1월 20일 극동위원회에서 미국대표가 일본의 경제부흥 조치 주장, (d) 생산시설 철거반대를 권고하는 3월 9일 스트라이크(ストライク) 위원회보고 발표, (e) 경제력

---

30) 條約局條約課, 1948.6.30 <對日平和問題の「平和條約前の平和」の問題> (日本外務省, 2006 ≪日本外交文書: サンフランシスコ平和條約 準備對策≫ 354~375 에 실려 있음)
31) 總務局總務課, 1948.12.15 <「事實上の平和」の內容として要請せられる事項>

집중배제 원안 폐기에 관한 3월 13일 극동위원회 문서 제23호, (f) 3~4
월 미국 사절단의 방일 뒤 일본 부흥을 위한 수출증대와 집중배제 완
화 보고, (g) 일련의 미국의회의 대일경제원조 결의.)

이 문서는 특히 맥아더 원수의 서한이 점령정책 전환을 가장 잘 보
여준다고 보았다. 특히 맥아더 원수의 서한 중 '국내문제해결의 행동
의 자유를 다시 준다'란 말을 항복문서에서 일본정부의 연합국사령관
에의 종속관계를 한층 완화하는 것으로, 이는 일본의 통치권의 제한이
점차 없어지는 것이라고 해석하였다. 그리고 위와 같은 정책의 구현이
점차 주권에 대한 제한 철폐로 나아가겠지만, '평화조약 전에 일본을
사실상 평화의 기초'(平和條約前ㅌに日本を事實上の平和の基礎)를 놓는
방향으로 가고 있다고 하였다.

그리고 제3장(평화조약 전 정상관계부활의 선례)에서는 일본과 같이
2차 세계대전의 패전국이었지만 평화조약 체결 전에 상당부분 주권을
회복한 국가들, 즉 이탈리아, 불가리아 및 오스트리아의 사례를 상세히
들고 있다. 이들 국가들은 평화조약 체결 전에 미국을 비롯한 주요 연
합국들과 외교관계를 회복하거나 제한 없는 무역을 재개하고 많은 국
제기구에 가입하기도 하였다. 제4장에서는 미국의 대일 점령정책의 법
적 근거와 한계를 검토했는데, 형식상으로는 극동위원회가 최고결정기
관이지만 실질적으로 미국에 많은 재량권이 있음을 인지하고 있다.

이어 제5장에선 '평화조약 전의 평화와 주권의 회복'이란 제목하에
세 가지 사항을 다루고 있다. 먼저 적어도 미국과의 관계에서는 '사실
상의 평화' 또는 '부분적 평화 상태'가 평화조약 체결 전에 발생하는
것으로 보았다. 두 번째 항에서는 일본의 SCAP에 대한 종속관계를 설
명하는데, "항복문서와 극동위원회의 대일기본정책에서도 밝히는 바와
같이, 이러한 종속관계는 '항복조항을 실시하는 목적에 적당한 것으로
인정되는 범위내'에서 인정되는 것이지, 일본의 모든 주권이 최고사령

관에 종속되는 것이 아니다.라고 밝히고 있다. 한편 그 인정범위의 결
정은 연합국에 유보되어 있음을 인정하면서, 연합국 내에 의견이 일치
하지 않을 경우 미국이 일정부분 '中間指令'으로 일본에 대한 주권제
한을 완화할 수 있다고 하였다. 이는 일본이 가능한 미국에 의지해서
사실상의 주권의 회복을 도모하고자 하는 것이다. 마지막으로 외교권
의 회복문제를 다루었는데, 1948년 6월 30일 만국우편연합에 가입하는
등 일부 조약체결권 인정, 일본유전학회장의 국제회의 참가가 허용되
는 등 국제회의참가권이 일부 인정된 점을 들면서 외교권 확대를 언급
하였다.

위 문서는 특히 '사실상 평화' 혹은 '부분적 평화'란 말을 반복해서
사용하고 있다. 이는 평화조약의 체결로 인해 법적 의미에서 완전히
평시상태로 회복되는 것을 주권의 완전한 회복으로 상정하는 것으로,
'사실상 평화' 혹은 '부분적 평화'란 이러한 주권의 부분적 회복을 나
타낸다. 즉, 일본은 미국의 점령정책 전환을 가능한 빠른 시기에 많은
주권의 회복 기회로 삼고자 한것이다.

총무국 총무과에서 1948년 12월 25일 작성한 문서는 '극비'로 분류
되었으며, 조약국 조약과 문서 이후 그 동안의 정세변화를 반영하여
보다 자신감 있는 모습을 보이고 있다. 먼저 서문에서는 종전 후 3년
반이 지난 지금 포츠담선언에서 규정한 일본점령의 제 목적이 대부분
달성되어, 평화애호국으로서 모든 제도가 확립되었다고 하면서, 포츠
담선언 제12조[32]에 규정된 연합군의 일본점령 목적 달성과 함께 철수
하도록 되어 있다고 하였다. 그리고 점령의 현 단계에서 대내외 관계
에서 "자주적 체제의 확립으로 인한 평화상태로의 복귀가 요망된다(自

---

32) "(12) The occupying forces of the Allies shall be withdrawn from Japan as soon
as these objectives have been accomplished and there has been established in
accordance with the freely expressed will of the Japanese people a peacefully
inclined and responsible government."

主的体制の確立による平和常態への復歸が要望される)"고 주장하였다.

이 문서는 크게 외교,[33] 통상항해,[34] 內政[35]으로 나누어 현재의 상
황과 기대상황을 기술하고 있다. 그 대강은 과거와 현재의 상황에 비
추어 앞으로 보다 적극적인 일본의 주권행사를 요청하는 것으로 귀결
되고 있다.

위와 같이 평화조약 체결을 위한 일본의 치밀한 사전준비와 국제정
세변화에 대한 민감한 포착과 대응이 실제 평화조약 체결과정에서 일
본에 유리하게 작용하였음은 주지의 사실이다. 왜냐하면 미국은 점령
정책이 전환되면서 일본을 동반자적 관계로 생각하여 평화조약 체결과
정에서 연합국의 어떤 나라못지 않게 일본과 협의 교섭하였는데, 일본

---

33) 현재 일본정부는 연합국최고사령관을 통해서만 외국사절단과 상의할 수 있지
   만, 점령목적과 관계없는 사항에 대해서는 직접 외국정부 및 사절과 상의할
   수 있도록 하고, 그 내용은 연합국 당국에 보고하도록 한다. 그리고 현재는
   일본의 재외 모든 영사업무가 정지되어 있는데 무역 및 자국민 보호 임무에
   한정해서 사전에 연합국사령관의 승인을 얻어 영사를 파견할 수 있도록 한다.
   지금까지 만국우편연합과 국제전기통신연합에만 간이절차로 인해 가입해 있
   지만, FAO, WHO, ILO, ITO 등의 국제기구에 참가하도록 하고, 기존에 참가
   했던 국제기구에도 복귀하도록 한다. 무역협정의 체결과 관련해서는 현재 일
   본 무역의 관리자로서 GHQ가 서명하는 형식으로 협정을 체결하고 있지만,
   앞으로는 GHQ 승인 하에 일본 측이 서명하는 형식으로 체결하도록 한다.
34) 이 부분에서는 수입에서의 민간무역 허가, 외화자금의 처분, 실업가의 해외여
   행, 해외무역사절 파견, 민간사업자의 해외지점 개설, 일본 은행, 보험회사의
   해외활동 재개 등이 가까운 장래에 이루어지도록 한다.
35) 먼저 입법과 관련해서, 현재는 정부와 국회 제출 법률안이 모두 SCAP의 사전
   승인을 요하는데, 헌법개정 및 헌법의 부속법률은 제정 전 SCAP의 승인을 필
   요로 하지만, 그 밖의 모든 법률은 SCAP에 보고하고 이의가 없으면 시행하도
   록 한다. 사법과 관련해서는 현재 연합국 국민은 모두 일본의 형사재판관할
   대상이 아니고, 연합국 군인 및 군속도 관할권 대상이 아니지만, 군인 및 군
   속 이외의 연합국 국민은 제한적으로 관할 대상이 된다. 행정과 관련해서는
   특히 SCAP이 대부분의 인사권을 통제하고 있지만, 중앙정부의 국무대신급 이
   상, 검찰 및 경찰의 고위직의 임명에 한해서 사전에 SCAP 승인을 받고 그 외
   에는 일본 정부가 자주적으로 행사한다.

내의 입장이 분명하고 논리적이지 않았다면 이런 기회를 잘 살릴 수
없었을 것이기 때문이다.

Ⅳ. 개별 사례 검토

아래에서 살펴볼 두 가지 사항은 모두 1951년 대일평화조약이 일본
에 불리하게 체결된 근거로 제시되기도 한다. 하지만 이 글에서는 오
히려 다음 두 가지 사례를 평화조약이 일본에 관대하게 체결된 예시로
서 제시하고자 한다.

1. 오키나와 문제 - 주권의 불완전한 회복:
미국의 오키나와 시정권에 대한 재평가

평화조약 제3조는 다음과 같이 규정하고 있다.

> 일본국은 북위 29도 이남의 남서제도 … 를, 합중국을 유일한 시정권자
> (the sole administering authority)로 하는 신탁통치 하에 두기로 한, 국제연
> 합에 대한 합중국의 어떠한 제안에도 동의한다. 이러한 제안이 행해지고
> 가결될 때까지, 합중국은 領水를 포함한 이들 제도의 영역과 주민에 대해
> 행정, 입법, 사법상의 모든 권한을 행사할 권리를 갖는 것으로 한다.36)

---

36) 조약의 영문 'all and any powers'가 일문에는 '權力の全部及び一部'(권력의 전
   부 및 일부)로, 그리고 불문에는 'tous les pouvoirs'로 되어 있지만, 서로 간에
   해석상 차이는 없다. 제3조 전문은 다음과 같다. Japan will concur in any
   proposal of the United States to the United Nations to place under its
   trusteeship system, with the United States as the sole administering authority,
   Nansei Shoto south of 29° north latitude (including the Ryukyu Islands and the
   Daito Islands), Nanpo Shoto south of Sofu Gan (including the Bonin Islands,

위 조항은 요컨대 오키나와에 대한 미국의 전적인 시정권(입법, 행정 및 사법관할권)을 인정하고 있다. 평화조약 체결 2시간 후 미일안보조약이 서명되었다. 이 조약은 미국이 일본의 전 영토에서 미군을 주둔할 수 있도록 하였다.[37] 평화조약 제3조와 미일안보조약은 일본의 주권을 제한한 대표적인 조약으로 일본인으로부터 대표적인 굴욕적 조약이라고 비판받았다. 그렇지만 특히 미일안보조약의 경우 이것이 비록 종속적 조약으로서 이후 수십 년 동안 정치적 공방의 표적이 되긴 하였지만, 요시다 총리 입장에서는 국가 내외적 공산주의 세력으로부터 일본을 방어하고 또 미국의 요구를 거부할 수 없었다는 점을 고려할 때 이는 불가피한 최선의 선택이었다는 주장도 있다.[38] 아래에서는 평화조약 제3조가 일본의 주권 제한 또는 불완전한 주권 회복이란 일반적 평가에 대해 그 과정에 대한 검토를 통해 다른 견해를 제시해 보고자 한다.

평화조약 제3조는 오키나와를 비롯한 북위 29도 이남의 섬들에 대해 미국의 입법, 행정, 사법권을 인정하고 있다.[39] 보다 자세히는 다음

Rosario Island and the Volcano Islands) and Parece Vela and Marcus Island. Pending the making of such a proposal and affirmative action thereon, the United States will have the right to exercise all and any powers of administration, legislation and jurisdiction over the territory and inhabitants of these islands, including their territorial waters.

37) 1951년 미일안보조약 제1조. "Japan grants, and the United States of America accepts, the right, upon the coming into force of the Treaty of Peace and of this Treaty, to dispose United States land, air and sea forces in and about Japan."

38) 앤드루 고든, 김우영 역, 2005 ≪현대 일본의 역사: 도쿠가와 시대에서 2001년까지≫ (이산) 436

39) 이하 오키나와의 지위에 관한 부분은 특히 임성모, 2006 <잠재주권과 '재일'의 딜레마: 점령 초기 오키나와의 지위와 정체성> ≪한일민족문제연구≫ 10 163~177를 참조하였음. 그 밖에 오키나와에 대한 미군의 통치와 그 지위 변화에 대한 연구는 다음을 참조. 김현, 2006 <오키나와 미군기지 장기주둔의

과 같이 요약할 수 있다. 첫째, 주권은 일본에 있으며 미국은 북위 29
도 이남에 대해 시정권을 행사한다. 둘째, 미국은 영토, 영수, 주민에
대해 입법, 행정, 사법상의 모든 권한을 가진다. 셋째, 미국의 시정권은
무기한으로 인정된다.

　본래 오키나와는 1945년 3월 말 미 해군이 상륙하여 미 해군 군정부
포고 제1호를 공포하여 일본정부의 관할권을 전면 정지시킨 이래 미군
의 점령통치하에 놓이게 되었다. 1942년부터 미국은 오키나와가 포함
된 북위 30도 이남 지역을 일본 본토로부터 분리하는, 즉 미국령으로
하여 군사기지화 방안을 구상하고 있었다.[40] 1946년 1월에는 SCAP 총
사령부(GHQ)가 '약간의 외곽지역을 정치·행정상 일본으로부터 분리
하는 데 관한 각서'를 발표하여 북위 30도 이남 지역을 일본에서 분리
한다는 점을 명확히 하였다.[41] 하지만 국무부는 1946년 6월 오키나와
의 일본 반환과 비군사화를 주장했는데, 이는 미국 정부가 대서양헌장
에서 밝힌 영토 비확대 정책을 유지하고, 점령정책에 따른 비용 부담
을 줄이고, 미군기지 건설에 따른 국제적 비판을 회피하기 위한 것이
었다.[42] 미국의 국방부와 국무부간의 이견은 결국 평화조약 초안 작성
과정에서 주권을 일본에 남겨두고 미국이 통치하는 방식으로 타협이
이루어졌다.[43] 1947년 6월 맥아더 원수가 오키나와의 분리를 공개적으
로 천명하자 3개월 뒤 일본 천황은 미국무부에 이를 적극 수용하는 메
시지를 GHQ 정치고문 시볼트(W.J. Sebald)를 통해 전달하였다. 그 개
요는 다음과 같다.

　기원과 이유: 미국의 정책결정(1945~1972)의 분석> ≪시민정치학회보≫ 7
40) 임성모, <위 글> 163
41) SCAPIN 677(1946. 1. 29) (임성모, <위 글> 168에서 재인용)
42) 임성모, <앞 논문> 168~169
43) 1951년 2월 덜레스는 종래의 북위 30도를 북위 29도로 변경함으로써 요시다
　　시게루 정권에 양보를 하였는데, 그 원인은 밝혀지지 않았다.

천황은 미국이 오키나와를 비롯해서 류큐의 다른 섬들을 계속 군사점령
하기를 바라고 있다. 천황의 견해에 따르면, 그 점령은 미국의 이익이 되는
동시에 일본을 지키는 일도 된다. ⋯ 천황은 더 나아가 미국에 의한 오키
나와(요청이 있다면 다른 섬들까지)의 군사점령이, <u>일본에 주권을 잔존시키
는 형태로 장기간 - 25년에서 50년 내지 그 이상 - 대여한다고 하는 가정위</u>
에서, 이루어져야 할 것이라고 생각한다.[44] (밑줄 강조)

  일본 천황의 위 메시지는 평화조약과 미일안보조약의 체결을 도모
하면서 동시에 천황제 폐지 가능성을 사전에 제거하고, 또 도쿄전범재
판에서 자신의 전범소추를 회피하기 위한 의도였다.[45] 공산주의 팽창
에 대해 억제정책을 선도한 미국무성 정책기획실 책임자 케넌은 이 메
시지를 특히 주목하여 '이 방식을 전략적 신탁통치의 대안으로서 충분
히 검토해야 할 것'이라는 취지의 특별보고서를 작성하였다.[46] 따라서
1940년대 말까지 북위 30도 이남에 대해 일본이 잔존주권을 갖고 미국
이 시정권을 행사한다는 것이 미국무부와 SCAP, 그리고 일본정부 간
에 합의된 것이었다. 그런데 1951년 3월 국무부의 초안에 앞서 2월 3
일 작성된 잠정각서에서는 미국의 통치범위를 북위 30도에서 북위 29
도로 변경되었는데, 이로써 도카라열도(吐噶喇列島) 이북이 제외되었
다. 이는 덜레스의 요시다 정권에 대한 큰 양보라 할 수 있었다.
  1951년 4월 호주, 뉴질랜드 등 영연방을 대표했던 영국은 1951년 4
월 작성한 조약 초안에서 오키나와 등에 대해 일본이 주권을 포기

44) Sebald to MacArthur, Sep. 20, 1947, RG 84, National Archives. 進藤榮, 1979
    <分割された領土: 沖繩, 千島, そして安保> ≪世界≫ 401, 47 (임성모 <앞 논
    문> 170에서 재인용)
45) 임성모 <앞 논문> 170. 이러한 천황의 행태에 대한 강렬한 비판은 다음 문
    헌을 참조. 고모리 요이치(송태욱 옮김), 2003 ≪1945년 8월 15일, 천황 히로
    히토는 이렇게 말하였다 - '종전 조서' 800자로 전후 일본 다시 읽기≫ (뿌리
    와 이파리) 제6장 미일안보조약과 상징천황제
46) PPS 10/1, Oct. 15, 1947, National Archives ; 進藤榮 <앞 논문> 49 (임성모
    <앞 논문> 170~171에서 재인용)

(renounce sovereignty)할 것을 주장하였다. 하지만 영국은 결국 '주권 포기'란 말을 조약에서 사용하지 않을 것을 주장한 덜레스에 양보하였다.

따라서 이러한 체결과정과 그 결과를 볼 때 일본의 오키나와에 대한 주권 제한이 당시 일본의 입장에서 굴욕적인 것으로만 볼 것은 아니다. 오히려 일본으로부터 영구히 분리될 수 있었던 것을 일본에 주권이 잔존하는 형태로 바꾸고 또 일본 천황이 이 지역을 양보하는듯 하면서 천황제 유지라는 실리를 취한 점,[47] 그리고 북위 30도를 북위 29도 이남으로 미국의 시정 범위를 줄인 점, 영연방의 반대에도 일본이 주권을 유지하는 것으로 귀결 된 점을 종합해 볼 때, 이는 일본 측에선 어쩔 수 없는 최선의 선택이었다고 할 수 있다.

2. 독도 문제

1951년 대일평화조약 제2조(a)는 일본이 한국의 독립을 인정하면서, 제주도, 거문도, 울릉도를 포함한 한국에 대한 모든 권리, 권원 및 청구권을 포기한다고 규정하고 있다.[48] 따라서 대일평화조약에는 독도에 관한 명시적 규정이 없다. 그렇다면 어떻게 독도문제가 일본에 관대한 평화조약 체결의 근거로 제시될 수 있는가? 물론 저명한 해양법학자이자 국제법학자인 존 반다이크 교수가 지적하였듯이[49] 독도에 관한 역

---

47) 이 점에 대해서는 고모리 요이치가 일본 천황이 자신의 지위 유지를 위해 오키나와를 희생양으로 삼았다고 맹렬히 비판하고 있다. 고모리 요이치, ≪앞 책≫ 참조.

48) "Japan, recognizing the independence of Korea, renounces all right, title and claim to Korea, including the islands of Quelpart, Port Hamilton and Dagelet."

49) Jon M. Van Dyke, 2008. "Addressing and Resolving the Dokdo Matter", ≪독도: 역사적 인식과 국제법적 정의≫ (2008년 11월 17일~19일 인하대학교와 동북아역사재단 주최 학술회의 자료집) 참조

사적 권원 및 사실, 실효적 지배 등의 관점에서 볼 때 한국이 일본보다 독도 영유권 주장에 있어 훨씬 우위에 있는 것은 자명하다. 다만 이 글에서 주장하고자 하는 것은 독도문제가 대일평화조약과 결부될 때, 명문의 규정이 없기 때문에 체약국들의 의견을 알기 위해 조약의 준비과정(준비문서)을 살펴볼 수밖에 없다는 것이다. 1969년 조약법에 관한 비엔나협약이 이 점을 명시하고 있다. 즉 동 협약 제32조는 해석의 보충적 수단으로서 "제31조[해석의 일반 원칙]의 적용으로부터 나오는 의미를 확인하기 위하여 또는 제31조에 따라 해석하면 다음과 같이 되는 경우에 그 의미를 결정하기 위하여 조약의 교섭 기록 및 그 체결시의 사정을 포함한 해석의 보충적 수단에 의존할 수 있다. (a) 의미가 모호해지거나 또는 애매하게 되는 경우 또는 (b) 명백히 불합리하거나 비합리적인 결과를 초래하는 경우"를 규정하고 있다. 물론 여기서 또다시 한국은 1951년 평화조약의 당사국이 아니기 때문에 이 조약의 해석이 한국에 불리하게 적용되기는 쉽지 않을 것이다.[50] 그렇지만 평화조약의 이 조항이 일본 측에서 주장 근거로 제시하는 것까지 방지하지는 못할 것이다.

　독도 문제가 평화조약 체결 과정에서 어떻게 다루어졌는지에 대해서 이석우 교수는 미국의 국립문서보관소에서 자료를 발굴하여 심도있게 분석하고 있다.[51] 아래에서는 이석우 교수의 글을 토대로 간단히 살펴보고 그 함의를 추려보고자 한다.

　이 글에서 앞서 살펴본 바와 같이 미국무부에선 1947년 3월 이후 본격적으로 조약안 작성이 이루어졌다. 먼저 1947년 3월부터 1949년 11

---

50) 1969년 조약법에 관한 비엔나협약 제34조. "조약은 제3국에 대하여 그 동의 없이는 의무 또는 권리를 창설하지 아니한다."
51) Seokwoo Lee, 2002 "The 1951 San Francisco Peace Treaty with Japan and the Territorial Disputes in East Asia", 11 *Pacific Rim Law & Policy Journal* 127-143 참조

월까지의 5개 조약(수정)안에서는 독도를 한국의 영토로 규정하였다.
1947년 3월 19일 초안은 "일본은 제주도, 거문도, 울릉도 및 독도
[Liancourt Rocks](다케시마)를 포함하여 한국과 모든 한국연안의 작은
섬들에 대한 모든 권리와 권원을 포기한다"라고 규정하여, 명시적으로
독도를 한국의 영토로 포함시켰다. 이에 대해 미국의 정치고문 시볼트
(W.J. Sebald)는 독도에 대해 다음과 같이 재고할 것을 권고하였다.

> 우리의 조약안 제3조에 명시된 … 독도가 일본에 속하는 것으로 추정된
> 다. 이 섬에 대한 일본의 주장은 오래되었으며 유효한 것으로 보인다. 그리
> 고 이 섬을 한국 연안의 섬으로 간주하기는 어렵다.[52]

시볼트의 권고를 받아들여 1949년 12월 8일자 조약안에서는 독도가
일본의 영토로 명시적으로 규정되었다. 그러나 그 후 동년 동월 19일
자 조약안에서는 다시 한국의 영토로 규정되었다. 그리고 또 다시 29
일자 조약안과 1950년 1월 3일자 조약안에서는 일본 영토로 규정되었
다.[53] 그러다 1950년 8월과 9월 조약안에서는 아예 독도에 관한 표기
가 생략되었다. 이러한 표기 생략은 1951년 3월의 조약안까지 이어져
오다가 1951년 4월 7일자 조약안에서 다시 일본의 영토로 규정되었다.
그리고 1951년 5월 3일자 조약안에서는 또다시 조약문에서 독도 표기
가 사라졌는데, 이것이 같은 해 9월 평화회담에까지 이어져서 고착되
었다.

한국은 독도가 한국의 고유 영토임을 주장하는 제안서를 제출하였
다. 이에 대해 개별 교섭을 통해 조약안 작성을 주도한 덜레스(Dulles)

---

52) Office of U.S. Political Advisor for Japan, Tokyo, Comment on Draft Treaty of
    Peace with Japan, State Department Decimal File No.740.0011 PW(PEACE)/
    11~1949, State Department Records, Record Group 59 (Nov. 19, 1949)
    (Seokwoo Lee, <위 논문> 130에서 재인용)
53) Seokwoo Lee, <위 논문> 131~133

는 독도가 일본이 한국을 병합하기 이전부터 한국의 영토였다면, 조약
문에 독도를 한국 영토로 표기하는 것에 아무런 문제가 없겠지만, 그
러나 주미 한국대사관 자료를 비롯한 어떠한 관련 자료에서도 이를 확
인할 수 없기 때문에 그렇게 할 수 없다고 답변하였다.[54] 한국의 또 다
른 제안서에 대해서도 미국은 "자신의 정보에 의하면"(according to our
information) 독도가 한국의 영토로 다루어진 적이 없고, 1905년 이후에
는 시마네현 오키 섬 행정구역의 관할하에 있었다는 이유를 들어 동의
하지 않았다.[55] 따라서 위와 같은 조약준비과정을 볼 때 1951년 평화
조약에 독도가 명시되지 않은 사실은 독도가 일본의 영토임을 시사할
수 있다. 당시 한국에서는 한국전쟁이 한참 진행 중이었기 때문에 독
도 영유권을 주장하기 위해 오늘날과 같은 수준의 연구와 자료수집을
할 수는 없었을 것이다. 반면 일본은 외무성을 중심으로 주도면밀한
준비를 하여 여러 연구자료들을 미국에 제시하였다.[56] 따라서 "자신의
정보에 의해"(according to our information) 판단하는 미국에게 접근가능
한 정보들은 일본 측이 제시한 자료들이 대부분이었기에 당시 미국이
그렇게 판단하는 것도 무리는 아니었다.

　이처럼 평화조약의 초기 초안에는 독도를 한국의 영토로 명시하였
지만 이후 일본의 적극적인 주장으로 인해 일본 측 영토로 표기되는

---

54) Outgoing Telegram from Dean Acheson, Secretary of State, to U.S. Embassy in
　　Korea, State Department Records, Record Group 59 (Aug. 7, 1951) (on file
　　with the U.S. National Archives and Records Administration in College Park,
　　MD). Seokwoo Lee, (<위 논문> 141~142에서 재인용-)
55) Letter from Dean Rusk, Assistant Secretary of State, to You Chan Yang, Korean
　　Ambassador in Washington, D.C., State Department Decimal File No.
　　694.001/8-1051 CS/H, Staet Department Records, Record Group 59(Aug. 9,
　　1951) (on file with the U.S. National Archives and Records Administration in
　　College Park, MD). (Seokwoo Lee, <위 논문> 142에서 재인용-)
56) Seokwoo Lee, <위 논문> 144

등 혼란을 겪다가 결국 평화조약에는 명기하지 않기로 하였다. 일본은 오히려 평화조약에 규정되지 않았기 때문에 평화조약이 자신에게 불리하게 작용하였다고 주장할 수도 있다. 그러나 법적 다툼이 있는 사안을 조약에 규정하기는 어려웠을 것이며 더구나 한국은 조약의 당사국도 아닌 상황에서 한국의 주권과 밀접한 관련이 있는 사항에 대해 일본의 영토로 명기하기는 어려웠다. 따라서 일본의 입장에서는 독도가 한국의 영토로 조약에 명시되지 않은 것이 최선의 결과라 할 수 있다. 더구나 대이탈리아 평화조약에서와 같이 다른 평화조약에서는 패전국의 영토 일부를 할양하기까지 하는 상황에서 이러한 결과는 일본에 관대한 조약의 예시가 아니라 할 수 없다.

V. 맺음말

대일본 평화조약은 그 동안의 다른 평화조약들과 비교할 때 유래를 찾기 힘들 정도로 패전국 일본에 관대한 조약이었다. 대부분의 평화조약이 패전국에 대해 징벌적이고, 보복적 조약인 반면 대일평화조약은 정의와 공평에 근거한 화해의 조약이었다. 이러한 조약의 체결 배경에는 무엇보다 소련의 공산주의 팽창과 중국 내 공산정권 수립으로 대표되는 동북아시아 냉전상황이 자리 잡고 있다. 미국은 일본을 공산세력에 맞서는 자유국가의 전략적 요새로 사용하고자 하였다. 그렇기 때문에 일본에 가혹한 전쟁책임을 묻는 대신 속히 일본을 재건하는 것이 중요하였다. 또한 이렇게 관대한 평화조약 체결에는 일본정부 내부의 적극적인 준비와 대응이 중요한 역할을 하였다. 일본은 변화된 정세에 맞서서 적극적으로 권리주장을 펼쳐나갔으며 평화조약 체결과정에서도 일본의 입장을 적극적으로 견지하였다.

An Analysis on the Legal Status of Japan in the Concluding Process of San Francisco Peace Treaty between the Allied Powers and Japan

Park, Young-Kil

This study explores the Concluding Process and the Results of San Francisco Peace Treaty between the Allied Powers and Japan. It starts with the conclusion that the treaty is generous to Japan. It concludes that the treaty is not punitive and discriminatory but fair and generous to Japan. To prove this, the study examines the 1947 Peace Treaty with Italia and tries to show with the treaty is filled with, contrast to 1951 Peace Treaty with Japan, the spirit of retaliation and punishment for Italia. Then, the study examines closely the backgrounds on the basis of which the generous treaty was formed. In regard to attitude of Japan to the changing situation of the world in East Asia, the Japanese government quickly recognised the changing policy SCAP and the government called it 'de facto peace' and made every effort to recover or expand Japanese sovereignty with discretion. No doubt, these efforts were reflected in the peace treaty. Lastly, it examines two cases (Ryukyu Islands and Dokdo issues) in order to show that they are also signs of generous treaty to Japan. In particular with regard to Ryukyu, this article reviewed some critics on Article 3 of the peace treaty which permits the administering power of United States on

Okinawa permanently. When examining carefully the concluding process of the peace treaty, however, we did come to the conclusion that Article 3 was the wisest plan, even though not the best.

Key words : San Francisco Peace Treaty, de facto peace, Instrument of Surrender, reverse course, SCAP

サンフランシスコ平和条約締結過程における日本の法的地位に対する分析

朴永佶

　本論文では、第2次世界大戦敗戦以後、1952年にサンフランシスコ平和条約が発効される以前までの日本の法的地位の変化について検討した。敗戦以後、日本はアメリカが主導する連合軍最高司令部(SCAP)の統制下にあった。これは日本の降伏文書においても認められている。SCAPの日本に対する政策の変化を自覚した日本政府は、このような変化を「事実上の平和」と呼んだ。そして日本政府はこのように変化した環境を利用して、平和条約が締結される以前に主権を回復するためにあらゆる努力を尽くした。その結果日本と締結された平和条約は、第2次大戦以後にヨーロッパで締結された平和条約と比べ、敗戦国に「穏健な」条約となった。一部では、平和条約第3条に規定された沖縄に対するアメリカの施政権は、日本にとって不平等かつ屈辱的なものだと主張されている。しかし、この条約の締結過程を注意深く調べて見ると、それは当時の日本にとってベストではないかもしれないが賢明な選択であったといえる。

主題語：平和条約、事実上平和状態、降伏文書、占領政策、逆コース、SCAP

해방 이후 식민지 법률의 정리와 탈식민화*
-'구법령' 정리사업과 시장 관계 법령의 개편을 중심으로-

허 영 란**

Ⅰ. 머리말

국가가 제정한 법률과 국민의 법의식 사이에 존재하는 괴리는 구체적인 역사적 경험에 의해 형성되는데, 한국에서는 일제 통치 하에 이루어진 식민지 경험이 커다란 영향을 미치고 있다. 일본제국주의에 의

* 이 논문은 ≪제2기 한일역사공동연구보고서 제5권≫(2010, 한일역사공동연구위원회)에서 재수록한 것임.
** 울산대학교 역사문화학과 교수

해 도입된 근대법은 시민의 권리와 재산을 보호하는 법이 아니라 식민지에 대한 강권통치의 수단이었을 뿐이며 식민 권력의 편의를 보장하고 한국인의 권리를 탄압하는 도구로 이용되었다는 것이 식민지 시기의 법률에 대한 지배적인 인식이기 때문이다. 또 식민 권력의 강압적 지배 아래에서 일반 민중들은 정치적인 저항을 감행하기는 쉽지 않았지만, 법률의 위반이나 무시를 일종의 반식민지적 저항으로 보는 경향이 팽배하게 되었으며, 그러한 인식은 오늘날까지도 부분적으로 남아 있다.

　일제시기에 조선총독부에 의해 만들어진 법률 체계는 해방 후에도 제대로 청산되지 못한 채 지속되었다. 뿐만 아니라 해방 후에 집권한 대한민국의 권위주의 정부 역시 식민 권력이 그랬던 것처럼 강권 통치의 수단으로서 법을 자의적으로 집행했다. 그렇기 때문에 법에 대한 한국인의 정서는 식민지 시기와 마찬가지로 부정적인 상태로 유지되었다는 것이 일반적인 지적이다.[1] 이러한 총론적 인식은 식민지 시기에 대한 연구에서 개별 법률과 그것이 규율하는 현실, 그런 상황에 대한 조선인의 대응이라는 사실적 측면에 대한 무관심을 초래했다. 식민지 시기 한국인의 일상생활과 사회경제적 활동을 규율하던 구체적인 법률, 특히 정치적 압제와 직접적인 관련성이 약한 다양한 법률이 당대에 어떠한 일상의 질서를 형성했는지, 또한 그것이 해방 후에 어떤 과정을 거쳐 개편되거나 폐지되었는가에 대한 역사학계의 관심은 매우 빈약한 수준이었다.[2]

---

1) 문인구, 1985 ≪한국법의 실상과 허상≫ (삼지원) 21~22 ; 유진식, 2005 <한국의 근대법 수용의 단면-근대법의 수용과 식민지시대의 법> ≪법사학연구≫ 32, 80~82

2) 최근 일제시기 경제법령의 식민지성과 그 유산에 대한 연구가 2008 <특집 : 일제시기 경제법령의 식민지성과 그 유산 Ⅰ> ≪한국사학보≫ 32와 2009 <일제시기 경제법령의 식민지성과 그 유산 Ⅱ> ≪한국사학보≫ 34를 통해 발표되었다. 일제시기의 법령을 연구하고 그것을 통해 식민지 경제의 실상을

한편 법사학계는 대한민국 헌법의 성립과정과 기본법령의 제정 등에 대해서 광범한 연구를 진행해 왔다. 일제시기 법률의 통제성 및 억압성에 대한 논의 역시 적지 않게 이루어졌다. 그렇지만 여기서도 역시 식민지 법령의 부정적 유산과 그 극복을 주장하는 총론적 내용이 주를 이루었다.[3] 그런데 최근에 와서 법사학계에서도 식민지 시기에 형성된 법체계의 성격이나 해방 이후의 재편과정에 대한 구체적인 연구가 본격적으로 나오고 있다. '한국병합에 관한 조약'의 합법성 여부를 둘러싼 논쟁의 연장선에 있다고 할 수 있는 식민지 시기 법령의 효력 유무, 식민지에서 근대법이 가진 현실적 질서 형성력의 내용, 지금까지도 일부 유효한 일본민법의 의용문제 등 세부적이면서도 이론적인 논점을 대한 연구가 발표되고 있기 때문이다.[4]

이 글은 일제의 강권적 식민통치에 대한 원론적 비판에 동의하면서도, 그것과는 구별되는 층위에서 현재 한국 사회의 법률적 질서를 규

파악하며, 나아가 해방 이후 해당 법령의 변모 과정을 통해 식민지배의 유산을 살펴보겠다는 의도 아래, 일제시기에 제정된 금융조합, 신탁업, 관세법, 식량관리법령, 시장 관계 법령, 조선은행법의 내용과 성격에 대한 검토를 시도한 것이다. 이것은 조선총독부 법률의 영향 아래 형성된 경제 질서와 그것의 성격에 대한 구체적인 규명이라는 점에서 진일보한 시도라고 할 수 있다. 특히 그러한 법률의 개편 과정에서 보이는 해방 전후의 단절과 연속의 문제 또한, 김명수, <해방 후 한국 신탁업의 동향과 신탁법규의 정비> 및 이송순, <식민지기 조선의 식량관리제도와 해방 후 양곡관리제도의 비교>(이상 2008 ≪한국사학보≫ 32)와 허영란, 2009 <생활시장 관계 법령의 식민지성과 탈식민화> ≪한국사학보≫ 34에서 각각 다루고 있다.
3) 김창록·한인섭·윤철홍, 1995 <'法', 그 속에 잔존하는 일제유산의 극복> ≪법사학연구≫ 16 ; 박병호, 1995 <현대법제의 형성과 법제의 발전방향> ≪법제연구≫ 8
4) 이철우, 2000 <일제시대 법제의 구조와 성격> ≪한국정치외교사논총≫ 22-1 ; 김창록, 2002 <制令에 관한 연구> ≪법사학연구≫ 26 ; 유진식, <앞 글> ; 명순구, 2008 <아직도 살아있는 법, '조선민사령'－'조선민사령'의 소급적 폐지를 제안한다－> ≪저스티스≫ 103

정하는 현실적 前史로서 식민지 시기를 바라보아야 한다는 문제의식을 기저에 깔고 있다. 흔히 식민지 유제에 대해 전면적으로 청산해야 할 대상이라는 의미에서 '식민잔재'라는 표현을 사용한다. 그러나 단호한 의지만으로 간단히 제거할 수 있는 잔여범주를 가리키는 이러한 표현 형식과는 달리, 식민지의 경험과 제도는 일거에 도려내기 어려운 방식으로 사회의 운영체계와 시스템, 문화와 의식 안에 내재해 있다. 일본어 법률과 일본식 법률 용어에 대한 정서적 거부감이나 폐지의 당위성에는 누구나 동의함에도 불구하고,5) "그것이 법령 용어이기 때문에 아무나가 임의로 (한글용어로) 고칠 수 없"는 것과 같은 이치이다. 왜냐하면 '식민잔재'라는 이유로 일제시기에 형성된 법률적 질서를 일거에 '청산'해 버린다면 그것에 기초해서 이루어진 법률 행위에 심각한 혼란을 초래할 수 있기 때문이다.6) 결국 법적 안정성의 유지라는 현실적 요구가 식민지 법률 체계를 일거에 개편하는 것을 가로막고 있는 결정적인 제약 조건으로 작용했다.

한국에서 탈식민지 문제는 단순히 식민잔재의 인적·물적 청산이라는 차원을 넘어서는 사안이다. 그로 인해 해방 이후 두 세대 이상 교체가 이루어지는 사이에도 '식민청산'이라는 문제는 뜨거운 현안으로서 재생산되어왔다. 해방 후에도 근대화는 신생 대한민국의 당면 과제였기에 식민지 시기에 주입·형성된 근대성 또한 간단히 부정하기는 어려웠다. 논리적으로는 식민성의 핵심에 근대성이 중첩되어 있었기 때문에, 탈식민화 즉 식민성의 극복은 바로 근대성의 극복이라는 층위 또한 포함해야만 했다. 그런데 그러한 근대성은 신생 국가 대한민국이 성취하고 완성해야 할 당면 과제이기도 했으므로, 탈식민화라는 과제

---

5) 이창석, 1959.12 <구법령의 효력> ≪법제월보≫ (법제처 홈페이지에서 검색)

6) 남만성, 1958.5 <법령의 한글전용 문제를 계기하여서> ≪법제월보≫ (법제처 홈페이지에서 검색)

의 내실을 추구하는 과정은 단순한 과거의 청산이나 절연만으로 완성하기 곤란한 복합성을 갖지 않을 수 없었던 것이다.

이런 방식으로 한국 사회에 내재된 식민성/근대성 문제의 일단을 살펴보려는 것이 본고의 목적이다. 일제시기에 제정·시행된 법률이 해방 이후에 어떤 과정에 의해 어떤 내용으로 개편되었는가를 직접적인 검토의 대상으로 삼을 것이다. 구체적으로는 1960년대 초에 이루어진 '구법령' 정리 사업을 통해 식민지 법률과 그것이 규정하는 현실적 질서에 대한 개편이 해방 이후 십여 년 간 지체된 이유와 의미를 파악해보고자 한다.[7] 식민지 시기의 법률 체계를 전면 철폐해야 한다는 사회적 공감이 널리 확산되었음에도 불구하고 1960년대 초까지 다수의 '구법령'이 한국 법률 질서의 중요한 일부를 구성하고 있었다. 또한 그러한 지속과는 대조적으로 5·16 이후 불과 반년 만에 모든 식민지 법률에 대한 개편이 일괄적으로 단행되었다. 이러한 극단적 현상을 통해 식민지 법률의 탈식민화 과정과 의미를 파악해보고자 하는 것이다.

한편, 표면상 전격적으로 진행된 '구법령' 정리 사업을 통해 새롭게 조성된 법률 질서가 어떤 것인지를 파악하기 위해서는 구체적인 법률을 대상으로 한 검토가 이루어져야 할 것이다. 이 분야에 대해서는 식민지 시기와 해방 이후 연구 사이의 단절이 두드러지고, 또한 풍부한 연구가 이루어졌다고 하기 어렵다. 그렇지만 부족하나마 시장 관계 법령의 개편을 중심으로 법률 질서의 탈식민화 문제, 나아가 한국 사회에서 식민성/근대성 극복의 문제가 어떤 의미를 갖는지에 대해 미시적으로 살펴보고자 한다.

---

7) '구법령'이란 대한민국 헌법 공포 당시에 시행되던 이른바 '현행법령'을 가리킨다. '현행법령'은 1910년 이전 대한제국의 법령, 일제 식민지 시기의 법령, 해방 후 제정된 미군정 법령으로 이루어져 있었다[이동호, 1959.2 <현행법령의 효력> 《법제월보》 (법제처 홈페이지에서 검색) ; 이창석, <앞 글>).

Ⅱ. '구법령'의 정리

1. 해방 이후의 법률 상황과 기본법전 제정

해방 후 남한에 들어선 미군정청은 법률 영역에서는 실체법상의 개혁보다는 사법조직 및 사법제도의 운영조직을 개편하는데 역점을 두었다.[8] 미군정은 실용주의적 관점에 입각해서 법무국과 사법조직의 기간요원을 한국인으로 대체해 나가는데 주력했다. 또한 미비한 수준이었지만 미군정에 대한 한국인의 거부감을 완화시키기 위해 조선총독부 치하에서 한국인들을 차별하거나 억압하는데 사용된 법률과 억압적인 형사절차법을 폐지했다.

1945년 10월 9일자 <군정법령 제11호>에 의거,[9] 북위 38도 이남에서 시행되던 종래의 일제법령 중에서 <정치범처벌법>(1919.4.15.), <예비검속법>(1925.5.8.), <치안유지법>(1925.4.22), <출판법>(1910.2.), <정치범보호관찰령>(1936.12.), <神社法>(1919.7.) 등의 법령을 폐지시키고, 경찰의 사법권에 관한 규정(경찰의 범죄즉결례)을 폐지시켰다. 이 밖에 적용사례가 거의 없기는 하지만 '종족 국적 신조 또는 정치사상을 이유로 차별을 야기 시키는 법령은 이를 전부 폐지한다'는 일반조항을 두었다.[10]

또한 미군정청은 1945년 11월 2일 <군정법령 제21호>를 공포하여 일제시기에 적용되던 법령 중에서 이미 폐지된 것을 제외하고는 미군

---

8) 미군정기 사법기구의 재편 과정과 사법기구의 한국인화 과정, 그 의미에 대해서는 이국운, 2005 <해방공간에서 사법기구의 재편 과정에 관한 연구> ≪법과사회≫ 29.
9) 정식 명칭은 '재조선미국육군사령부군정청법령'이지만 일반적으로 '군정법령'으로 줄여서 부른다.
10) 심희기, 1997 ≪한국법제사강의≫ (삼영사) 317~324

정청에 의해 폐지될 때까지 효력을 유지하도록 인정했다. 이에 따라 <조선에 있어서 법령의 효력에 관한 건>(明治43년 제령 제1호)을 근거로 계속 시행된 일부 대한제국기의 법령, 일제시기에 적용되던 조선총독부법령의 상당수가 그 효력을 유지하게 되었다. 이러한 상태는 1948년 8월 15일 대한민국정부가 수립된 이후에도 헌법 부칙에 의하여 지속되었다.[11]

식민지 시기의 법률언어였던 일본어로 된 법령이 그대로 존속하게 되자, 그러한 상황에 대한 국민감정상의 저항과 현실적인 법률 적용상의 혼란으로 인해 새로운 법령의 제정이 시급히 요청되었다. 무엇보다 헌법 부칙에서 효력의 유지를 인정한 법령이 구체적으로 무엇인지 불분명했고[12], 대한제국기·일제강점기·미군정기에 각각 다른 주체에 의해 공포된 다양한 형태의 법령이 동시에 시행되는데 따른 법령 체계의 혼란, 일문과 영문 등 외국문자로 된 법령을 적용하는데 따른 문제 등이 나타났다.[13]

이에 독립국가의 건설을 위해서는 독립적인 법제도의 마련이 불가결하다는 문제인식 하에 한국(인)의 법률 정비가 추진되었다. 시급하면서도 중요한 기본법제의 편찬을 위해 다음과 같은 기구들이 조직되었다.

---

11) 국가기록원 인터넷 홈페이지의 '법제자료' 참조(http://contents.archives.go.kr, 2008년 5월 2일 검색). 제헌헌법 제100조에서 "현행법령은 이 헌법에 저촉되지 않는 한 효력을 가진다"라고 하여 구법령의 효력을 인정했다.

12) 헌법 공포 당시의 '현행법령'에 대해서는 그 효력 및 성격을 둘러싼 논란이 지속되었다[이동호, 1959.2 <앞 글> ; 이창석, 1959.11 <구법령의 위헌심사권> ≪법제월보≫ ; 이창석, 1959.12 <앞 글>(이상 법제처 홈페이지에서 검색)].

13) 김용진, 1995 <구법령정리 사업의 추진> ≪법제연구≫ 8, 131

〈표 1〉 기본법전 편찬 기구

명칭	설치 시기	비 고
법전편찬부 (법률기초국)	1945.10.9.	미군정 법무국 산하. 뒤에 법무국이 사법부로 바뀌면서 '법률기초국'으로 명칭 변경.
법전기초위원회	1947.6.30.	남조선과도정부 사법부 산하.
법전편찬위원회	1948.9.15.	<법전편찬위원회 직제>(대통령령 제4호) 민사 형사 상사의 기초법전과 소송 행형 등 사법법규의 자료 수집 조사, 초안 기초 심의. 대법원 주도로 운영. 김병로 대법원장이 위원장
법제사법위원회	1961.5.	국가재건최고회의 산하 분과위원회로서 설치.

남조선과도정부에 의해 조직된 법전기초위원회는 '조선말로 된 법전'이라도 만들기 위해 기본법전의 요강과 골격을 마련하고자 노력했다. 일본법전을 번역하더라도 하루 빨리 한국법전을 갖자는 '速行主義'에 입각하여, 1948년 4월 20일까지 기본법전의 기초요강이 일단 마련되었다.[14]

대한민국 정부 수립 이후에는 "사법에 관한 법전을 편찬하기 위하여" 대통령 소속으로 법전편찬위원회를 설치했다(<법전편찬위원회 직제> 제1조). 이 위원회는 "민사, 상사 및 형사의 기초법전과 기타 소송, 행형 등 사법법규의 자료를 수집 조사하여 그 초안을 기초, 심의"(동 제2조)하는 것을 목적으로 삼았다.[15] 그리하여 1953년에 형법(1953년 10월 3일 시행), 1957년에 민법(1960년 1월 1일 시행)이 제정되었으며 5·16 직후인 1962년에 국가재건최고회의 산하 법제사법위원회 주도로 상법(1963년 1월 1일 시행)이 제정되었다.[16]

14) 최종고, 1991 <해방 후 한국기본법제의 정비> 《한국법사학논총》 (박영사) 446
15) 1951년에는 이 위원회의 소관업무를 제외한 '구법령' 정리를 위해서 별도로 국무총리 산하에 법령정리간행위원회가 설치되었다. 그런데 5·16 이후 공포된 <구법령정리에 관한 특별조치법>에 따라 법전편찬위원회는 폐지되고 그 소관사무는 법령정리간행위원회의 후신이라 할 법령정리위원회로 인계되었다.

2. '구법령' 정리 사업

해방 이후 왜색법률을 일소하는 것이 시급한 과제로 인식되었지만 제한된 인적 자원과 제도적 어려움 속에서 일제시기 법령의 일소는 쉽지 않은 과제였다.[17] 정부는 1951년 5월 12일 대통령령 제499호로 <법령정리간행위원회 규정>을 공포하여 국무총리 소속으로 '법령정리간행위원회'를 설치했다. 이 위원회는 헌법 제정 이전 법령의 유효 무효를 조사 심의하여 그것을 대신할 신법령의 기초를 준비하고 법령집의 편찬 간행에 관한 사무를 관장하는 것을 임무로 삼았다(<법령정리간행위원회 규정> 제1조). 기초법전 편찬을 맡은 '법전편찬위원회'가 이미 활동하고 있었기 때문에, 해당 위원회의 소관사항으로 되어 있는 법령을 제외한 법령을 정리하도록 소관업무가 설정되었다.[18] 그러나 전쟁 중에 설치된 이 위원회는 기본계획조차 수립하지 못하다가, 1956년 7월 19일 <법령정리위원회 규정>(대통령령 제1169호)으로의 개정을 통해 구법령 정리에 본격적으로 착수했다. 그럼에도 불구하고 구법령의 정리는 미진한 수준에 머물러, 1961년 이전까지 폐지된 법령은 총 136건, 제정된 법률은 총 94건에 불과했다.[19]

---

16) 최종고, <앞 글> 448~455. 형법 제정에 대해서는 이형국, 1995 <현대 한국 형법에 대한 법사학적 소고> ≪법학연구≫ 5. 민법 제정에 대해서는 김증한, 1985 <한국민법의 역사적 발전> ≪법사학연구≫ 8과 김상용, 1988 <한국 민법의 사적발전> ≪법사학연구≫ 9 참조.

17) 해방 당시 한국인 법률가 집단은 기본적으로 식민지 사법기구의 부속인원에 불과했으며, 법률 관련 각종 위원회 등에 참여한 전문가 역시 일본 혹은 한국에서 일본식 법률교육을 받고 실무에 종사하는 법 실무가 내지 법학자로 그 숫자도 매우 적었다(이국운, <앞 글> 참조).

18) 법령정리간행위원회를 신설한 결정적 이유가 이승만 대통령과 김병로 대법원장 사이의 갈등이라는 설명도 있다(명순구, <앞 글> 222~223).

19) 서원우, 1996 ≪한국법의 이해≫ (두성사) 26

따라서 해방 후 십여 년이 흐르도록 많은 구법령이 여전히 효력을 유지하고 있었다. 몇 가지 기본법을 비롯해 조직법이나 재정 및 조세에 관한 것은 모두 새로운 법률로 대체되었지만, 정부의 행정작용이나 민사, 상사, 형사에 관한 법규에는 새로운 법률보다 구법령이 더 많은 수를 차지했다. 더욱이 헌법 제100조는 구법령이 헌법에 저촉되지 않는 한 효력을 가진다고 규정하였을 뿐으로 구법령의 위헌여부를 결정한 기관을 별도로 설치한 것은 아니었기 때문에, 구법령의 효력 유무를 둘러싸고 이해 당사자 뿐 아니라 법조계에서도 많은 논란이 있었다.

구법령 정리 사업이 일단락된 후 법제처는 그처럼 구법령 정리가 부진했던 이유를 설명하면서, '혁명정부'의 공적을 드러내기 위해 이전 정부와 국회의 무능을 유난히 강조하는 한편 권위주의적 사회체제의 지속이 식민지 시기 이래의 위압적인 법률을 유지시킨 사회적 배경이라는 점을 밝히고 있다.[20] 법령의 정비가 요청되는 한편으로 통제적 법률의 존속을 선호하는 시대상황이야말로 구법령 정리를 어렵게 만든 또 하나의 중요한 배경이었던 것이다. 또한 식민잔재의 청산도 중요한 과제였지만 현실의 법적 안정성 문제도 무시하기 어려웠다. 현실의 다양한 이해 당사자들을 조율하고 정치적 득실을 따지는 것 역시 필요했다.[21] 따라서 구법령을 일거에 정리하는 일은 현실적으로 5·16 이후 '혁명정부'의 등장과 같은 특단의 정치정세에서만 가능한 측면이 있었다.

한편 사회구성원 사이의 이해 갈등을 조정하고 법적 안정성을 유지해야 할 필요성에도 불구하고, 시간의 흐름과 함께 구법령 정리의 필요성도 점점 커지고 있었다. 무엇보다 구법령의 효력 유무를 둘러싼 혼란이 가중되고 있었고, 4개의 정치주체(대한제국, 일본제국주의, 미

---

20) 법제처, 1962.1 <구법령정리 사업의 현황(1962년 1월 31일 현재)> ≪법제월보≫ (법제처 홈페이지에서 검색)
21) 이창석, <앞 글>

군정, 대한민국)가 제정한 수많은 형태의 법령이 한꺼번에 시행될 뿐
아니라, 법령에 사용되는 문자가 네 가지나 되어 일반국민의 법령 이
해에도 적지 않은 문제가 발생하고 있었기 때문이다.[22]

　5·16 이후 등장한 국가재건최고회의는 "구악을 일소하고 구법령 정
리 사업을 최단시일내에 완수하기 위하여 과감한 획기적인 정책을 세
워"[23] <구법령정리에 관한 특별조치법>(법률 제 659호,　1961.7.15.)
을 제정 공포하고 구법령 정리를 본격화했다. 이 법률에 따르면 '구법
령'이란 1948년 7월 16일 이전에 시행된 법령으로서 헌법 제100조의
규정에 의하여 그 효력이 지속되고 있는 것을 말하며(제1조), 이러한
구법령은 1961년 12월 31일까지 정리하여 이를 헌법의 규정에 의한
법률 또는 명령으로 대치하도록 하고(제2조), 또한 그때까지 정리되지
않은 구법령은 1962년 1월 20일자로 폐지한 것으로 간주(제3조)하도록
되어 있었다. 구법령 정리를 담당하는 기관으로 내각수반 소속으로
'법령정리위원회'를 설치했다(제4조). 해방 이후 구법령의 정리를 위해
별도로 설치한 기구를 정리하면 <표 2>와 같다.

<표 2> '구법령' 정리 기구

명 칭	설치 시기	비　고
법제처	1948.7.17.	미군정청 사법부 산하 법률기초국 및 법률조사국, 서무부 도서관 인수
법령정리간행위원회	1951.5.12.	<법령정리간행위원회 규정>(대통령령 제499호)
법령정리위원회	1956.7.19.	<법령정리위원회 규정>(대통령령 제1169호)
법령정리위원회	1961.7.15.	<구법령정리에 관한 특별조치법>(법률 제659호)

---

22) 김용진, 1988.1 <구법령정리 사업에 관한 소고> ≪법제≫ (법제처 홈페이지
　　에서 검색)
23) 이영근, 1962.1 <법령정리 사업의 낙수> ≪법제월보≫ (법제처 홈페이지에
　　서 검색)

사업의 결과, 1962년 1월 20일까지 제반 법률을 정리 공포하고 동 3월 상순에는 그 시행에 필요한 각령을 전부 제정 공포했다. '혁명정부'에 따르면, 이 사업의 결과 총 613건의 구법령을 폐지하고 533건의 법령을 새로 제정했다고 한다.24) 당시에 정비된 법령의 규모에 대해서는 여러 통계가 있지만, 법제처의 이사관을 역임한 김용진은 사업이 완전히 종료된 뒤인 1963년의 자료라는 점에서 위의 수치를 채택하고 있다.25)

구법령 정리 사업이 완결되자 국가재건최고회의 의장 박정희는 담화를 통해 "국민의 경제적 여건과 생활감정을 충분히 배려하여 전통과 발전 간에 유기적인 조화를 이룩하도록 법제정을 통하여 노력하였다"라고 강조했다.26) '혁명정부'의 강제력을 바탕으로 구법령 정리라는 대의를 내세워 밀어붙이기는 했지만,27) 단 6개월 사이에 이루어진 이 사업은 기본적으로 '졸속'이라는 평가를 면하기 어렵다. 그것의 당연한 귀결로서 현실에 맞도록 신중하게 법령을 개편했다기 보다는 구법령의 단순한 번역, 심지어 일본법령의 모방이라는 비판에서도 자유롭지 못하다. 또한 입법권을 행사하던 국가재건최고회의에서 많은 법령을 무더기로 정리한 이 사업은 국회가 해산된 상태에서 국회 통과가 불필요

---

24) 국가재건최고회의 한국군사혁명사편찬위원회, 1963 ≪한국군사혁명사≫ 842 (김용진, 1995 <앞 글> 136)
25) 자료에 따라 정리한 법령의 수치가 다르기 때문에 여러 연구자들이 인용하고 있는 수치도 기준에 따라 제각각이다. 또한 김용진도 법제처에 심의가 의뢰된 법령안 중에서 구법령 정리의 내용이 있는 것은 법령정리위원회가 기초했는지와 무관하게 모두 구법령정리 사업의 실적으로 정리했다는 점 등을 들어 '혁명정부'의 자료가 의도적으로 숫자를 부풀렸다는 것을 지적하고 있다(김용진, 1995 <앞 글> 136~137).
26) ≪동아일보≫ 1962년 1월 20일, <舊法 整理를 完結 朴議長, 國民의 權益保護 强調>
27) ≪동아일보≫ 1962년 1월 18일, <舊法令 20日까지 整理完了 – 18日現在 남은 것은 20件 程度. 總五五九件·旣公布 一九三件>

한 상황, 달리 말하면 이해 당사자의 일방적 배제에 의해 가능했다는 점 역시 근본적인 한계라고 지적할 수 있다.[28]

군사정권이 구법령 정리를 추진한 이유는 대략 다음과 같이 정리할 수 있다. ①해방 후 16년이 지나도록 식민지 통치 법령의 효력을 인정하는데 따른 국민정서상의 문제, ②일본어를 이해하지 못하는 계층이 늘어남에 따라 일본법령을 서둘러 정리해야 할 필요성 발생, ③국회가 해산되고 국가재건최고회의에 삼권이 통합됨으로써 민주성 확보에는 문제가 있었지만 능률적 사업추진이 가능했던 것, ④많은 시간과 노력을 요하는 민법, 형법 등 이미 기본법령이 정비되어 있었다는 점, ⑤종전 정부의 무능을 강조하고 군사정권의 필요성 등을 내세우기 위해 이 사업을 활용했다는 설명이 가능하다.[29]

더욱이 구법령 정리의 필요성은 전부터 꾸준히 제기되었기 때문에 이전의 민간정부에서도 지속적으로 추진해온 사업이었다. 이미 법령정리위원회가 구성되어 있었고 필요한 예산 역시 5·16 이전에 확보되어 있었다. 따라서 구법령 정리 사업에 대한 '혁명정부'의 자찬에도 불구하고, 이 사업은 1956년에 개편된 법령정리위원회의 조직을 이어받았고 예산 역시 별도 추가 없이 이미 배정되어 있던 예산만을 사용했다는 면에서 인적으로나 예산적으로나 이전의 법령정리 노력과 단절시켜 파악하기 어렵다.[30] 또한 구법령 정리 사업을 위한 계획 역시 5·16 이전에 수립되어 있었다.[31]

'구법령' 정리 사업은 쿠데타를 통해 집권한 군사정권의 차별성과

---

28) 김용진, 1995 <앞 글> 138~141 ; 한인섭, 1995 <식민지 형사법제의 구조와 유산, 그 청산의 문제> ≪법사학연구≫ 16, 9
29) 김용진, 1995 <앞 글> 141~142
30) 김용진, 1995 <앞 글> 135
31) 법제처, 1960.10 <법령정리 사업의 현황과 그 계획(1960년 10월 20일 현재)> ≪법제월보≫ (법제처 홈페이지에서 검색).

능력을 과시하기 위한 방안의 하나로서 전격 추진되었다. 이 조치를 통해 군사정권은 식민지 질서와의 단절을 강조하는 정치적 효과를 얻고자 했다. 그러나 정치적 목적을 기저에 깔고 졸속으로 추진된 '구법령' 정리를 통해 실질적인 법률 질서의 변화를 가져오기에는 무리가 있었다. 제한적이기는 하지만 시장 관계 법령 등 일부 경제 법령의 개편 과정을 통해 '구법령' 정리사업의 실상에 한발 더 다가가 보겠다.

Ⅲ. 구법령 정리 사업과 시장 관계 법령의 단절과 연속

1. 1961년 〈시장법〉 제정

일제시기에 제정된 많은 법률과 마찬가지로, 1914년에 공포된 조선총독부의 <시장규칙>은 해방이 되고 대한민국 정부가 수립된 이후까지도 시장에 관한 기본 법령으로서 계속 효력을 유지했다. 다만 일제시기에 <시장규칙>의 적용 대상에 포함되었던 대도시의 식료품도매시장과 장시에 병설된 가축시장에 대해서는, 1950년대 전반에 <중앙도매시장법>과 <가축보호법>을 각각 제정하여 <시장규칙>의 적용 대상에서 제외시켰다. <그림 1>은 '구법령' 정리 사업의 일환으로 1961년 8월 31일에 <시장법>이 제정되기까지 시장 관계 법규가 개편되는 과정을 정리한 것이다.[32]

---

32) <그림 1>은 허영란, 2009 <생활시장 관계 법령의 식민지성과 탈식민화> 《한국사학보》 34, 193에서 인용한 것임. <시장규칙>의 폐지와 <시장법> 제정 과정에 대한 상세한 논의는 이 논문을 볼 것.

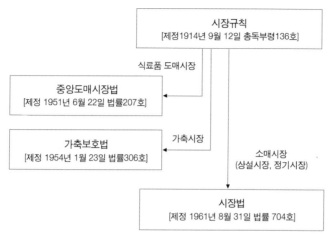

〈그림 1〉시장 관계 법규의 정비 과정

1950년대 전반에 새로운 법령이 제정됨으로써 대도시 주민이 필요로 하는 식료품을 공급하는 중앙도매시장과 소, 돼지 등을 거래하는 가축시장은 <시장규칙>의 적용 대상에서 제외되었다. 그러나 1961년에 단행된 '구법령' 정리 사업 이전까지 소매를 위주로 하는 상설시장이나 농촌의 정기시장(장시) 등 주민들이 일상적으로 이용하는 일반 생활시장에 적용할 총체적인 법규가 따로 마련되지는 않았다. 따라서 기존의 <시장규칙>이 계속 유지되는 가운데, 다만 새로 제정된 법령이 <시장규칙>에 저촉되는 내용을 포함하고 있을 경우 <시장규칙>의 해당 조항이 폐지된 것으로 간주했을 따름이다.

정부 수립 당시부터 원활한 물자 수급을 도모하는 한편 난립하는 무허가 시장을 감독하고 단속하기 위해 새로운 <시장법>을 제정해야 할 필요성은 빈번하게 제기되었다. 그럼에도 불구하고 실행에 옮겨지지 못했다. 당면한 현실은 사회적인 불안정과 무질서가 가중되면서 생활시장에 대한 공안 및 치안 관련 통제를 주요 내용으로 포함하고 있는 <시장규칙>의 존속을 오히려 필요로 하고 있었기 때문이다. 그런

상황에서 법령상의 미비점을 해결하기 위해 기존 법령을 개편하는 것
이 선결 과제가 되기는 어려웠다. 더욱이 시장에 대한 관리 및 단속권
을 부여받은 행정기관이나 경찰조차 시장을 둘러싼 위법행위를 묵인하
거나 조장하는 경우가 적지 않아 문제는 더욱 심각해졌다.[33] 시장에
대한 공권력의 개입을 오히려 강화해야 할 상황이 계속되는 가운데,
시장을 통제하는 구법령 즉 <시장규칙>의 개편은 미루어질 수밖에
없는 것이 당시의 현실이었다.

　<시장규칙>은 5·16 직후 국가재건최고회의가 전격적으로 단행한
구법령 정리 사업 과정에서 폐지되었으며, 1961년 8월 31일자로 제정
된 <시장법>(법률 제704호)이 그것을 대체했다. 그러나 단기간에 졸
속으로 진행된 여타 '구법령'의 경우와 마찬가지로, <시장법> 역시
내용적으로는 <시장규칙>의 기조를 거의 그대로 답습하고 있었다.[34]

　물론 일부 조항에 대해서는 수정이 이루어졌다. <시장법> 제정으
로 별도의 법률이 제정된 중앙도매시장과 가축시장이 적용대상에서 제
외되었으며, 다양한 형태의 상설시장이 광범하게 개설되고 있는 현실
이 반영되었다. 즉 <시장법>에서는 일정한 설비를 갖춘 '상설시장'(1
호)과 별다른 설비 없이 정기적으로 개설되는 '정기시장'(2호)을 구분
하고 있다.[35] 일반 생활시장의 대다수를 점하던 정기시장(장시) 외에

---

33) ≪조선중앙일보≫ 1949년 7월 23일, <尹潽善 상공부장관, 무허가시장문제에
　　대하여 내무부장관과 서울시장에게 공문을 발송>(≪자료대한민국사≫ 13)
34) 구법령 정리 사업에 의해 새로 제정된 상당수 법률이 구법령의 기조를 답습하
　　거나 일본법령을 모방하고 번역한 경우가 적지 않았다. 예컨대 1961년 12월
　　30일에 공포 시행된 한국신탁법(법률 제900호) 역시 1920년대에 공포 시행된
　　일본의 신탁법과 상당부분 일치하거나 유사한 내용이었으며, 1961년 12월 31
　　일 공포시행된 한국신탁업법 역시 일부 기술적인 수정이 이루어지는 했지만
　　일본어로 되어 있는 조선신탁업령(1931년 6월 9일 공포)의 법조항을 한글화
　　하여 거의 그대로 사용했다(김명수, <앞 글> 354~355).
35) <시장규칙>은 상설시장과 정기시장을 구분하지 않고 조선인이 이용하는 일
　　반 생활시장을 일괄적으로 재래시장으로 보고 1호시장으로 분류했다.

기존 시장의 상설화나 새로운 상설시장 등 다양한 형태의 상설시장이 널리 개설되고 있는 현실을 법률에 반영하고 있는 것이다.

그 밖에 가장 뚜렷하게 달라진 점은 <시장규칙>에 담겨있던 장시 등 일반 생활시장을 대상으로 한 경찰의 단속·통제에 관한 내용이 <시장법>에서 삭제되었다는 것이다. 조선총독부는 조선인의 생활 기반인 장시를 통제의 대상으로 삼았을 뿐만 아니라 장시를 활용하여 민중의 일상생활까지 감시와 통제의 대상으로 삼고 있었다.[36] 그런데 식민지 통치를 위해 설정했던 장시와 장시의 사람들에 대한 직접적인 감시와 통제 규정은 <시장법>으로 개편되는 과정에서 비로소 법률 조항에서 제외되었다. 정부 수립 이후에도 농촌 장시 등 일반 생활시장은 계속해서 국가에 의해 다양한 동원과 통제의 수단으로 활용되었지만, <시장법>과 같은 법률에서 그것을 보장하는 직접적인 방식은 벗어나게 되었던 것이다.

그러나 <시장규칙>에서 확립된 공설공영제와 허가주의 원칙은 그대로 유지되었다. 장시의 개설은 지방자치단체만이 할 수 있었으며 시장 개설을 위해서는 여전히 서울특별시장 또는 도지사의 허가가 필요했다. 그러나 장시에 대한 시설허가 요건은 대폭 완화되었고, 여타 시장에 대해서는 의무화되어 있는 설비 조항에 대한 규제 조치 역시 해제되었다.[37]

이러한 변화는 농촌사회에서 의사소통 및 문화체험의 공간, 경제기구로서 장시가 갖고 있던 비중이나 의미가 상대적으로 약화되어 간 것과도 적지 않게 관련되어 있다.[38] 일제시기에 비해 장시의 사회문화적인 의미는 지속적으로 희석되어 갔기 때문이다.

---

36) 허영란, 2009 《일제시기 장시 연구》 (역사비평사) 81~85
37) 김성훈 외, 1977 《한국농촌시장의 제도와 기능연구》 (국립농촌경제연구소) 207
38) 최재석, 1975 《한국농촌사회연구》 (일지사) 81~82

조선총독부는 조선인의 동향과 여론의 흐름을 파악하기 위해서 장
시를 주시했다. 지방의 경찰은 조선인 사회의 동향과 추이를 파악하기
위해 관할 지역 안에서 열리는 장시의 장날에 주막을 염탐했다.[39] 장
시는 조선인의 일상생활과 밀착되어 있으며 조선인 사회의 중추적인
네트워크였기 때문에, 조선총독부는 민중 생활을 감시하고 통제하기
위해 장시와 장시의 사람들을 주시했다.

3·1운동의 사례에서 알 수 있듯이 식민통치에 대한 민중의 저항이
확산되는 것을 저지하기 위해서도 장시는 통제되어야 했다. 일제는 3·1
운동 당시 만세운동의 진원지인 장시를 폐쇄함으로써 운동의 열기가
번져가는 것을 봉쇄하고자 했다. 3월 1일에 서울 등지에서 시작되어
이후 수개월 동안 만세운동의 소용돌이이 전국으로 퍼져나가자, 조선
총독부의 각 지방 경찰은 장날에 장시가 열리는 것을 막고 농민과 장
꾼들이 모여드는 것을 차단했다.[40]

해방 이후에도 장시를 개설하여 지역발전을 도모하고자 하는 열기
는 좀처럼 식지 않았다. 그러나 정부 수립으로 정치적 공간이 확장
됨에 따라 장시가 갖는 사회문화적 의미는 바뀌었고, 그에 따라 장
시를 매개로 이루어지던 당국의 통제 방식 역시 달라졌다. 그러나
장시 자체의 변화가 이러한 변화를 주도했다기보다는, 새로운 국가
수립이라는 정치 상황이 더욱 결정적인 영향력을 행사했다고 보아야
할 것이다.

---

39) 공주헌병대본부·충청남도경찰부, 1914 ≪주막담총≫ 3 ; 공주헌병대본부·충
   청남도경찰부, 1915 ≪주막담총≫ 4(마쓰다 도시히코, 2006 <≪주막담총≫
   을 통해 본 1910년 조선의 사회 상황과 민중> ≪일제 식민지 시기의 통치
   체제 형성≫ (혜안) 362에서 재인용).
40) 3·1운동 당시의 장시 폐쇄와 관련해서는 허영란, <위 책> 284~286을 볼 것.

2. 법령의 개편과 '장시 폐지론'의 지속

구법령 정리에 따라 법령은 개편되었지만, 특히 경제법령의 경우 그 내용이 일제시기의 법률과 대동소이한 경우가 많았다. 그것은 대한민국 정부가 조선총독부가 제정한 경제법령을 관성적으로 적용한 것이라고도 할 수 있지만, 해방 이후 한국 경제의 구조와 운용 방식이 일제시기와 크게 달라지지 않았기 때문이기도 했다.[41] 그것만이 아니었다. 시장 관계 법령의 경우, 당국의 인식 역시 일제시기 식민 당국의 인식을 그대로 계승하고 있었다.

조선총독부는 강점 초기부터 장시를 시대의 흐름과 맞지 않는 낡은 유습으로 규정했다. 장시는 대부분의 자본주의 근대국가에서 사라진 정기시장으로서, 경제 사정이 크게 달라진 상황에서는 원시적이고 비합리적이며 봉건적인 제도에 지나지 않는다는 인식을 지속적으로 표명했다. 거듭된 시장 조사를 통해 장시의 현황과 그것의 사회경제적, 문화적 비중과 의미를 파악하게 된 총독부는 장시의 중요성을 인정하지 않을 수 없었다. 그러나 기본적으로 장시가 조선 사회의 후진성을 증명하는 제도이자 농민의 노동력을 낭비하게 만드는 비합리적 제도로서, 장차 축소되거나 폐지되어야 할 낡은 제도라는 인식에는 변함이 없었다.[42]

자본주의화의 미비, 조선시대의 수탈성과 낙후성, 노동력의 과잉, 상인의 취약성 등으로 인해 장시는 계속 번성하지만, 그것은 결국 조선 사회의 낙후성과 정체성을 증명하는 것에 지나지 않았다. 1930년대에 접어들어 총독부는 농촌진흥운동의 각종 선전·교화 활동에 장시

---

41) 김명수, <앞 글> 356
42) 조선총독부의 장시에 대한 인식은 허영란, <위 책> 88~91을 볼 것.

를 활용함으로써 그 효과를 배가시키고자 했다. 이 과정에서 장시에 대한 식민 당국의 태도에 약간의 변화가 나타났다. 장시의 폐해를 강조하면서도 그것을 존속시킬 필요성 또한 인정하고 있기 때문이다. 그러나 운동의 조직과 주체가 만들어지면서 조선총독부의 인식은 원점으로 돌아갔다. 장시는 다시 개선의 대상이 되었다. 특히 농촌진흥운동이라는 명분 아래 장날을 줄이고 농민의 장시 출입은 억제하며, 장시 대신 마을의 협동조합을 활성화시켜 장기적으로 장시를 폐지시키고자 했다.[43] 그런데 장시는 농촌 금융, 농산물 유통, 나아가 문화적·오락적 기능까지 포괄하고 있었기 때문에, 농촌 재생산 구조를 유지시키는 구성요소로서 지방 사회 전체의 운영 구조와 견고하게 맞물려 있었다. 따라서 당국에 의해 이루어진 일방적인 축소 시도는 실패하지 않을 수 없었다.

장시 등 조선인의 생활시장을 포괄하여 1호시장으로 정의했던 <시장규칙>과는 달리 <시장법>은 상설시장을 1호시장으로, 장시를 2호시장으로 정의하고 있다.[44] 그런데 도시지역을 중심으로 상설시장이 증가하기는 했지만, 1970년대까지도 장시는 농촌의 중요한 교역기구로서 지속적으로 확대되었다. 그러한 현상을 뒷받침한 것은 무엇보다도 전체 농가의 3분의 2가 훨씬 넘는 소농민의 광범한 존재였다.[45] 그들은 시장 출하를 목표로 하는 상업적 농업을 기피하는 대신, 자급자족적인 생계 농업에 머물면서 자가에서 소비하고 남은 것을 장에 내다 파는 식의 소농경영을 유지하고 있었다.[46] 따라서 소농들이 판매자로

---

43) 조선총독부의 장시 축소 방안에 대해서는 허영란, 위의 책, 92~99쪽을 볼 것.

44) <시장규칙>과는 달리 경매시장(3호시장)과 거래소(4호시장)는 <시장법>의 적용대상에서 제외되었다.

45) 김성훈, 1974 <소농발전의 규제요인에 관한 경제적 평가> ≪농업경제연구≫ 16 (한국농업경제학회) 96~97

46) 1970년대까지도 장시를 매개로 한 농가재생산의 구조를 극복할 수 있는 농가경영의 조건이 마련되지 못한 상태였다(김성훈, 1974 <앞 논문> 103).

서 참가할 수 있는 장시는 소농경제의 재생산을 위해서는 여전히 필수
적인 존재였다. 일제시기에 지역주민들에게 지역발전의 아이콘으로서
환영받던 장시는, 해방 후에도 농민들이 필요로 하는 시장이자 지역
발전을 위한 매개체로 인식되어 계속 증설되고 있었다.

　그러나 당국에서는 장시의 남발을 문제 삼아 1950년대 말에 '장시
폐지론'을 제기했다. 1970년대에 접어들어서는 새마을운동에 저해가
된다는 이유로 비판의 표적으로 삼았다. 장시는 조선총독부에 의해서
그랬던 것처럼 해방 뒤에도 농촌 근대화, 유통 근대화를 위해서 극복
해야 할 유제로 낙인찍혔다.[47] 특히 1970년대의 정책수립자들은 장시
를 폐지하고 상설시장으로 대체시키는 것을 유통근대화로 인식했기 때
문에 장시 폐지론을 더욱 강력하게 제기했다.[48]

　그러나 장시를 요구하는 현실이 지속하는 한 그것을 임의로 재편할
수 없는 것은 일제시기와 다를 바 없었다. "과거 이조시대부터 日帝를
걸쳐 최근에 이르기까지 일부 몰지각한 사이비 정책수립자들은 마치
일거에 모든 정기시장을 폐지하여 상설시장으로 대치하는 것이 유통
근대화인양 그리고 심지어는 새마을 운동의 첩경인양 툭하면 정기시장
의 폐지론을 들고 나"왔다. 그러나 장시는 "어느 누구의 강제에 의하
여 없어질 성질의 것이 아니다. '장'을 설립시키는 그 시장권의 생산력
과 생산관계가 변동되지 않는 한 '장'은 혹한 속의 보리 싹처럼 죽지
않고 계속 자라왔"던 것이다.[49]

　이처럼 해방 후 30년이 흐른 1970년대까지도 장시는 농민의 시장으

---

47) 박원선, 1985 <한국의 장시 : 상법사적 고찰> ≪동방학지≫ 46·47·48합집,
　　292 ; 박강수, 1977 ≪한국재래시장연구≫ (범학도서) 90
48) 정부에서는 1975년부터 장시의 근대화에 본격적으로 착수했으며 1976년 9월
　　25일자로 장시의 개량방침을 공포했다(박강수, ≪앞 책≫ 88~90).
49) 김성훈, 1978 <市場施設 및 流通近代化의 方向> ≪도시문제≫ 13-11 (지방
　　행정공제회) 17

로서 위세를 떨쳤다. 그것이 한국 사회의 구조적인 조건에 의해 나타
난 현상이라는 것은 이미 살펴본 바와 같다. 그러나 당국의 시장 인식
은 조선총독부의 '장시 감축' 내지 '장시 폐지론'을 거의 그대로 계승
했다. 현실의 구조와 현상을 직시하고 그것에 부응하는 인식과 정책을
수립한 것이 아니라, 농촌 근대화나 유통 근대화라는 목표를 일방적으
로 적용하는데 급급했던 것이다. 비록 대대적인 구법령 정리 사업으로
일제시기의 법률과 제도의 형식을 일괄 개편했음에도 불구하고, 그것
을 주도한 정부의 인식 자체는 식민 당국의 근대주의적 통치관과 크게
다르지 않았다.

특히 일제시기의 조선 경제는 기본적으로 자본주의체제의 틀과 식
민지근대의 방향성 아래 운영되었다. 따라서 조선총독부의 자본주의
적, 근대주의적 경제와 사회 운영의 기제는 해방 후의 한국 사회에도
그대로 적용되었다. 그것은 약간의 수정을 거치기는 했지만 일제시기
의 제도와 인식이 한국 경제의 운영원리와 제도, 인식으로서 계승되었
다는 것을 의미한다.[50]

한국의 장시는 수적으로는 1970년대 중반 절정에 이르렀다가 1980
년대에 접어들어 감소세로 바뀌었다. 1970년대 말부터 1980년대를 거
치면서 이루어진 농촌 대중교통의 발달은 벽지에 소재한 장시를 결정
적으로 위축시켰고, 급속한 유통산업의 발전이 장시를 포함한 시장의
전반적인 위상을 약화시켰던 것이다. 그러나 비록 생산자인 농민의 직
접 판매와 농가경제 재생산 기반이라는 성격은 현저히 약화되었지만,
지금도 농촌뿐만 아니라 도시에서 지역주민을 고객으로 하는 장시(5일
장)가 다수 개설되고 있다. 지금 개설되고 있는 도시의 장시를 농민 중

---

50) 신탁법규의 개편을 다룬 김명수는 신탁업에 국한된 진술이기는 하지만 "식민
지기 신탁관계법규가 그대로 해방 후 신탁업 재건의 기본법령으로 기능하여
단절보다는 연속의 측면이 강하게 남아 있었다"는 점을 지적하여, 동일한 결
론을 내리고 있다(김명수, <앞 논문> 361).

심의 시장으로 보기 어렵지만, 장시라는 제도와 그것이 응축하고 있는 네트워크의 관성은 지금까지도 강한 생명력을 과시하고 있다. 그러나 1986년의 <시장법> 폐지와 <도소매업진흥법> 제정, 1997년 <유통산업발전법> 제정을 거쳐, 2003년에는 법령에서 '정기시장'이라는 용어가 사라졌다. 도시와 농촌에서 현재 개설되고 있는 장시는 적용할 법규가 없는 법외 시장이거나 임시 개설되는 특수시장으로 분류되어 있다. 이제 유통기구로서의 비중이 극히 미미해진 상태에서도 끈질기게 존속하고 있는 장시를 사회·문화적 자산으로 파악하고 그 위상과 의미를 재해석해야 할 단계에 와 있는 것이다. 그런 점에서 근대주의적 '장시 폐지론'의 극복은 여전한 과제라 할 것이다.

3. 식민지 법률의 탈식민화와 그 한계

정부는 장시에 대해서는 근대주의적인 장시 폐지론을 견지했지만, 이른바 '신식시장' 즉 근대적 시장인 중앙도매시장, 그리고 특별 관리가 필요한 가축시장에 대해서는 1950년대 전반에 새로운 법규를 만들었다. 그것은 조선총독부의 시장정책을 극복한 새로운 전환이라기보다는, 식민당국 역시 염두에 두었으나 민족적·계층적 차별 정책의 기조 아래 미비하게 처리했던 제도적 결점을 완성하는 방향에서 이루어진 보완적 개편이었다.

대도시 주민과 노동자에 대해 위생적이고 안전한 식료품 공급을 목표로 하는 중앙도매시장의 설치와 관련 법령의 제정 문제는 이미 1920년대부터 논의된 바 있었다. 그것은 1923년 일본에서 <중앙도매시장법>이 제정됨으로써 본격적으로 촉발되었다.

러일전쟁 이후부터 제1차 세계대전 직후까지는 일본 국내만이 아니라 조선, 대만, 사할린 등 새로 일본 '제국'의 권역으로 들어온 식민지 지역에 대해서 각각 총독부령 등에 의해 시장규칙이 공포되었다. 같은 시기에 일본에서는 주로 서일본 지역의 어시장을 대상으로 1市町村 1 공설시장화를 강행하는 한편, 대도시의 식품시장 급증에 대처하기 위한 시장규칙이 지역별로 다수 공포되었다. 소규모 식료품도매시장들을 집중적으로 정리하여 회사나 공공단체가 경영하는 조직화된 시장으로 재편하여 지방자치단체의 관리 아래 일원화하고 정리 및 통제의 실효성 확보하는 것이 핵심 내용이었다. 이 시기에 일본내 각 지방에서 추진된 시장정책의 기본 방침은 물리적 강제력을 토대로 새로운 시장 질서를 창출, 유지하는 것이었다. 그러한 시장정리 정책이 식민지에 대해서도 동일하게 적용되었던 것이다.[51]

그런데 조선총독부의 <시장규칙>은 형식적으로는 일본의 그것과 유사하지만 실질적인 내용은 달랐다. 일본에서는 식료품을 취급하는 사설 자유시장을 '1지역 1시장'으로 합병, 정리하는 것이 시장정책의 핵심이었다. 특히 1923년에는 부현 <시장규칙>만을 적용시키기 곤란한 대도시 도매시장의 정리를 위해 전국 6개 대도시 시장을 대상으로 <中央卸賣市場法>을 제정했다. 이것은 1910년대를 전후하여 본격적으로 추진한 1市町村 1공설시장 정리의 기조를 유지하되, 대도시 식료품도매시장에 대해서는 중개상인조직의 합리화를 추구한 것이었다. 그러나 같은 시기 조선에서 시행된 <시장규칙>은 지방별 통합 식료품시장이나 중앙도매시장의 설치가 아니라, 전국 각지에서 개설되는 일반 생활시장인 장시의 관리와 통제를 기본 내용으로 하고 있었다. 일본에서 주된 정책 대상이었던 식료품경매시장에 대해서는 사설회사의 경영을 가능하게 만들어 오히려 사적 특권을 허용했다.[52]

---

51) 이 시기 일본 및 식민지의 시장정책과 그 시기구분에 대해서는 中村勝, 1980
≪市場の語る日本の近代≫ (そしえて文庫) 127~139

1923년 일본에서 <중앙도매시장법>이 제정되자 조선에서도 경성을 중심으로 대도시의 식료품도매시장에 적용할 법률 제정 필요성이 제기되었다. 1927년에는 서울에 있는 3개 수산시장을 통합하여 공설 '경성부수산시장'이 설치됨으로써, 대도시 식료품도매시장을 대상으로 한 '1도시 1시장주의'가 조선에서도 모습을 드러냈다.53) 그러나 이러한 어시장은 기본적으로 조선 거주 일본인을 위한 공급시설이라는 한계가 있었고,54) 그로 인해 시장통합 논의의 범위 역시 제한적인 것이었다.55) 대부분의 도시에서 식료품도매시장(<시장규칙>상의 3호시장)이 대부분 당국의 허가를 받은 일본인 사설회사에 의해 특권적으로 개설·운영되고 있는 상황에서 별도의 '중앙도매시장법'을 제정하는 것은 그다지 시급한 과제가 아니었다. 식료품 등 각종 생필품 유통제도가 조선인과 일본인 주민을 대상으로 이원화되어 있는 식민지에서는 식민당국의 편의적인 제도 운영이 '근대적인' 시장제도의 정비와 그것을 위한 법령 제정을 대신할 수 있었던 것이다.

그러나 중앙도매시장의 설립과 법령 제정으로 근대적 시장제도의 기초를 마련해야 한다는 주장은 해방 직후부터 당면 과제로 제기되었다. 정부 수립 직후에 식료품 물가 통제의 일환으로 1도시 1시장주의 내용을 담은 '중앙도매시장법안'을 제정하려는 시도가 나타났다. 핵심

---

52) 일본 각 부현과 조선총독부의 시장정책과 그 유사성 및 차이에 대해서는 허영란, 2009 <위 논문> 182~185를 따름.

53) 허영란, 2000 <일제시기 서울의 '생활권적 상업'과 소비> ≪서울상업사≫ (태학사) 505~506

54) <앞 논문> 512~514

55) ≪大阪每日新聞≫(朝鮮版) 1934년 4월 1일, <卸市場の統制>. 이 기사에 따르면 경성부회의원 28의원은 1934년 3월 29일 부회의 찬성을 얻어 경성부에서 卸市場의 통제를 도모하기 위해 일본에서 시행되는 중앙도매시장법과 같은 법령제정에 대해 경성부윤, 경기도지사, 우가키 총독 앞으로 <중앙도매시장법> 제정이 필요하다는 내용의 의견서를 제출했다.

내용은 농어촌에서 생산된 식료품의 수급 행위 일체를 중앙도매시장 한 곳에서 집중적으로 취급하도록 하자는 것이었다. 그렇지만 이 시도는 도매상업의 유통망에서 퇴출당할 것을 우려한 중간 상인들의 강력한 반대에 부딪혀서 무산되고 말았다.[56] 생산자에게 자금을 제공하면서 농수산물 유통을 지배하고 있던 많은 중간 상인들의 이해관계를 위협하는 조치였기 때문에 성사되지 못했던 것이다.

법령 보완이나 재정비가 이루어지지 못한 채 조선총독부 <시장규칙>에 의해 일괄 관리되던 식료품 도매시장은 1951년 6월 22일 <중앙도매시장법> 제정으로 전환의 계기를 맞이했다. 중간 상인들의 강력한 반대에도 불구하고 법령은 일단 국회에서 가결되었다.[57] 그러나 이 법 역시 1923년에 일본에서 제정된 <중앙도매시장법>을 사실상 베끼다시피 한 것으로, 일제시기에 거론되다가 무산된 법령 제정을 뒤늦게 실행에 옮긴 것에 불과했다. 다만 일제가 물러간 상황에서 일본인 회사에 부여되었던 특권을 특정 상인들이 독점할 수 있도록 제도화를 한 셈이었다.[58] 더욱이 법률이 제정되기는 했지만 관련 상인들의 강력한 반대에 부딪혀서 제대로 시행되지도 못한 채 사장되고 말았다. 그러다가 5·16 직후인 1961년 말에야 강제 시행이 이루어져 주요 식료품 유통에 개입하던 시장의 도매상들에 대한 폐쇄명령이 내려지게 되었다.[59]

---

56) 《경향신문》 1949년 7월 31일, <서울상인들, 중앙도매시장법안이 암거래를 조장한다며 반대진정서를 제출>(《자료대한민국사》 13) ; 《서울신문》 1949년 9월 3일, <상공부, 중앙도매시장법안을 기초 국회 산업노농위원회 심사에 회부>(《자료대한민국사》 14)

57) 《부산일보》 1951년 6월 4일, <국회, 중앙도매시장법안 제7조를 격론 끝에 삭제 결의>(《자료대한민국사》 21)

58) 김성훈 외, 1977 《위 책》 186~187

59) 《동아일보》 1954년 7월 17일, <數十萬業者 失業狀態—旣存業者側서 中央都賣市場法 廢止呼訴—> ; 《동아일보》 1956년 8월 31일, <中央都賣市場

이처럼 <중앙도매시장법> 제정은 일제시기 이래 이루어지지 못한 이른바 '신식시장' 체제의 뒤늦은 완성을 의미했다. 그러나 정부 수립 이후에 법령이 제정되었음에도 일본의 관련 법령을 모방했을 뿐 아니라, 법령 제정 이후에도 시장의 운영 자체는 기존의 방식을 탈각하지 못했다.[60]

1954년에 <가축보호법> 제정으로 <시장규칙>의 적용대상에서 제외된 가축시장에 대한 법령 역시 일제시기부터 제정의 필요성이 제기되었다. 가축시장은 대개 장시에 병설되어 있었기 때문에 법령 제정이 비교적 쉬운 조건이었지만 '가축시장법' 제정으로까지 이어지지는 않았다. 법령이 축산조합의 이익을 주로 보장하는 반면 일반 농민의 가축 매매에 대한 자유과 권리를 속박할 것이라는 우려가 강조되었기 때문이다.[61] 또한 현실에서는 이미 대부분의 가축 거래가 장시에 병설된 가축시장에서 군 축산조합의 중개를 통해서 이루어지고 있었다. 가축 매매의 일괄적이고 위생적인 관리가 필요하기는 했지만 농가의 자유거래까지 통제하는 것을 통해 얻는 실익이 크지 않았던 것이다.

해방 이후 農牛 사정이 악화되면서 가축시장법의 제정을 요구하는 목소리가 다시 높아졌다. 주된 내용은 가축의 밀매매를 방지하고 시장을 통한 매매·중개를 제도화하여 그 수입을 가축의 증산에 사용하자는 것이었다.[62] 그리하여 1950년 3월 15일에 지방공공단체가 개설한 가축시장에서만 소와 말을 매매·교환하도록 정한 <가축시장법>이 국회에 회부되었다.[63] 그러나 이 때에도 법률 제정에까지 이르지는

廢止案을 推進 金斗漢議員, 捺印工作> ; ≪동아일보≫ 1961년 12월 19일, <靑果水産 32個巨商에 閉鎖令>

60) <중앙도매시장법>의 상세한 제정 과정 및 변천에 대해서는 허영란, 2009 <위 논문> 186~189를 볼 것.

61) 長松直喜(전라남도 산업기수), ≪木浦新報≫ 1931년 11월 22일, 23일, 24일, 25일, <畜牛의 耳標制度(1)~(4) 家畜市場法制定의 必要>

62) ≪서울신문≫ 1949년 9월 28일, <농림부, 牛籍法 등 畜牛 확보대책을 마련>

못했다. 이후 種畜을 확보하여 가축의 개량 증식 이용을 촉진할 목적
으로 1954년 1월 23일에 제정된 <가축보호법>에 가축시장에 관한
내용이 포함되었다. 이 법에서는 허가 받은 지방자치단체만이 가축시
장을 개설할 수 있도록 하고 지방자치단체는 공익법인을 지정하여 시
장 업무를 관리하도록 했다. 이로써 가축시장 이외의 장소에서는 가축
의 매매나 교환이 금지되었다.[64] 이로써 가축 유통에 대한 유통합리
화 정책 역시 법제화되었으며, 가축시장은 <시장규칙>의 적용대상에
서 제외되었다.[65]

일반적으로 가축시장은 장시의 일부로 인식되었지만, 거래 상품과
거래액 규모 등 여타 상품과는 차별화되는 시장이었다. 장시에서 축산
물 거래 비중이 전반적으로 증가하고 있었기 때문에 '가축시장법'을
제정할 필요성도 컸다.[66] 따라서 중앙도매시장과 마찬가지로 가축시
장에 대한 법령 제정 역시 일제시기 이래의 과제를 실행에 옮긴 것이
었다.

1950년대 전반기 중앙도매시장 및 가축시장 관계 법령의 제정은 식
민지 시기 이래의 과제를 완성한 것이었다. 그것은 조선총독부가 민족
적·계층적 차별 정책 속에서 완성할 수 없었던 제도와 법률의 완성이
라는 탈식민적 의미를 갖는다. 그러나 다른 한편으로 그 내용 자체는
조선총독부 역시 지향하고 있었던 근대적 제도를 완성시킨 것이기도
했다.

---

63) ≪동아일보≫ 1950년 3월 19일, <家畜市場法 國會에 回附>
64) <가축보호법>(제정 1954.1.23. 법률 306호)
65) 가축시장 관계 법령의 제정과 개정 과정에 대해서는 허영란, 2009 <위 논
    문> 189~192를 볼 것.
66) 일제시기 장시 거래에서 가축이 차지하는 비중이 전반적으로 증가하면서 각
    지역에서 전개된 우시장 병설 운동에 대해서는 허영란, 2009 ≪위 책≫,
    132~133.

Ⅳ. 맺음말

해방 이후 왜색법률 일소는 신생 대한민국의 시급한 과제였지만, 한정된 인적 자원과 제도적 어려움, 법적 안정성 문제 등으로 인해 쉽게 해결할 수 없었다. 몇몇 기본법을 비롯해 조직법이나 재정 및 조세에 관한 것은 모두 새로운 법률로 대체되었지만, 정부의 행정작용이나 민사, 상사, 형사에 관한 법규에는 새로운 법률보다 구법령이 더 많은 수를 차지하고 있었다. 해방 후 십여 년이 흐르도록 많은 구법령이 여전히 효력을 유지했던 것이다.

5·16 군사정변으로 집권한 '혁명정부'는 기존 정권과의 차별성과 군사정권의 능력을 과시하기 위한 방안의 하나로 '구법령' 정리 사업을 전격 추진했다. <구법령정리에 관한 특별조치법>(법률 제 659호, 1961.7.15.)은, 1948년 7월 16일 이전에 시행된 법령 가운데 헌법 제100조에 의해 효력이 지속되고 있는 것을 구법령으로 규정하고, 이러한 구법령을 1961년 12월 31일까지 정리하여 법률 또는 명령으로 대치하며, 그때까지 정리되지 않은 구법령은 1962년 1월 20일자로 폐지한 것으로 간주하도록 되어 있었다. 그리고 이러한 구법령 정리를 담당할 기관으로 내각수반 소속으로 '법령정리위원회'를 설치했다. 6개월 여 동안 전격 추진된 사업의 결과, 혁명정부는 총 613건의 구법령을 폐지하고 533건의 법령을 새로 제정했다고 발표했다.

단 6개월 사이에 이루어진 이 사업은 기본적으로 '졸속'이라는 평가를 면하기 어렵다. 당면한 현실에 맞도록 신중하게 법령을 개편했다기보다는 구법령의 단순한 번역, 심지어 일본법령의 모방이라는 비판에서도 자유롭지 못하다. 더욱이 국회가 해산된 상태에서 입법권을 행사하던 국가재건최고회의가 다양한 이해 당사자들을 일방적으로 배제한

상태에서 많은 법령이 무더기로 정리되었다. 이 사업을 통해 군사정권은 식민지 질서와의 단절을 강조하는 정치적 효과를 얻고자 했지만, 그런 목적 하에 졸속으로 추진된 구법령 정리는 탈식민을 과시하는 정치적 이벤트이기는 했으나 그것만으로 실질적인 법률 질서를 탈식민화하는 데는 무리가 있었다.

조선총독부령으로 공포된 <시장규칙> 역시 여타의 '구법령'과 더불어 1961년이 되어서야 폐기되었다. '혁명정부'의 강력한 지시 이후 불과 한 달 반 만에 새로운 <시장법>이 공포되었다. 1951년에 정식으로 공포된 <중앙도매시장법>, 그리고 1954년에 공포된 <가축보호법>에 의해 도시 식료품도매시장과 가축시장은 법률적으로는 이미 <시장규칙>의 적용 대상에서 제외되었기 때문에, 새로 제정된 <시장법>은 전적으로 일상의 생활시장을 대상으로 한 것이었다.

해방 이후 <시장규칙>이 가진 식민지적 요소의 극복과 시장 관계 법령의 탈식민화를 위한 시도는 다양하게 나타났다. 그것은 종국적으로는 근대적 시장 제도의 완성을 목표하고 있었다. 그러나 구법령 정리 사업 과정에서 <시장규칙>을 대신하여 제정된 <시장법>의 내용과 인식이 조선총독부의 그것과 질적으로 다르지는 않았다. 장시에 대한 인식은 조선총독부의 '장시 폐지론'을 지속하고 있었고 세부 내용역시 기존 법령의 기조를 거의 답습하고 있었다.

한편 1950년대 전반기에 이루어진 중앙도매시장 및 가축시장 관계 법령의 제정은 식민지 시기 이래의 근대화 과제를 완성한 측면이 있었다. 그것은 조선총독부가 민족적·계층적 차별 정책 속에서 완성할 수 없었던 제도와 법률의 완성이라는 점에서 탈식민적 조치였다. 그러나 다른 한편으로 그 내용 자체는 조선총독부 역시 지향하고 있었던 근대적 제도의 완성을 의미했다.

구법령 정리 사업과 그것의 구체적인 사례라고 할 수 있는 시장 관계 법령의 개편 과정을 통해, 조선총독부가 이식한 식민지적이면서 근대적인 제도의 불구성, 그것에 의해 규정되면서 진행된 해방 이후의 탈식민화 작업의 성격과 한계를 파악할 수 있다. 한국 정부의 탈식민화 프로젝트는 기본적으로 근대성을 지향하는 것이었고, 그 점에서는 조선총독부가 설정했던 식민지 근대의 프로젝트를 근본적으로 배제하는 것이 아니었다. 경제법령에 국한해서 본다면, 일제에 의해 이식된 법률 질서를 근원적으로 탈식민화하는 것은 실현 불가능한 과제에 가까웠다.

한국 사회에서 식민잔재의 극복이라는 과제가 여러 세대를 지나오면서도 청산되지 못하고 현안으로서 반복적으로 재생산되는 것은 이러한 구조적인 문제에서 기인한다. 식민지 근대의 제도와 질서는 해방 이후 신생 한국을 재구성하는 제도와 질서로서 구조적으로 존속되었다. 한국 사회가 근대성의 완성을 목표로 삼는 한, 식민지 근대의 극복 또는 탈식민화라는 문제는 지향하면서 동시에 부정해야 하는 작업이라는 점에서, 과거를 잘라내는 식의 단순한 식민잔재 청산과는 차원을 달리하는 과제가 아닐 수 없다.

20세기 내내 지속된 '장시 폐지론'과 그것에 입각한 법률, 정책에도 불구하고 시대의 변화를 수용하면서 지금까지 살아남은 장시(5일장)에 대해 어떻게 새롭고도 미래지향적인 의미 부여를 할 수 있을 것인가. 그러한 문제를 풀어가기 위한 발상의 전환에 의해 탈식민화의 가능성을 근본적으로 새롭게 모색해야 하지 않을까 생각해 본다.

참고문헌

1. 자 료

국사편찬위원회, ≪자료대한민국사≫ 13·14·21
≪동아일보≫
≪서울신문≫
≪木浦新報≫
≪大阪每日新聞≫(朝鮮版)

2. 저 서

김동노, 2006 ≪일제 식민지 시기의 통치 체제 형성≫ (혜안)
김성훈 외, 1977 ≪한국농촌시장의 제도와 기능연구≫ (국립농촌경제연구소)
문인구, 1985 ≪한국법의 실상과 허상≫ (삼지원)
박강수, 1977 ≪한국재래시장연구≫ (범학도서)
서원우, 1996 ≪한국법의 이해≫ (두성사)
심희기, 1997 ≪한국법제사강의≫ (삼영사)
최재석, 1975 ≪한국농촌사회연구≫ (일지사)
허영란, 2009 ≪일제시기 장시 연구≫ (역사비평사)

中村勝, 1980 ≪市場の語る日本の近代≫ (そしえて文庫)

3. 논 문

김명수, 2008 <해방 후 한국 신탁업의 동향과 신탁법규의 정비> ≪한국사학보≫ 32
김상용, 1988 <한국민법의 사적발전> ≪법사학연구≫ 9
김성훈, 1974 <소농발전의 규제요인에 관한 경제적 평가> ≪농업경제연구≫ 16 (한국
　　농업경제학회)
김성훈, 1978 <市場施設 및 流通近代化의 方向> ≪도시문제≫ 13-11 (지방행정공제회)
김용진, 1988 <구법령정리 사업에 관한 소고> ≪법제≫
김용진, 1995 <구법령정리 사업의 추진> ≪법제연구≫ 8
김증한, 1985 <한국민법의 역사적 발전> ≪법사학연구≫ 8
김창록, 2002 <制令에 관한 연구> ≪법사학연구≫ 26
김창록·한인섭·윤철홍, 1995 <'法', 그 속에 잔존하는 일제유산의 극복> ≪법사학연

구≫ 16

남만성, 1958.5 <법령의 한글전용 문제를 계기하여서> ≪법제월보≫

명순구, 2008 <아직도 살아있는 법, '조선민사령'-'조선민사령'의 소급적 폐지를 제안
    한다-> ≪저스티스≫ 103

박병호, 1995 <현대법제의 형성과 법제의 발전방향> ≪법제연구≫ 8

박원선, 1985 <한국의 장시 : 상법사적 고찰> ≪동방학지≫ 46·47·48합집

법제처, 1962.1 <구법령정리 사업의 현황(1962년 1월 31일 현재)> ≪법제월보≫

법제처, 1960.10 <법령정리 사업의 현황과 그 계획(1960년 10월 20일 현재)> ≪법제월
    보≫

유진식, 2005 <한국의 근대법 수용의 단면-근대법의 수용과 식민지시대의 법> ≪법사
    학연구≫ 32

이국운, 2005 <해방공간에서 사법기구의 재편 과정에 관한 연구> ≪법과사회≫ 29

이동호, 1959.2 <현행법령의 효력> ≪법제월보≫

이송순, 2008 <식민지기 조선의 식량관리제도와 해방 후 양곡관리제도의 비교> ≪한국
    사학보≫ 32

이영근, 1962.4 <법령정리 사업의 낙수> ≪법제월보≫

이창석, 1959.11 <구법령의 위헌심사권> ≪법제월보≫

이창석, 1959.12 <구법령의 효력> ≪법제월보≫

이철우, 22-1 2000 <일제시대 법제의 구조와 성격> ≪한국정치외교사논총≫

이형국, 1995 <현대 한국형법에 대한 법사학적 소고> ≪법학연구≫ 5

최종고, 1991 <해방 후 한국기본법제의 정비> ≪한국법사학논총≫ (박영사)

한 웅, 1998 <법의 지배와 식민지법 체제의 청산문제> (고려대학교 법과대학 석사학위
    논문)

한인섭, 1995 <식민지 형사법제의 구조와 유산, 그 청산의 문제> ≪법사학연구≫ 16

허영란, 2000 <일제시기 서울의 '생활권적 상업'과 소비> ≪서울상업사≫ (태학사)

허영란, 2009 <생활시장 관계 법령의 식민지성과 탈식민화> ≪한국사학보≫ 34

Arrangement of colonial laws after independence and decolonization

— Centering on the project of cleaning 'old statute' and re-organization of market relationship statute —

Hur, Yeong-Ran

Modern laws introduced by Japanese imperialism are providing big impacts on legal order of Korean society until these days. Clean-up of colonial residuals has been set as an important historical task but experiences and system of colony are deeply imbedded within operation system of the society, system, culture and consciousness. Everyone agreed to the justification that Japanese language laws and Japanese style law terminologies must be abolished and elimination of Japanese style laws was an urgent task of new Republic of Korea. But due to difficulties of limited human resources and systematic difficulties, legal stability and other issues, for ten years of elapse of time after the independence, effectiveness of many old statutes was continued without changes.

After the May 15 coup of 1961, the military government had executed decisively clean-up project of old statute in order to demonstrate the difference from the existing regime. As a sudden project carried out for over 6 months, total 613 cases of old statutes were abolished and 533 cases of statutes were enacted newly. However, the project carried out in a hurry had received criticism of simple translation of old statutes and even imitation of Japanese statutes. The military regime intended to obtain political effects of emphasizing interruption with colonial orders through this project but it failed to decolonize legal orders in reality.

「Market Regulations」 proclaimed by the Government-General was also abolished in 1961 by clean-up project of old statute and instead, new 「market law」 was proclaimed. However, 'abolishment of periodic market' of the Government General was still maintained by the authority and detailed contents also followed almost the underlying tome of the existing statute. Enactment of central wholesale market and livestock market related statutes established during the first half of 1950s when 「market regulations」 were maintained was also the completion of modernization task since the colonial period.

Through re-organization course of market related statute, which is one of specific examples of clean-up project of old statutes, we can find out the character and limit of decolonization works after the independence, which were carried out while being regulated by disability of colonial as well as modern system transplanted by the Government General. Decolonization project of Korean government was basically aiming for modernism and in that sense, it was not to exclude the project of colonial modernism set by the Government General. If we look at only limited to the economic statute, basic decolonization of legal order transplanted by Japanese ruling was near to task almost impossible to realize.

Reasons for repeated re-production as pending issues as tasks of overcoming colonial residuals in Korean society are not achieved over several generations are originated from these structural problems. System and order of colonial modernism was continued structurally as system and order for re-composing new Korea after independence. As far as Korean society has a goal to complete modernism, it must be a task differentiated from a simple clean-up of colonial residuals since issues of overcoming colonial modernism or decolonization are works to be denied while concurrently aimed for.

Key words : Clean-up project of old statute, market regulations, market law, decolonization, colonial modernism

解放以後の植民地法律の整理と脱植民化
－「旧法令」整理事業と市場関係法令の改編を中心に－

許英蘭

　日本帝国主義により導入された近代法は、今日まで韓国社会の法律的秩序に大きな影響を与えている。植民残滓の清算は重要な歴史的課題とされているが、植民地の経験と制度は社会の運営体系やシステム、文化や意識の中に深く内在していた。日本語法律や日本式法律用語を廃止しなければならないという当為性には誰もが同意したし、倭色法律の払拭は新生大韓民国の至急な課題であった。しかし、限定された人材と制度的困難、法的安定性の問題などにより、解放後十年以上が経っても多くの旧法令の効力は変わることなく維持された。

　5・16以後、軍事政府は既存政権との違いを誇示するために旧法令整理事業を断行した。6ヶ月余りの間に電撃的に推進された事業で、全部で613件の旧法令を廃止し、533件の法令を新しく制定した。しかし、拙速に進められた事業は、旧法令の単純な翻訳、あげくには日本法令の模倣という批判を受けた。この事業を通じて軍事政権は植民地秩序との断絶を強調する政治的効果を得ようとしたが、法律秩序を実質的に脱植民化するのには失敗した。

　朝鮮総督府令として公布された「市場規則」もやはり1961年になってようやく旧法令整理事業により廃棄された。その代わりには新しく「市場法」が公布された。しかし朝鮮総督府の「場市廃止論」は当局により未だに維持されていたし、細部内容もやはり既存法令を殆ど踏襲していた。「市場規則」が維持されていた1950年代前半に実現した「中央卸し市場及び家畜市場関係法令」の制定もやはり植民地期以来の近代化課題を完成したものであった。

　旧法令整理事業とその具体的な事例のひとつといえる市場関係法令の改編過程を通じ、朝鮮総督府が移植した植民地的かつ近代的な制度の矛盾、それにより規定され進行された解放以後の脱植民化作業の性格と限界を把握することができる。韓国政府の脱植民化プロジェクトは基本的に近代化を目指したものであって、その点では朝鮮総督府が設定した植民地近代化プロジェクトを排除することではなかった。経済法令に限ってみると、日帝により移植された法律秩序を根源的に脱植民化することは実現不可能な課題に近かった。

　韓国社会において、植民残滓の克服という課題が、数世代を経ても清算できない懸案として反復的に再生産されている事実は、こうした構造的な問題に起因する。植民地近代の制度と秩序は、解放以後、新生韓国を再構成する制度と秩序として構造的に存続された。韓国社会が近代性の完成を目標にする限り、植民地近代の克服または脱植民化という問題は、目標であると同時に否定すべき作業であり、単純な植民残滓清算とは次元が異なる課題であろう。

　主題語：旧法令整理事業、市場規則、市場法、脱植民地化、植民地近代

식민지의 기억과 일본 대중문화의 유입 그리고 한일관계*

이 성 환**

Ⅰ. 서론

한국 정부는 1965년 일본과 국교를 정상화한 이후에도 일본의 대중문화 유입을 제한해 왔다. 과거 식민시대의 경험을 기초로 한 일본에 대한 한국인의 정서를 감안한 조치였다. 그러나 한일 양국 간 교역의 지속적인 증가와 정치·외교적 연대의 필요성이라는 현실에 비추어보

* 이 논문은 ≪제2기 한일역사공동연구보고서 제5권≫(2010, 한일역사공동연구위원회)에서 재수록한 것임.
** 계명대학교 일본학과 교수

면 대중문화 교류의 제한은 기형적 현상이 아닐 수 없었다. 특히 1990년대 글로벌화시대가 본격화되면서 특정 국가와의 문화교류 제한은 국제적 조류에도 벗어나는 것이었다. 김대중 정부는 이런 추세를 감안, 1998년 4월 17일 일본 대중문화의 단계적 개방 방침을 밝혔다. 김대중 대통령은 1998년 10월 일본을 방문하여 오부치 게이조(小渕惠三) 일본 총리와 한일파트너십 구축 공동선언을 발표하고, 미래지향적인 양국관계 형성에 합의했다. 그 일환으로 한국정부는 일본 대중문화 개방조치를 단행하게 된다.

개방조치에 앞서 한국정부는 한일 문화교류정책에 대한 5가지 기본원칙을 밝혔다. 국민적 합의, 단계적 접근, 상호주의, 건전한 문화교류, 민간차원의 교류 등이 그것이다. 여기에서 특히 주목할 것은 상호주의이다. 이에 대해 한국정부는 "일본은 새로운 우호관계 설정을 위해 과거청산 문제에 대한 그 동안 밝힌 자성의 모습을 성의 있게 뒷받침하는 가시적 노력이 필요"하다고 밝힘으로써 상호주의를 식민지에 대한 과거 청산과 문화 개방이라는 교환적 의미로 사용하고 있다. 2001년 역사왜곡 문제로 한일 간 외교 문제가 발생했을 때 한국정부가 일본 대중문화의 개방을 일시적으로 중단한 것은 상호주의의 교환적 의미를 보여주는 좋은 예이다.

이처럼 한일 간의 대중문화교류는 현실적으로 그리고 정책적으로 식민지의 기억과 밀접한 관련을 가지고 있다. 이러한 관점에서 본 연구는 한국인의 식민지 기억과 일본 대중문화의 유입이 어떠한 관련성을 가지고 있으며, 그것이 한일관계에 어떻게 작용하고 있는가를 분석하는 것을 목적으로 한다. 이는 다양해지고 있는 한일관계를 보다 바람직한 방향에서 이해하기 위한 것이기도 하다.

지금까지 일본은 한국문화의 유입을 제한하지 않았다. 그렇기 때문에 한국의 일본문화 유입 허용(개방)은 곧 한일 간의 상호 문화교류라는 의미를 갖는다. 본 연구에서 한일 문화교류가 아니고 일본 대중문화 '유입'이라고 한 것은 이 때문이다.

한일관계는 1965년에 체결된 한일국교정상화조약을 기본적인 틀로 하고 있으나, 한일관계는 이러한 조약 등의 하드웨어적인 틀만으로 규정되지 않는 특수한 구조를 가지고 있다. 한일 간에 하드웨어적인 요소는 많은 발전을 해왔음에도 불구하고 양국관계가 여전히 불안정성을 노정하고 있는 것은 이 때문이다. 이러한 점에서 한일관계에서 조약 등과 같은 직접적이고 공식적인 제도가 갖는 효용성은 어디까지인가 하는 의문이 생긴다. 이러한 의문은 한일관계를 규정하는 데 있어서 제도가 가지는 구속력은 매우 중요하지만, 동시에 문화교류와 같은 비제도적인 요소가 가지는 효용성도 과소평가할 수 없다는 것을 의미한다. 이러한 점을 고려하여 한일관계를 보다 중층적이며 종합적으로 이해하기 위해서는 문화교류와 그것이 한일관계에 미치는 영향 및 의미를 분석하는 것이 매우 중요하다.

지금까지 한국인의 일본문화에 대한 인식은 과거사 즉 식민지 경험에 대한 기억과 직결되어 있다고 여겨졌다. 이를 사실로 인정한다면, 식민지에 대한 기억이 사라지지 않은 상황에서, 일본문화의 유입이 한일 간의 심리적 거리감을 좁히고, 그것이 한일관계에 보다 긍정적인 방향으로 작용하고 있는가에 대한 의문을 제기하지 않을 수 없다. 본 연구의 기본적인 문제의식은 여기에서 출발한다.

1990년대 후반 한국의 일본문화 개방은 한일관계를 다양화 시킴과 동시에 내용적으로도 질적인 변화를 가져왔다고 할 수 있다. 한일 간의 활발한 문화교류는 일본의 한국에 대한 관심을 증대 시키고 한국의 일본에 대한 인식의 객관화를 가져와 한일관계를 획기적으로 개선하는 효과를 가져 올 것으로 기대되었다.[1] 그러나 그 후에도 한일관계의 불

---

1) 曺圭哲, 2001 <일본 대중문화 개방과 한일관계> 단국대학교 단국일본연구

안정성은 해소되지 않았다. 예를 들면 2005, 2006년의 독도문제를 계기로 한일관계는 또 다시 긴장이 고조되었으며, 당시의 여론조사에서는 일본에 대한 호감도가 반감하는 등의 급격한 변화를 보였다. 한국에게 독도문제는 단순한 영유권문제가 아니라 식민지 지배 문제와 직결시켜 이해하는 경향이 강하기 때문이다.[2] 이러한 현상을 한상일 교수는 "한일관계에서 나타난 대부분의 외교적 마찰은 정치적이거나 또는 경제적 이유에서 시작되었다기보다는 오히려 국민감정에서 기인했고, 그 원인은 과거사에 대한 인식과 평가의 괴리에서 시작된 것으로 볼 수 있다"고 지적하고 있다.[3] 이러한 관점에서 본다면 한일관계는 대중문화의 교류 등을 통한 민간 교류와는 관계없이 긴장과 갈등이 계속되고 있으며, 과거사 즉 식민지에 대한 기억이 한일관계를 규정짓는 결정적인 키워드로 작용하고 있다는 것을 알 수 있다.

그러면 식민지의 기억이 한국인의 일본 문화에 대한 접근 및 유입에 어떠한 영향을 미치고 있으며, 또 일본의 대중문화 개방 이후 일본문화의 유입이 한일관계에 구체적으로 어떻게 영향을 미치고 있는 것일까. 즉, 식민지 경험, 일본문화 유입(개방), 한일관계의 3자는 구체적으로 어떠한 논리적 연쇄 구조를 가지고 있는 것일까를 밝히는 것이 본 연구의 주된 내용이다. 이를 밝히기 위해서는 한일 양국의 문화교류정

학회 편, ≪일본의 언어와 문학≫ 8, 116

2) 2006년 4월 25일 노무현대통령의 특별담화를 통해 한국 정부는 독도문제를 다음과 같이 규정하고 있다. 즉 "일본이 독도에 대한 권리를 주장하는 것은 제국주의 침략전쟁에 의한 점령지 권리를 주장하는 것으로 한국의 완전한 해방과 독립을 부정하는 행위이자 과거 저지른 침략전쟁과 학살, 40년간에 걸친 수탈과 고문·투옥, 강제징용, 심지어 위안부까지 동원했던 그 범죄의 역사에 대한 정당성을 주장하는 행위"이다(≪중앙일보≫ 2006년 4월 26일).

3) 한상일, 2000 <남북화해 협력시대의 바람직한 한국, 북한, 일본관계의 정립> 현대일본회, ≪남북화해시대의 한반도와 일본≫ (2000년 10월 12일, 21세기 평화연구소, 현대일본학회 한일포럼 발표논문) 127~128

책의 성격을 살펴보고, 문화개방 이전과 이후의 한일관계가 어떠한 변화를 가져왔으며, 또 그러한 변화와 일본 문화 유입은 어떠한 상관관계를 가지고 있는가를 면밀히 분석해야할 것이다.

Ⅱ. 문화교류가 없는 국교정상화 - '65년 체제'

1965년의 한일 국교정상화는 전후 한일관계를 제도적으로 규정하고 있다. 이른바 '65년 체제'라 부른다. 65년 체제는 당시 한일 간에 체결된 기본관계조약, 청구권조약, 재일동포 지위에 관한 협정, 어업에 관한 협정, 문화재반환 및 문화협력에 관한 협정으로 구성되어 있다. 문화재 반환 및 문화협력에 관한 협정은 식민지기에 일본이 약탈해 간 문화재 반환을 주된 내용으로 하고 있으며, 문화교류에 대해서는 "양국 국민 간의 문화 관계를 증진시키기 위하여 가능한 협력을 한다"는 선언적 규정만 담고 있을 뿐이다. 이 협정을 기초로 1967년 한일 문화교류 협정 체결을 추진했으나, 한국 측의 여론 반발로 실현되지 못했으며, 정부도 반일 감정을 이유로 적극적으로 일본문화의 유입을 금지하는 정책을 유지해 왔다.[4]

이러한 측면에서 65년 체제는 양국의 관계를 정치, 경제적으로만 규정하고 있을 뿐으로 민간을 중심으로 한 문화교류는 제외되어 있다는 특징이 있으며, 이러한 상태는 1998년 10월 한국의 일본 대중문화 개방 선언이 이루어지기 까지 지속되었다. 즉, 65년 체제를 기초로 한 한일관계는 '문화교류가 배제된 정치 경제 중심의 매우 비정상적'인 관계였다. 이러한 비정상적인 관계 속에서도 한일관계가 유지될 수 있었

---

4) 장인성, 1998 <일본 대중문화 개방과 '자기해방' - 일본 대중문화 담론의 성격과 개방의 방향 - > ≪국제문제연구≫ 22, 78

던 것은, 냉전 체제 하에서 미국을 중심으로 한 동아시아의 국제질서
가 작용했으며, 또 식민지 지배에 대한 양국 간의 인식의 차이를 암묵
적으로 인정한 때문이라 할 수 있다.

이러한 한일 관계는 정치 경제적으로는 협력적 관계, 문화적으로는
비우호적(적대적) 관계라는 이중적 성격을 띠게 되었다. 일반적으로 회
자되는 가깝고도 먼나라 라는 한일관계는 반드시 지리적, 역사적 관계
뿐만 아니라 정치 경제와 문화적 관계의 이중적 성격을 규정하는 것이
라고 할 수 있다.

문화교류가 없는 실질적인 양국 관계는 가능한 것일까. 특히 한국과
일본처럼 지리적으로 문화적으로 매우 밀접한 관계를 가지고 있는 상
황에서는 이러한 의문은 더욱 커질 수밖에 없다.

문화교류에 대한 양국의 입장은 국교 정상화 협상과정에 잘 나타나
있으며, 이는 식민지 지배에 대한 양국의 평가를 그대로 반영하고 있
다. 한국과 일본의 국교정상화는 세계에서 가장 긴 협상과정이었다고
일컬어지고 있다. 대만, 동남아시아 각국이 일본과 1950년대 중반에
국교를 정상화 한 것에 비추어 봐도 그것은 매우 예외적인 현상이었
다. 두 나라의 간극이 그만큼 컸다는 것을 의미한다. 이승만 정부에서
한일회담이 성과를 거두지 못하고 오히려 양국 간의 관계를 악화시킨
된 이유를 이정식 교수는 식민지 지배에 대한 양국의 인식 차이로 결
론지으며, 다음과 같이 요약하고 있다.

> (협상 과정에서) 한국인들이 원했던 것은 일본인들에 의해 짓밟힌 국민
> 감정을 진정시킬 수 있는 '정신적 화해'였다. 한국이 일본에 임한 기본자세
> 는 정신적이며 도덕적이었던 반면, 일본은 법적·실용주의적 입장을 취하였
> 으며, 한국의 자세는 통합적이고, 동양적인데 비해 일본의 그것은 단편적이
> 며 서구적이었다. 또한 한국인들은 인간의 고통과 모욕감을 논한 반면, 일본
> 인들은 그들이 한국에 가져다 준 물질적 혜택을 거론하였다. 이승만시대에
> 는 이러한 대립된 입장이 두 나라의 감정을 어지럽혔으며, 이 상황은 정도의

차이는 있으나 그 후에도 계속되었다. 西方人들에게는 기이하게 보일지 모르나 한국인들과 일본인들 사이에는 문화적 간격이 존재했던 것이다.[5]

즉 한일협상에서 가장 큰 문제는 식민지 지배에 대한 인식의 차이였다. "일본의 식민지 통치가 한국에 유익한 점이 있었다"는 이른바 구보다(久保田) 발언과 카이로선언에 명기된 "한국 국민의 노예상태"론으로 상징되는 식민지 지배에 대한 양국 간의 인식의 갭이 1950년대 한일회담을 난관에 봉착하게 만든 것이다. 교섭과정에서 일본은 물질적 부분에 대한 피해를 강조하면서 법률적 접근을 시도한 데 반해 한국은 정신적 피해를 강조하면서 도덕적 측면을 부각시켰다. 여기에서 정신적 피해와 도덕적 측면은 전통적으로 한국은 일본에 대해 문화적으로 우월한 입장에 있었으나, 일본의 식민지 지배에 의해 문화적, 민족적 아이덴티티를 손상당했다는 것을 의미한다. 이용희 교수가 "(일본에 대한) 저항의 자세에서 전통적인 倭奴觀-尙武적인 후진 문화라는 멸시관에서 새삼 虎狼 같은 수구관이 첨가되고 그 위에 또 다시 우리보다 선진인 근대국으로 받아들여야 된다는 요인이 겹쳐지게"되면서 민족적 대립의 콤플렉스가 형성되었다고 지적한 것은 이와 같은 맥락에서이다.[6]

이러한 민족 아이덴티티의 손상은 자연스럽게 일본의 식민지 지배에 대한 반성과 사과의 요구로 이어지며, 동시에 한국사회에서 일본 색깔 지우기와 일본 문화유입의 금지조치로 구체화되었다. 이러한 인식 구조 하에서 일본 대중문화는 "한국인의 대일 거부감이라는 국민정서의 상징으로", "일본에 대한 민족적 거부 심리의 최후의 보루"로서 자리 잡게 되었다.[7] 이러한 측면에서 보면, 식민지 지배에 대한 일본의 인

---

5) 이정식, 1986 《韓國과 日本-政治的관계의 照明》 (교보문고, 서울) 45~45
6) 이용희, 1977 《한국민족주의》 (서문당, 서울) 256~257
7) 黑田勝弘, 1998 <일본 대중문화의 금지와 개방에 대해> 《일본학보》 5, 20

식 변화가 없는 한 일본 대중문화의 한국 유입은 매우 곤란한 것이다.

한일회담의 문화재 관계회의의 교섭과정은 문화교류에 대한 한국과 일본의 입장을 잘 설명해주고 있다. 문화재 소위원회에서 한국은 1905년 이후 식민지 시기에 일본으로 유출된 문화재를 반환받는 것만을 목적으로 했으나, 일본은 문화재 반환을 계기로 "문화협정을 체결하여 문화교류를 촉진"할 것을 강력히 요구했다.8) 즉 "문화재 반환의 의무는 없으나 문화협력의 견지에서 문화재의 인도를 고려한다는 일본 측 입장과 문화교류보다 식민지기에 [약탈해 간 문화재] 반환문제의 선결을 우선시하여 반환문화재 품목의 목록제출을 촉구하는 한국 측 입장이 대립했다. 재차 일본 측은 문화재 품목 목록과 문화협력문제를 병행하여 토의하고 의정서를 채택하는 형식으로 문화재 문제를 해결할 것을 주장"했다.9) 결국 양측의 입장을 절충하는 형태로 '문화재반환 및 문화협력에 관한 협정'이 체결되고, 양국은 문화교류에 대해 가능한 협력한다는 선언적 규정을 두게 되었다. 즉 회담을 통해 한국은 일본으로부터 문화재를 반환받아 손상된 민족문화를 복원하고 동시에 일본문화 유입을 막는다는 의미가 있었다. 반면에 일본은 문화재를 반환하는 대신에 한국이 일본문화의 유입을 허용하도록 하려는 의도가 강하게 작용하고 있었다.

국교정상화에 즈음하여 한국이 일본문화의 유입을 강하게 금지한 데에는 신생독립국으로서의 사정도 크게 작용했을 것이다. 근대 민족국가가 성립되기 전에 일본의 식민지가 되고, 식민지하에서 동화정책이라는 미명하에 전개된 민족말살 정책을 경험한 한국으로서는 민족문화의 복원이 큰 과제로 놓여 있었다. 해방 후에 전개된 강한 반일 이데

---

8) 한일회담 외교문서, <예비교섭 문화재관계 제1차회의 회의록 요약> (1963년 2월 13일) 문서번호 68860006.

9) 국민대학교 일본학연구소, 2008 ≪한일회담 외교 문서 해제집 Ⅲ≫ (동북아 역사재단, 서울) 912

올로기와 정책은 이와 같은 배경에서 나온 것이다. 민족문화를 복원하기 위해서는 민족문화를 파괴함으로써 민족을 말살하려 했던 일본의 문화적 침투는 허용될 수 없는 것이었다고 할 수 있다. 또 당시의 상황을 고려하면 일본문화의 개방은 곧 일본문화의 일방적 수용이 될 수밖에 없는 현실도 고려되었을 것이다.

이와 같은 맥락에서 국교정상화 직후의 1965년 6월 28일 대통령 비서실은 대통령에게 "국교정상화에 따른 일본문물의 대량유입의 문제점으로 국내문화 활동의 위축과 문화주체성의 약화, 가치판단 기준의 동요" 등을 우려하면서 "문화계 자체의 대비책과 정부입법 등의 행정적 조치"를 취해야 한다고 보고를 했다.[10] 또 1966년 3월, 정부는 <국교정상화에 따르는 일본의 정신적 침투에 대한 여론>이라는 보고서에서 "일본 문화 도입으로 정신적 피해를 초래할 일본의 독소문화에 휩쓸릴 위험이 있음을 우려하면서 일본의 퇴폐적인 저급문화 및 정신적 침략을 받게 될 일본풍 종교에 대해 경계"해야 한다고 강한 우려를 표했다.[11]

덧붙여 이처럼 한국정부가 일본문화의 유입을 우려한 데에는 식민지 지배에 대한 사죄가 명기되지 않은 채 체결된 한일협정에 대한 반대여론도 고려되었을 것이다. 경제 개발과 동아시아의 냉전이라는 현실이 한일국교 정상화를 불가피하게 한 점에 대한 일종의 보상심리에서 문화적 우월성을 유지하기 위해 문화개방을 금지했다는 것이다.[12] 친일 경력이 있으면서 무리하게 '굴욕적'인 국교정상화를 추진한 것으로 국민들에게 비쳐진 박정희 정권으로서는 정통성 확보를 위해서도 일본 문화를 개방, 수용하기는 어려운 정치적 입장도 작용했을 것이다.

---

10) 국민대학교 일본학연구소, 2008 《한일회담 외교 문서 해제집 Ⅳ》 (동북아 역사재단, 서울) 664
11) 《위 책》 755~756
12) 장인성, 1998 <앞 논문> 78

Ⅲ. 일본 대중문화의 개방 과정 – '98년체제'

65년 체제가 문화교류가 제외된 비정상적인 양국관계를 규정하고 있는 이상, 정상적이고 균형잡힌 한일관계를 위해서는 문화교류는 불가피했다. 여기에서 문화교류는 엄밀한 의미에서는, 일본은 한국 문화의 유입을 금지한 적이 없었기 때문에, 한국의 일본문화개방을 의미한다. 일본은 한일 국교정상화 이후 줄곧 한국의 일본문화 개방을 요구해 왔다.

한국이 식민지의 기억을 근거로 일본의 대중문화 유입을 금지한 데 반해 일본은 자국의 대중문화의 보급으로 과거 식민지의 기억을 지우려는 정책적 의도가 있었다. 일본은 1972년 국제교류기금을 창설하고 1987년 국제일본문화연구센터를 설립하여 대외문화정책을 적극 추진하게 된다. 특히 일본은 1980년대 이래 "전후정치를 결산하고 (중략) 제2차 세계 대전의 패전국으로서가 아니라" 경제대국, 국제화 국가 일본이라는 이미지를 국제 사회에 심으려 노력했다.[13] 식민지 지배의 가해자로서가 아니라 새로운 국가 일본을 해외에 소개함으로써 과거사에 대한 부정적 이미지를 불식하고자 한 것이다. 특히 일본의 대중문화가 식민지 지배의 경험이 없는 전후의 젊은 세대를 중심으로 수용, 확산되고 있다는 점을 이용하여 "아시아의 젊은 세대들에게 즐길 수 있는 일본의 현대문화를 널리 알림으로써 동아시아와 동남아시아에서 일본의 식민지 지배의 역사를 극복하고 없애려는 강력한 욕망이 생겼다. 다시 말해서 동아시아와 동남아시아에서 일본 대중문화가 인기를 끈 것은 일본 지식인이나 산업계, 정부 관계자들, 기자들을 흥분하게 하였

---

13) 박충석, 유근호, 2001 <현대 일본의 대외정책과 한국학 연구> ≪梨花史學硏究≫ 28, 158

다. 그들은 일본 대중문화가 일본 문화외교에서 중요한 역할을 할 수 있다는 것을 발견한 것이다"는 지적은 이를 단적으로 표현하고 있다.[14] 예를 들면 일본에서 인기리에 방영되었던 '오싱(Oshin)'은 아시아 각국에서도 인기를 얻었다. 오싱을 통해 아시아 각국은 가족애, 근대사의 고난 등을 일본과 공유함으로써 근대 일본의 부정적인 이미지를 불식하는 효과가 있었다고 한다.[15]

이러한 일본 대중문화의 수용과 전파는 특히 대만의 경우 일본의 식민지 지배에 대한 부정적 이미지를 불식시키는데 큰 역할을 한 것으로 평가받고 있다. 대만에 일본문화가 본격적으로 전파되기 시작한 것은 1987년 계엄령 해제와 함께 매스미디어에 대한 규제가 완화되고 일본의 위성 방송이 방영되고 부터이다. 그리고 1994년 일본 텔레비전 프로그램에 대한 전면 해금으로 더욱 박차가 가해져, 1998년에는 일본방송만을 취급하는 케이블 방송이 5개가 될 정도가 되었다. 물론 대만에서의 일본문화가 큰 저항 없이 유입되고 수용되는 데에는 "대륙에서 넘어 온 국민당의 압제와 탄압 경험의 반동으로서 일본 통치를 긍정적으로 생각"하며, 그것이 "일본 TV 프로그램의 유입과 수용을 비교적

---

14) 이와부치 코이치, 2003 <일본 대중문화의 이용가치 - 초국가주의와 아시아에 대한 탈식민지 욕망 - > 조한혜정·황상민 외, ≪한류와 아시아의 대중문화≫ (연세대학교 출판부, 서울) 108

15) 오싱(Oshin)은 한국에서는 방영되지 않았으나, 2008년 5월까지 전 세계 64개국에서 방영되었다. 1984년에 태국, 싱가폴, 1985년에 중국, 홍콩, 마카오 등에서 방영되었으며, 1994년에는 대만, 베트남 등에서 방영되었다. 그리고 1991년 2월, 동경의 일본경제단체연합회 국제회의장에서 오싱이 방송된 각국의 관계자가 모여 '세계는 오싱을 어떻게 보았는가'라는 주제로 국제 심포지움(주최: NHK인터내셔널)이 열렸다. 여기에서 중국사회과학원의 李德純씨는 "일본인만의 오싱이 아니다. 중국인, 태국, 인도네시아, 유럽인, 전 세계의 오싱이다. 일본만이 독점해서는 안된다. 오싱이라는 인물의 이미지 특히 그 민족정신 이것을 나는 전세계가 공유하는 귀중한 재산이라고 생각한다"고 지적하고 있다(http://www.nhk.or.jp/archives-blog/2008/06/oshin2.html, 2009년 7월 13일 검색).

쉽게 만들었다"는 점을 지적하는 경우도 있다.[16] 대만은 일본 식민지 지배로부터 독립한 후 한국과는 다른 특별한 역사적 경험을 가지고 있다는 점이 크게 작용한 것이다. 그러나 민주화 이후에도 국민당의 지배가 계속되었다는 점을 고려하면, 국민당 지배에 대한 부정적 경험에 대한 반동이 일본문화 유입을 쉽게 했다는 것만으로는 대만의 일본문화 유입을 전부 설명하기에는 부족함이 있다. 그럼에도 불구하고 같은 식민지 경험을 가지고 있는 한국과 비교했을 때, 대만은 일찍부터 일본 대중문화가 개방되고, 빠르고 광범위하게 확산되었다.

이상과 같은 일본 문화의 확산을 배경으로, 1988년 5월 영국을 방문한 다케시타 노보루(竹下登) 수상이 런던에서 행한 연설에서 "세계에 공헌하는 일본"을 실현하기 위한 3개의 정책 가운데 하나로 국제문화교류를 역설했으며, 그 다음해 9월 5년간에 걸친 '국제문화교류 행동계획'을 발표하는 등 문화외교를 적극적으로 추진하려는 자세를 보였다.

한국에서 일본문화 개방에 대한 논의는 1980년대 초부터 진행되었으며, 일본의 적극적인 문화외교가 본격화된 1990년 이후 논의가 활발해졌다. 1981년 한일의원연맹 제9차 합동회의에서 "문화교류기금 설정"에 합의가 이루어지고, 1983년 12월에 제 1차 한일문화교류 실무자 회의가 열리고 2, 3년에 1차례씩 개최되었다. 이러한 과정 속에서 일본은 대중문화 개방 문제를 본격 제기했다. 일본은 한일정상회담 등의 기회를 이용해 한국에 대해 일본문화 개방을 요구했으나, 한국민의 일본에 대한 감정, 즉 식민지 지배에 대한 기억을 앞세운 한국정부의 반대로 별다른 진전은 없었다. 1983년 1월 한일경협 차관 협상을 타결하기 위해 일본 수상으로서는 한국을 처음으로 국빈 방문한 나카소네(中曾根康弘) 수상은 "문화적 국경을 없앨 것"을 강력히 요구하고, 이는 "국민적 기반에 입각한 (중략) 양국 간의 문화교류를 점차 확대해 나가

---

16) 이와부치 코이치, 2003 <앞 논문> 115에서 재인용. Liao, 1996

기로 하였다"는 형태로 공동성명에 반영되었다.[17] 1988년 3월 서울 올림픽을 앞두고 양국 외무장관회담에서 민간 중심의 "21세기 한일위원회" 발족에 합의하고 8월에 제1차 회의가 개최되었으나 문화개방에는 도달하지 못했다. 다음해 5월 노태우 대통령의 일본 방문 때 재일한국인 3세의 법적지위 개선 문제와 재한 원폭피해자 치료요양기금 지원 문제, 일·북한 관계개선 추진 시 사전협의 등에 합의하면서 일본 대중문화 개방이 언급되었다. 1990년 3월 제4차 한일문화교류 실무자 회의에서도 일본은 대중문화개방을 강력히 요구했다.

그 후 한국에서는 일본 문화개방에 대한 사회적 학문적 담론이 본격화되었다. 1992년 한국정부는 일본 음악과 영화의 개방 의사를 밝혔으며, 1994년 1월 공로명 주일한국대사는 일본문화 개방에 적극적인 자세를 표명했다. 그 이듬해 2월 이홍구 국무총리는 국회에서 일본 대중문화 개방의 필요성을 밝힘으로써 일본 대중문화 개방은 더 이상 미룰 수 없는 상황이 되었음을 시사했다. 이어서 1997년 10월 대통령선거를 앞두고 김대중 후보는 일본 대중문화 개방을 언급하고, 대통령에 당선된 후 일본 대중문화 개방을 본격적으로 진행시켰다. 1998년 4월 문화관광부는 대통령에 대한 업무보고에서 일본 대중문화 개방을 공식확인하고, 5월 13일 한일문화교류 정책자문위원회를 설치하여 공식적으로 일본문화 개방을 위한 준비작업에 착수했다.

1998년 10월 7일부터 10일에 걸친 김대중 대통령의 방일은 일본 대중문화 개방에 결정적인 계기가 되었다. 김대중 대통령은 방일을 통해 오부치 게이조(小淵惠三) 수상과 함께 '21세기의 새로운 한일 파트너십'을 위한 공동선언과 행동계획을 발표했다. 공동선언 제2항에서 오부치 수상은 과거보다 진전된 형태로 식민지 지배에 대한 사죄를 표명하고, 이에 대해 김대중 대통령은 "과거의 불행한 역사를 극복하고 화

---

17) 《조선일보》 1983년 1월 13일

해와 선린우호협력에 입각한 미래지향적인 관계를 발전"시킬 것을 선
언했다. 그 연장선상에서 30억 달러 차관도입과 일본 대중문화 개방이
구체화되었다. 당시 김대중 대통령의 방일은 매우 긍정적으로 평가되
었으며, 외환위기 상황 하에서 30억 달러의 차관도입이 가장 큰 성과
로 꼽혔다. 또한 오부치 수상의 사죄에 대해서도 65%의 한국민이 긍
정적으로 평가했다.[18]

　이러한 측면에서 본다면 일본 대중문화 개방은 경제위기 극복에 대
한 일본의 경제협력 및 식민지 지배에 대한 진전된 사과 표명과의 교
환적 의미를 가지고 있다. 앞에서 언급한 바와 같이, 한국의 식민지 지
배에 대한 기억과 깊은 관련성을 가지고 있는 일본 대중문화 개방문제
는 일본이 식민지 지배에 대해 진전된 사과 표명을 외교 문서화함으로
써 어느 정도 완화될 수 있었다고 볼 수 있다. 대중문화 개방을 수반한
1998년의 '21세기의 새로운 한일 파트너십'을 위한 공동선언은 한일관
계에서 매우 큰 의미를 가진다. 즉 이를 통해 문화교류가 배제된 비정
상적인 65년 체제는 문화교류를 포함함으로써 정상적인 관계로 변화된
것이다. 이러한 의미에서 이를 98년 체제라 일컬어도 좋을 것이다.

Ⅳ. 식민지의 기억과 일본 대중문화 개방 담론

　이상과 같은 경위를 거쳐 일본 대중문화가 개방되기에 이르렀으나,
개방이 가까워지면서 한국에서는 그에 대한 학문적, 사회적 논의도 더
욱 활발하게 전개되었다. 일본 대중문화 개방을 둘러싼 논의는 한국정
부가 일본 대중문화를 개방하기로 정책적 방향이 어느 정도 구체화된
1990년대 들어 본격화되었다. 논의는 찬성론과 반대론으로 크게 나누

---

18) 金대통령 방일외교에 81% '만족', 《연합뉴스》 1998년 10월 16일, 속보

어졌으나, 반대론이 우세한 상황에서 전개되었다. 정하미의 아래와 같은 언급은 당시의 논의 상황을 단적으로 보여주고 있다.

> 일본문화를 개방해도 되겠는가 하는 설문은 백번을 해도 부정적인 대답이 나오는 不毛한 논의이다. 그 이유는 일본 대중문화 개방에 대한 문제는 한국과 일본의 뿌리깊은 감정의 골과 직결되어 있고 게다가 구체적으로는 대중 즉 저질 문화라고 생각하는 만화, 음반, 가요, 영화라고 하는 문화 상품과 연결되어 일본의 문제인지 대중문화가 문제인지 개방이 문제인지 그 실타래가 헝클어져 있기 때문이다.[19]

위의 글에서는 반대론의 주요한 근거로 한일 양국의 감정과 일본문화의 저급성을 들고 있으며, 이러한 견해는 반대론자들의 거의 공통된 지적이다. 또 반대론자들이 지적하는 주요한 이유의 하나는 일본의 문화제국주의 내지는 문화패권주의에 대한 우려이다. 자본력을 배경으로 우리의 문화산업 전반을 장악하여 자국 문화의 우수성을 전파하려 한다는 시각이다.[20] 물론 여기에는 일본문화를 개방함으로써 상대적으로 취약한 한국의 문화산업이 경쟁력을 상실하게 될 것이라는 경제 논리가 내포되어 있다.

위의 논의에서 일본문화 개방반대론의 핵심은 과거사(식민지) 문제에 대한 역사적 기억으로 귀결된다. 일본문화의 저급성이라는 문제도 일본에 대한 부정적 이미지가 투영된 것이며, 문화제국주의 역시 일본의 과거 침략주의와 식민지 하의 동화주의의 연장선상의 논의라고 볼 수 있다. 일본문화의 저급성은 구체적으로 개방적 성문화, 청소년 폭력, 왕따, 집단 괴롭힘(이지메) 등을 가리키고 있으나, 이는 일본 문화의 단편에 지나지 않는 것으로 볼 수 있으며, 어느 문화에서나 부분적으로 나타나는 현상이다. 그럼에도 불구하고 일본문화 전체를 저급한

---

19) 정하미, 1997 <일본 대중문화 수용의 다중구조> ≪민중과 문화≫ 6, 322
20) 김필동, 2001 ≪리액션의 예술 일본 대중문화≫ (새움, 서울) 68

것으로 바라보는 시각에는 한국의 민족문화 및 도덕적 우월성이 깔려
있으며, 그것은 일본의 식민지 지배에 대한 반동 심리가 표출된 것이
라 볼 수 있다. 이러한 의미에서 일본문화의 저급성론은 일본에 대한
부정적 이미지가 투영되어 있다고 봐야 할 것이다. 예를 들면 우리나
라에 많은 영향을 미치고 있는 미국문화 역시 일본의 것만큼 선정적이
고 폭력적인 면이 부각되고 있음에도 불구하고 미국문화의 저급성을
지적하는 경우는 많지 않으며, 미국문화 유입 반대론도 우리 사회에는
거의 존재하지 않는다.

이상의 논의를 바탕으로 강만길 교수는 반대론의 입장을 다음과 같
이 정리하고 있다.

> 아직은 식민지 시대에 침해된 한국문화의 독자성 및 주체성이 일본문화
> 와 동등한 교류가 이루어질 수 있을 만큼 치유된 것으로 보기 어려운 면이
> 있으며 事不如意하면 한국문화가 이번에는 동화정책이 아닌 시장원리라는
> 것에 의해 다시 일본문화에 동화되어버릴 가능성이 있을 수 있기 때문이
> 다. 그렇게 되면 21세기에 들어가서도 두 나라 사이에 각기의 차별성이 확
> 립되지 못하고 대등하지도 못하며 따라서 호혜적이지도 못하고 평화롭지
> 못한 문화관계가 이루어질 우려가 있다고 생각되기 때문이다.[21]

즉 강만길 교수는 시장원리에 의해 한국이 일본의 '문화적 식민지'
가 되어 민족적 정체성을 상실할 것을 우려하고 있으며, 이는 식민지
시대의 동화정책에 대한 폐해의 역사적 기억을 연상시키는 것이다.

이상과 같은 반대론에도 불구하고 현실적으로 한국에는 비공식적으
로 일본 문화가 대량으로 유입된 것도 사실이다. 정대균 교수에 의하
면 한국에서 일본문화의 유입이 가장 활발하게 이루어진 시기는 해방
후 미군정 3년간이었다고 한다. 이 기간 동안 일본이 남기고 간 생활

---

21) 강만길, 1998 <바람직한 한일문화교류정책의 기본방향> 한일문화교류정책
　　자문위원회, ≪동북아시아의 문화와 한일관계≫ 21

문화가 아무런 제한 없이 한국인에게 전파되었다고 지적 한다. 도시를
중심으로 밀집되어 생활을 하면서 일본인들만이 공유했던 생활문화가
해방과 함께 그들이 떠난 후 그것이 한국인들에게 제한 없이 전파되었
다는 것이다.[22] 만약 그의 주장이 사실이라면, 즉 해방 직후 식민지의
기억이 가장 생생한 시기에 일본문화가 우리들의 생활 속에 깊숙이 녹
아들었다는 사실은 식민지에 대한 역사적 기억이 반드시 일본문화의
유입을 곤란하게 하고 있다는 일반론과는 모순된다. 이는 일본문화의
유입과 식민지의 기억은 밀접한 관련이 없다는 것을 의미한다.

　　찬성론자들은 과거사 문제와는 별개로 다원주의적 입장에서 일본문
화 개방론을 전개하는 특징을 가지고 있다. 찬성론은 세계화, 국제화를
기초로 한 문화적 다양성이라는 측면에서 "일본 문화만 안된다"고 할
근거가 부족하다는 점을 강조한다. 그리고 경제적인 관점에서도, 문화
교류를 통해 한국의 문화산업이 일본 문화산업의 10분의 1만 잠식하여
도 오히려 한국 문화산업 전체 규모를 능가한다는 논의와 함께 일본 문
화산업의 진출을 계기로 적극적으로 한국의 문화산업이 경쟁력을 가지
도록 해야 한다는 적극론을 폈다.

　　또 찬성론의 배경에는 무시할 수 없는 현실론이 작용하고 있었다.
즉, 한국 정부의 강력한 일본문화 유입 금지정책에도 불구하고 우리사
회에는 이미 무시할 수 없을 정도로 일본문화가 광범위하게 확산되어
있기 때문에 일본문화 금지정책은 이미 그 유용성을 상실하고 있다는
것이다. 예를 들면 만화의 경우는 일본 만화가 우리나라 전체시장의
약 80%를 차지하고 있으며, 또 1996년 수입 만화영화 가운데 약 62%,
1997년 방송용 만화영화의 60%가 일본의 것이었다.[23] 초중등학생을
대상으로 한 조사에서는 IMF 하의 1997년 12월 시점에서도 일본 만화,

---

22) 鄭大均, 1990 <植民地支配の遺産> ≪日本學誌≫ 10, 216
23) 김필동, 2001 ≪앞 책≫ 55

일본 만화영화, 일본 게임의 접촉빈도가 각각 78%, 58%, 66%로 거의 대부분의 학생들이 일본문화를 접하고 있다. 또 1998년과 1999년에 걸쳐 위성방송과 인터넷을 통한 일본문화에 대한 접촉빈도가 급격히 상승하는 추세를 보이고 있다.[24] 이러한 상황은 현실적으로 정부의 일본 대중문화 금지정책은 실질적인 의미를 상실하고 있다고 봐야 할 것이다. 산케이신문 서울지국장이 "일본 대중문화는 현실적으로 한국 사회에 이미 대량 유입, 수용되고 있다. 상황은 오히려 규제가 필요할 정도이다"고 한 지적은 당시 한국사회의 일본문화 유입실태를 상징하고 있다.[25] 이러한 상황에서 찬성과 반대에 관한 논의 자체는 실질적으로 별 의미가 없다고 할 수 있으며, 이러한 추세는 각종 여론조사에서도 확인되고 있다.

이러한 현실에도 불구하고 한국 정부는 일본문화 개방에 식민지의 기억을 강하게 연결시켰다. 앞에서 언급한 바와 같이, 한국정부는 1998년 일본 대중문화개방 조치를 취하면서 5대 기본방침을 밝히고, 상호주의의 원칙에 따라 "(일본은) 과거청산 문제에 대한 그 동안 밝힌 자성의 모습을 성의있게 뒷받침하는 가시적 노력이 필요"하다고 요구하고, "과거 한일 양국 간 불행한 역사와 관계가 적은 분야부터" 개방을 실시해갔다.[26] 그리고 교과서문제가 발생한 2001년 7월 한국정부는 "일본 대중문화개방과 일본의 역사교과서 왜곡문제를 분리할 수 없다는 기본인식에 바탕을 두고" 제4차 개방을 중단했다.[27] 이러한 정부의 조치는 한국의 일본문화 개방 정책이 식민지의 기억과 밀접하게 연동

---

24) 馬居政幸, 2001 <한국은 금후 일본문화를 어떻게 받아들일 것인가 - 한국 청소년의 일본 대중문화 접촉 상황을 통해 보는 수용논의의 문제성과 과제 - > ≪일본문화연구≫ 4, 74
25) 黑田勝弘, 1998 <앞 논문> 20
26) 문화관광부, 2001 ≪문화정책백서 2001≫ (한국문화정책 개발원, 서울) 431
27) 문화관광부, 2001 ≪위 책≫ 437

된 형태로 진행되었다는 것을 의미하며, 이는 기본적으로 한일국교정
상화 회담과정에서 나타난 정부의 인식과 같은 것이다. 일본 대중문화
개방에 대한 정부의 정책과 일반의 인식은 괴리를 보이고 있었다.

V. 일본 대중문화의 유입과 식민지 기억의 연쇄구조

한국인의 초기 일본 인식(고정관념, 특히 부정적 편견)이 어떻게 형
성되는가를 구체적으로 밝힌 연구는 없으며, 대부분이 초등학교 때 형
성된다고 추정하고 있다. 그러나 독도 문제 등은 초등학교 입학 전 단
계에서 인식 형성이 이루어지고 있다는 연구 결과로[28] 미루어봤을 때,
전반적인 일본 인식도 상당히 이른 시기부터 형성되고 있는 것으로 봐
야 할 것이다.

하숙희 씨의 연구에 의하면[29] 초등학교 어린이들의 일본 인식에 영
향을 미치는 요인은 역사 관련(42%), 문화 관련(35%), 지리(20%) 등 이
라고 한다. 역사 관련은 일제강점기(48%), 임진왜란(35%), 독도(9%)가
주를 이루고 있으며, 문화 관련은 애니메이션, 스포츠 한일전, 일본어,
한류, 초밥 등의 요소로 구성되어 있다. 이러한 일본 인식은 주로 교과
서와 수업(33%), TV나 신문, 인터넷(31%), 책(24%), 부모나 가족, 친구
(12%) 등과 같은 매체를 통해서 이루어지는 것으로 나타났다. 그 가운
데 역사 관련은 주로 교과서나 수업을 통해서, 문화 관련은 TV나 신문,

---

28) 玄大松, 2006 ≪領土ナショナリズムの誕生―獨島・竹島問題の政治學≫ (ミネルヴァ
書房, 京都)
29) 하숙희, 2006 <초등 학생의 일본인식 실태와 역사수업을 통한 개선 방안>
(부산대학교 석사학위논문) 25, 28

인터넷을 통해서 이루어지고 있는 것으로 봐야할 것이다.

어린이들의 일본 인식을 형성하는 초등학교의 사회과 교과서를 분석하면 전체의 약 27%(137쪽 가운데 37쪽)가 일본에 관련된 기술이며, 그 가운데 일제 강점기에 관한 것이 68%, 임진왜란, 문화전파, 경제교류가 각각11%를 차지하고 있다. 문화전파는 가야와 백제가 일본에 문화를 전수한 내용을 다루고 있으며, 경제교류는 주로 통일신라, 발해, 고려와 일본의 무역관계를 기술하고 있다. 즉 초등학교 사회과에서 일본 관련 기술의 거의 대부분은 일제식민지기에 관한 것으로 일본에 대한 부정적 이미지를 형성하는 데 결정적 영향을 미치고 있다. 그리고 문화와 경제교류에 관련된 것도 한국의 우월적 입장을 반영하고 있다. 이를 종합하면, 한국인은 초등학교에서부터 일본의 식민지 지배에 대한 부정적 기억과 한국의 문화적 우월성이라는 두 개의 상반된 이미지를 형성하게 된다. 대부분의 한국인은 이러한 인식 위에서 일본을 생각하고 일본의 문화를 접한다고 할 수 있다.

그러면 일본 대중문화의 유입이 한국인의 식민지에 대한 기억과 어느 정도 관련이 있는 것일까. 이는 식민지에 대한 기억과 일본 대중문화의 경험 등에 따라 개인차가 있으리라 생각된다. 여기에서는 직접 의식조사를 할 수 없는 사정을 감안하여 지금까지의 조사 및 연구 결과를 토대로 재구성하기로 한다. 논의를 단순화하기 위해 논점을 두 가지로 한다. 하나는 일본의 대중문화 유입과 식민지 기억은 별개인가. 또 하나는 일본의 대중문화 유입과 식민지의 기억이 관련이 있다면 어떠한 구조 하에서 작동하고 있는가이다. 이를 규명하는데 에는 데이터의 일관성이 중요하며, 이를 위해 한국갤럽 조사연구소의 공개된 조사 자료를 원용하기로 한다.[30] 본 논문에서 특별한 언급이 없으면 한국갤럽 조사연구소의 데이터를 이용한 것이다.

---

30) 한국갤럽조사연구소(http://www.gallup.co.kr)의 공개된 데이터를 이용하였음.

우선 일본에 대한 호감도와 문화 접촉의 관계를 살펴보자. <표 1>에서 보는 바와 같이, 전체적으로 약 10년간 일본에 대한 호감도는 개선되지 않고 있다. 구체적으로는 좋다, 싫다는 비율이 다 같이 줄어들면서 모르겠다는 비율이 늘어나고 있다. 이는 적대적 감정이 다소 줄어들면서 중립적인 층이 늘어났다는 것을 의미한다. 좋다, 싫다는 비율이 줄어든 만큼 그것이 반대 쪽으로 옮겨가지 않은 것은 일본에 대한 인식 변화에는 그만큼 저항이 크다는 것을 뜻한다고 볼 수 있다.[31]

〈표 1〉 일본에 대한 호감도 및 친밀도 조사 결과 비교(한국갤럽조사)

구 분		1993년9월 (18세 이상)	1994년9월 (18세 이상)	2002년2월 (20세 이상)	2004년11월 (20세 이상)
호감도	싫다(%)	63.1	64.2	56.9	43.7
	좋다(%)	33.9	33.9	33.7	26.8
	모름(별다른 감정 없다)(%)	3.1	1.9	9.4	29.4
친밀도	일본에 대해 친밀감을 느낀다(%)			42.5	48.7

〈표 2〉 일본을 싫어하는 이유(2000년 4월 조사, 20대 의식조사)

역사적 배경/과거사 때문	국민성이 맘에 안든다	모름	역사왜곡하고 반성 않기 때문	선입견	우리나라를 무시하기 때문	독도 문제	성문화 문란	일본 문화가 싫어서
49.1%	13.7%	9.6%	7.9%	5.8%	3.4%	2.7%	2.4%	1.0%

일본에 대한 호감도 형성에 가장 큰 영향을 주는 것은, <표 2>에서 보는 바와 같이, 역사적 배경과 과거사이다. 또 독도문제와 역사 왜곡과 반성 부족이라는 항목 역시 식민지와 관련된 것이기 때문에 일본을

---

31) 이러한 견해는 우마이 마사유키, 2001 <앞 논문> 67, 78~79.

싫어하는 이유의 약 60%가 식민지에 대한 기억과 관련이 있다. 즉 한국인의 일본에 대한 태도는 기본적으로 식민지의 기억이 지배적으로 작용하고 있다. 그렇기 때문에 일본에 대한 호감도가 낮아지고 있다는 사실은 일본의 식민지 지배에 대한 부정적 기억이 더욱 강화되고 있다는 것을 의미한다. 식민지로부터 해방된 지 약 60여년이 지났음에도 식민지에 대한 기억이 약화되지 않는 이유는 식민지에 대한 기억을 되살리는 요인이 늘어나고 있기 때문일 것이다.

냉전체제가 붕괴됨으로써 그 동안 반공이데올로기에 억제되었던 민족주의가 갈등요인으로 표면화되고, 또 1990년대 이후 일본의 장기불황과 함께 우경화가 지속되면서 정치인의 망언, 교과서 문제, 독도 문제, 위안부 문제, 야스쿠니 문제 등이 쟁점화되면서 양국 관계를 악화시키는 요인으로 작용했다. 동시에 한국의 민주화도 한일관계를 악화시키는 요인으로 작용했을 것이다. 종래 군부정권 하에서 억제되었던 대일감정이 폭발적으로 분출되었으며, 분출된 반일감정은 여론으로 형성되어 정부의 대일 강경정책으로 나타났다는 것이다.[32] 양국의 이러한 사정들은 과거 식민지 지배에 대한 양국 간의 인식 차이를 크게 만들었으며, 한국인의 식민지에 대한 기억을 자극하여 일본에 대한 호감도를 악화시키는 요인으로 작용하는 연쇄구조를 형성했다고 보인다.

그러면 일본에 대한 호감도에 거의 변화를 보이지 않음에도 불구하고 일본 대중문화 개방에 대한 요구와 일본문화 접촉율이 높아지는 이유는 무엇일까. 그리고 양자의 상관관계가 앞으로 한일관계에 어떠한 영향을 미칠 것인가를 검토할 필요가 있다. 이에 대해서는 일반적으로 일본 대중문화의 개방이 일본 문화에 대한 접촉빈도를 증가시키고, 그

---

32) 이원덕, 1997 <역사인식과 한일관계 : 사죄발언과 문제발언의 배경 및 정치과정> [하영선 편, 《한국과 일본: 새로운 만남을 위한 역사인식》 (나남출판사, 서울)] ; 이원덕, 2001 <한일관계의 구조전환과 쟁점현황의 분석> 《일본연구논총》 14, 44~45

것은 곧 한일관계를 호전시킬 것이라 논한다. 일반적으로 양국관계는 상대국가에 대한 호감도가 크게 작용하는 것으로 알려져 있다. 이러한 관점에서 본다면 일본 대중문화 개방으로 한일관계가 발전적으로 변화될 것이라는 논의는 일본문화의 접촉과 수용이 한국인의 일본에 대한 호감도를 높여준다는 가정을 전제로 한 것이다.

여기에서 일본문화 접촉이 일본에 대한 태도 즉 호감도를 높이는가를 검토할 필요가 있다. 일반적으로 접촉과 교류가 늘어나면 호감도가 높아지는 것으로 알려져 있다. 그러나 한일 간에는 반드시 그렇지 않다는 것을 조사결과를 통해 알 수 있다. 예를 들면 연령별 측면에서, 일본문화 접촉률이 가장 높은 10대와 20대의 일본에 대한 호감도는 다른 연령층에 비해 큰 차이를 보이지 않고 있다. <표 3>의 1994년도와 1995년도의 조사는 일본에 대한 호감도와 일본문화 접촉도를 보여주고 있으나, 20대는 50대 이상에 비해 일본문화 접촉율이 약 3배나 높으나, 일본에 대한 호감도는 오히려 더 낮게 나타나고 있다. 일본문화 접촉도와 일본에 대한 호감도 사이에는 거의 관련성이 없다는 것을 알 수 있다. 이는 한국인의 일본에 대한 호감도를 결정하는 주된 요인이 식민지에 대한 기억이라는 점을 감안하면, 문화접촉이 식민지에 대한 기억을 약화시키지 못하고 있다는 것을 뜻한다. 또 일본 대중문화 개방 이후 한국인의 일본문화 접촉은 전체적으로 증가했다고 볼 수 있으나, <표 1>에서 보는 바와 같이 문화 개방 후에도 일본에 대한 호감도가 높아지지 않고 있는 것도 일본문화 접촉의 증가에도 불구하고 식민지에 대한 기억이 상쇄되지 않고 있다는 것을 보여준다.[33]

---

33) 이러한 결과는 1999년 11월 고등학생과 대학생을 중심으로 실시한 조사에서도 같은 결과를 얻고 있다. 金居修省, 2000 <일본문화에 대한 인식과 수용태도-일본 대중문화 개방 이후를 중심으로-> ≪일어일문학연구≫ 37, 412~413

〈표 3〉 일본문화 접촉과 일본에 대한 호감도의 관계(갤럽조사를 이용해 재작성)

구 분	20대	30대	40대	50대 이상
일본문화 접촉도(%) (1995년2월 조사, 20세 이상 남녀)	72.3	54.1	55.4	22.8
호감도 (아주 좋다, 약간 좋다, %)	18~24세	25~29세	30대	40대 이상
(1994년 9월 조사, 18세 이상 남녀)	30.9	35.7	32.2	35.8

그러나 2002년도와 2004년도 실시한 일본에 대한 친밀도 조사에서
는 일본에 대해 친밀감을 느낀다는 비율이 각각 42.4%와 48.7%였다.
2002년도와 2004년도의 경우를 보면 친밀도가 호감도보다 훨씬 높게
나타나고 있으며(<표 1>), 데이터의 부족으로 일반적 추세를 파악하
기에는 한계가 있지만, 동시에 친밀도가 증가하고 있는 측면을 발견할
수 있다. 이것은 상호 교류의 증대 및 일본문화 접촉과 관련이 있는 것
으로 이해할 수 있다.[34] 이와 같이 호감도와 친밀도가 큰 차이를 보이
는 것은 교류와 문화 접촉을 통해 친밀도는 향상되지만 호감도에는 거

<N=336>

문 항	전혀 안됨	안됨	둘다 아님	기여	매우 기여	M	Std
문화개방으로 반일감정해소(%)	22(6.5)	115(34.2)	105(31.3)	85(25.3)	9(2.7)	2.83	.97
문화개방으로 우호관계구축에 도움	15(4.5)	46(13.7)	69(20.5)	195(58.0)	11(3.3)	3.42	.92
문화개방으로 일본에 대한 친근감 증대	22(6.5)	73(21.7)	60(17.9)	166(49.4)	15(4.5)	3.24	10.5
문화개방으로 문화교류활발	8(2.4)	78(23.2)	69(20.5)	173(51.5)	8(2.4)	3.28	.93

34) 그렇다고 교류나 접촉의 증대가 반드시 친밀도를 향상시키는 것은 아니며, 특
히 한일 간의 돌발 변수는 친밀도와 호감도를 다 같이 감소시키는 효과가 있
으나, 호감도보다는 친밀도의 감소가 적게 나타난다. 예를 들면 2001년 교과
서 문제가 발생한 시점에서 조사된 청소년의 의식조사에서 그러한 경향이 나
타나고 있다. 馬居政幸, 2003 <청소년들에게 있어서 대중문화의 역할-한일
공동문화 구축의 관점으로부터-> ≪일본문화연구≫ 8, 42~44 표 참조.

의 영향을 미치지 못한다는 양가성(ambivalence)으로 파악할 수 있다. 그 이유는 호감도는 인지적, 사회적 성격이 강하나, 친밀도는 개인적, 정서적 측면이 강하기 때문에 접촉과 교류를 통해 심리적 거리감을 좁혀주는 친밀감이 증가하기 때문이라 생각할 수 있다. 즉 식민지에 대한 지적 기억이 일본에 대한 호감도를 억제하고 있으며, 문화 접촉과 교류를 통해 일본에 대한 친밀도는 향상되고 있는 것이다. 예를 들면 자주 만나는 이웃집 사람을 가깝다고는 느끼나 그 사람이 반드시 좋은 사람이라고는 생각하지 않는 것과 같다.

덧붙여, 2004년 12월 만20세 이상의 한국과 일본의 성인남녀를 대상으로 한 한국갤럽 연구소의 <욘사마 열풍이 한일관계에 미친 영향>이라는[35] 조사에서 일본인들의 50.0%가 욘사마 열풍이 한국에 대한 친밀감을 증대시키는 것으로 인식하고 있으며, 한국인의 44.4%는 그것은 단순한 문화교류의 확대로 인식하고 있다. 한국인의 19.7%만이 양국의 친밀감 증대로 인식하고 있다. 이는 문화교류의 확대가 친밀도로 직접 연결되는 정도가 일본인에 비해 한국인이 상대적으로 약하다는 것을 가리킨다. 이와 같은 현상은 문화적 교류를 통해 느끼는 친밀감의 정도가 일본인에 비해 한국인에게 더 낮게 작용하고 있다는 것을 의미한다. 일본인이 한국에 대해 느끼는 부정적 요인보다는 한국인이 일본에 대해 느끼는 부정적 요인이 더 크기 때문인 것으로 생각된다.[36]

다음으로 일본 대중문화에 대한 태도를 살펴보자. 위에서 언급한 일본문화 개방 반대론과 찬성론을 염두에 두면서, 1995년 2월 문화관광부의 의뢰로 한국갤럽조사연구소가 실시한 의식조사 결과를 고찰하면 다음과 같다(<표 4~11>). 일본 대중문화 개방의 시기에 대해

---

35) http://www.gallup.co.kr/gallupdb/reportContent.asp?seqNo=74&pagePos=1&select
　　Year=0&search=1& search(2009년 7월 22일 검색)
36) 황화철, 2004 <심리적 거리와 국가이미지에 대한 한일비교> (한국마케팅과
　　학회 춘계학술대회 발표 논문집) 113

서는 "빠를수록 좋다"와 "2~3년 내", "가능하면 늦게"를 포함해 개
방에 찬성하는 쪽이 약 81.1%를 차지하고, 개방에 반대하는 쪽은
18.3%에 지나지 않는다. 그리고 약 1개월의 시차를 두고 조사한 결
과에서도 찬성하는 쪽이 61.7%, 반대하는 쪽이 32.4%, 모름(무응답)
이 5.9%를 차지하고 있었다. 전체적으로 개방을 찬성하는 쪽이 반대
하는 쪽보다 약 2배나 높게 나타났다. 개방에 찬성하는 이유로는 일
본 대중문화가 이미 폭넓게 침투되어 있으므로 빨리 개방하여 우리
것으로 만들어야 한다는 응답이 가장 많았다. 같은 조사에서 20세 이
상 성인의 61.5%가 이미 우리사회에 일본문화가 널리 퍼져있다고 평
가하고 있다. 특히 20대와 30대에서는 그 비율이 각각 72.2%와
68.1%를 차지하고 있다. 즉 일본 대중문화의 최대 소비자인 젊은 층
을 중심으로 일본문화의 유입은 정부의 정책과는 관련 없이 이미 막
을 수 없는 하나의 추세를 형성하고 있음을 알 수 있다. 일본 대중문
화 개방 금지라는 정책이 실질적 의미를 가지지 못하고 있는 것이다.
반면에 개방을 반대하는 이유로는 "일본문화 자체가 싫다", "선입견
과 피해의식"이 각각 24.4%와 22.6%를 차지하고 있으나, 이는 식민
지의 기억과 관련된 것이다.

〈표 4〉 우리나라에 퍼져있는 일본 대중문화의 정도(1995년 2월 조사, 20세 이상)

구분	많이 퍼져있다	약간	별로없다	모름
전체	61.5%	29.3%	8.6%	0.5%
20대	72.2%	20.6%	7.2%	-
30대	68.1%	25.2%	5.7%	1.0%
40대	57.1%	35.0%	8.0%	-
50대이상	44.2%	40.8%	14.1%	0.9%
일본문화 경험자	69.8%	24.2%	5.7%	0.3%
일본문화 비경험자	52.5%	34.9%	11.9%	0.7%

그리고 일본 대중문화 반대론의 주요한 근거의 하나였던 일본문화의 저급성으로 인한 폐해와 문화산업에 대한 피해에 대해서는 어떻게 생각하고 있을까. 일본 대중문화를 개방해도 무분별하게 받아들이지는 않을 것이라고 답한 사람이 절반을 넘고 있으며, 일본문화 개방이 우리나라 대중문화의 발전에 기여할 것이라고 긍정적인 태도를 보인 비율도 절반을 넘고 있다. 이는 일본의 저급한 대중문화의 유입으로 발생할 폐해가 심각하지 않다는 것을 말해준다. 그리고 우리나라 문화산업에 대한 영향에 대해서도 오히려 발전적으로 기여할 것이라고 적극적인 태도를 보인 사람들의 비율이 훨씬 많으며, 특히 일본문화를 접촉한 경험이 있는 사람들이 더 긍정적으로 판단하고 있다. 이상과 같은 조사 결과는 일본 대중문화 개방에 대한 한국인들의 강한 자신감을 보여주는 것으로, 일본 대중문화가 개방되더라도 한국의 대중문화가 침체되거나 하는 등의 부작용은 크지 않을 것으로 보고 있다는 것을 의미한다.

이상의 결과를 종합하면, 1998년의 일본 대중문화의 개방은 1)식민지의 기억과는 관계없이 이미 일본 대중문화가 한국사회에 광범위하게 퍼져있는 현실을 인정하면서 2)한국 대중문화에 대한 자신감을 바탕으로 이루어진 결과였다고 봐야 할 것이다. 동시에 식민지의 기억과 일본 대중문화의 접촉 및 유입은 큰 관련성이 없다는 것을 확인할 수 있다. 실제로 일본 대중문화 개방 이후의 상황을 보더라도 일본문화유입으로 인한 부정적 효과가 크게 부각되지 않고 있다는 점에서는 개방 반대론자들의 우려는 기우였음이 드러났다.

이는 위에서 언급한 호감도와 친밀도의 관계로 설명할 수 있을 것이다. 일본문화의 유입으로 일본에 대한 친밀도는 강화될 수 있으나, 그것이 호감도로 연결되지는 않는다는 것이다. 친밀도와 호감도에 관한 이와 같은 경향은, 필자가 몸담고 있는 계명대학교 학생 약 400명을 대상으로 실시한 이 간이 설문조사에서도 이를 확인할 수 있었다.

〈표 5〉일본 대중문화 개방은 우리나라 대중문화 수준향상에 기여할 것이다
(1995년 2월 조사, 20세 이상)

전체	그렇다	아니다	모름	
	54.6%	44.1%	1.3%	
연령(그렇다고 대답)	20대	30대	40대	50대이상
	58.3%	56.7%	58.7%	45.1%

〈표 6〉일본 대중문화가 개방되면 무분별하게 받아들일 것이다
(1995년 2월 조사, 20세 이상)

전체	그렇다	아니다	모름	
	48.2%	50.4%	1.4%	
연령(그렇다고 대답)	20대	30대	40대	50대 이상
	41.1%	48.5%	55.0%	52.2%

〈표 7〉일본 대중문화 개방은 우리나라 대중문화산업에 영향
(1995년 2월 조사, 20세 이상)

전체	일본과 경쟁할 수 없어 침체될 것	자극받아 발전할 것	모름	
	40.5%	56.2%	3.3%	
일본문화 접촉 경험	경험자(침체)	비경험자(침체)	경험자(발전)	비경험자(발전)
	37.8%	43.6%	58.4%	53.8%
연령	20대	30대	40대	50대이상
	33.3%	39.6%	40.3%	50.8%

〈표 8〉일본 대중문화의 개방반대 이유
(1995년 2월 조사, 20세이상)

일본문화 자체가 싫다/선입견	피해의식	도움이 안된다	퇴폐/저질	청소년 교육에 안 좋다
24.4%	22.6%	7.9%	7.4%	4.6%

〈표 9〉일본 대중문화를 빨리(2~3년내) 개방해야 하는 이유
(1995년 2월 조사, 20세 이상)

세계화 추세	이미 침투했으므로 우리 것 화해야	배울점이 있다
18.2%	13.1%	9.4%

〈표 10〉일본 대중문화를 가급적 빨리 개방해야하는 이유
(1995년 2월 조사, 20세 이상)

세계화 추세	이미 침투했으므로 우리 것 화해야	배울점이 있다
16.5%	32.1%	14.3%

〈표 11〉일본 대중문화 개방에 대해 어떻게 생각하느냐
(1995년 2월 조사, 20세 이상)

빠를수록 좋다	2~3년 내	가능하면 늦게	개방 금지	모름
15.2%	22.3%	43.6%	18.3%	0.6%

* 연령차 및 일본문화 경험자와 비경험자 사이에는 큰 차이 없음

이상과 같은 일반론을 전제로 일본 대중문화의 최대 소비자이면서 앞으로 한일관계의 담당자가 될 청소년의 일본문화에 대한 태도를 살펴봄으로써 앞으로의 한일관계를 추정할 수 있을 것이다. 일본 대중문화의 최대 소비자가 청소년들이라는 점에서 일본 대중문화 개방을 전후하여 청소년의 일본문화 인식에 대한 연구가 집중적으로 이루어졌다. 이 시기에 연구가 집중되어 있는 것은 일본 문화개방이 한국 청소년들에게 많은 영향, 특히 부정적인 영향을 미칠 것이라고 보았기 때문이다. 그러나 후속연구가 따르지 않고 있는 것은 일본문화 개방에 따른 우려할 만한 특별한 영향이 나타나지 않았기 때문이라 생각된다. 연구는 설문조사를 이용한 통계 분석 방법이 주를 이루고 있으며, 연

구 결과도 대부분 비슷한 결과를 도출하고 있다.

청소년을 대상으로 한 대부분의 연구결과는 일본문화의 접촉과 일본에 대한 호감도 사이에는 정(+)의 관계가 있는 것으로 나타났으며, 또 접촉빈도가 높을수록 접촉시기가 빠를수록 일본에 대해 플러스의 평가를 하는 것으로 되어 있어, 일반론을 벗어나지 않고 있다. 그 연장선상에서 한일 간의 관계가 미래 지향적으로 변화되어 갈 것으로 전망하고 있다.

예를 들면, 1997년 3월 조영달, 구정화가 초, 중 고등 학생 600명을 대상으로 한 조사는[37] 일본 대중문화를 접촉하는 시기가 빠를수록 그리고 접촉빈도가 높을수록 일본에 긍정적인 이미지를 가지게 되는 것을 보여주고 있다. 그러나 이 연구에서는 일본 대중문화의 접촉시기가 빠를수록 "일본에 대해 더 긍정적으로 평가하고 있으나, 통계적으로 유의미한 차이를 보인 것은 '일본에 대한 동경' 영역만이었다"고 지적하고 있다.[38] 즉 일본 대중문화의 접촉이 일본에 대한 호감도를 높이는 것은 사실이나 그것이 실질적인 의미를 가지고 있는 지에 대한 의문을 제기하고 있다. 또 이 연구에서는 일본에 대한 호감도와 친밀도를 다소 애매하게 사용하는 측면이 있다. 예를 들면 "일본 국민에 대해 친밀감을 느낀다"를 일본에 대한 호감도의 중요한 지표로 삼고 있으나,[39] 이는 호감도가 아니라 친밀도로 해석하는 것이 바람직하다고 판단된다. 호감도(favor degree)와 친밀도(intimate degree)에 대한 혼란은 다른 연구에서도 보인다.

호감도는 "좋다", "싫다"는 가치 판단의 문제로서 인지적, 사회적 기능이 강하게 작용하며, 친밀도는 심리적 거리감을 나타내는 정서적, 개

---

37) 조영달·구정화, 1997 <한국 청소년의 일본 대중문화매체 접촉 및 태도에 관한 연구> ≪한국청소년연구≫ 26
38) 조영달·구정화, 1997 <위 논문> 57
39) 조영달·구정화, 1997 <위 논문> 51

인적 기능이 작용한다. 그렇기 때문에 일반적으로 접촉의 빈도가 높거나 동류의식이 강하면 친밀도는 높아지게 된다. 예를 들면 조영달, 구정화의 같은 연구에서 "서구인보다 일본인이 좋다"는 응답이 "중국인보다 일본인이 더 좋다"는 응답보다 강한 신뢰도를 보이는 것은 유사성에 의한 친밀감이 작용한 때문일 것이다. 서구인들에 대한 특별한 好惡를 가지고 있지 않음에도 불구하고 서구인보다 일본인을 더 좋다고 응답하며 "중국인보다 일본인이 더 좋다"는 데 대해서는 큰 신뢰를 보이지 않는 것도 같은 이유에서 일 것이다. 한국인에게 중국인과 일본인은 거의 같은 유사성을 가지고 있기 때문이다. 이러한 관점에서 판단하면 호감도와 친밀도를 명확히 구분하여 데이터를 재해석하는 것이 바람직하다. 다른 상당수의 연구에서도 호감도를 친밀도로 해석해야 하는 경우가 다수 발견된다.

또 위와 같은 일반론적인 견해를 벗어나는 연구 결과도 보인다. 상호지향성 모형을 이용하여 한일대학생의 상호인식을 분석한 강현두 외 4인의 연구는 한국 대학생들은 일본문화 및 일본사회를 이해하는데 일본 대학생들보다 훨씬 더 많은 매체를 이용하고 있으며, 또 일본문화와 일본사회를 과대평가하고 있다는 점을 밝혔다. 이러한 과대평가와 매체 이용의 갭은 "오히려 상호 간의 오해를 강화시킬 수도 있다"는 점을 지적하고 있다.[40]

가나이(金居修省)의 연구는 전체적으로 일본의 대중문화 개방으로 한국인의 일본에 대한 인식이 호의적으로 변화되었으나, 반일감정 해소와 친밀도 사이에는 여전히 괴리가 있다는 점을 밝혔다.[41] 전국의 약 1600명을 대상으로 한 박순애의 조사에서는 일본 문화의 접촉과 일

---

40) 강현두·배규한·권호연·이창현·김동명, 2001 <한일 대학생들의 한일문화 및 사회에 대한 상호인식과 매체이용: 상호지향성모형의 적용> ≪한국방송학보≫ 15-1, 38
41) 金居修省, 2000 <앞 논문> 412~413

본 호감도가 깊은 상관관계가 있으며, 한국인의 일본 호감도는 초등학
생이 가장 낮고 중학생이 가장 높다고 밝혔다. 이는 초등학교 때의 교
육이 영향을 미친 것으로 볼 수 있다. 그러나 그의 연구에서는 대학생
과 일반인들에게는 일본문화접촉이 부정적 영향을 미쳐 일본에 대한
호감도가 낮아지고 있다고 한다.[42]

또 하종원이 2002년 대학생들을 대상으로 한 조사에서는 "일본 및
일본 (문화개방)에 대한 태도 자체가 독립변인으로 직접적인 영향력은
크지 않은 것으로 나타났다. 일본 문화의 효용가치에 대한 주관적인
지각이나 일본에 대한 개인적인 경험 등이 보다 큰 영향력을 행사하는
것으로 나타났다.[43] 즉 일본 대중문화 수용은 식민지에 대한 기억 등
일본에 대한 태도에 관계없이 自益關與 즉 개인적 필요가 크게 영향을
미치고 있다는 점을 강조하면서 식민지에 대한 기억과 대중문화 수용
을 분리하고 있다. 이 연구는 일본 대중문화의 수용에 관한 연구가 대
부분 추상적이고 관념적인 성격에 머무르고 있었던 연구를 개인레벨에
까지 확대시켰다는 점에서 매우 의미가 있는 연구이다.

Ⅵ. 결론 - 일본 대중문화 유입과 한일관계의 전망

1965년의 한일국교 정상화는 일본 문화의 유입을 금지한 정치경제
중심의 한일관계를 규정하고 있다. 그 이유는 일본의 식민지 지배에
대한 한국인들의 반일 감정 때문이었으나, 한국으로서는 식민지를 통

---

42) 박순애, 2007 <한국 젊은이의 대일본 이미지 형성과 그 변화> 《한중인문학
    연구》 22, 338~339
43) 하종원, 2002 <일본 대중문화의 수용에 관한 일 고찰: 태도 - 행동 관계의 분
    석 모델을 중심으로> 《커뮤니케이션학 연구》 10-2, 120

해서 훼손된 민족문화를 복원하고 일본에 대한 문화적 우월성을 유지
한다는 측면이 있었다. 그럼에도 불구하고 한국에는 일본문화의 유입
이 지속적으로 이루어지고 있었으며, 일본문화 개방에 즈음해서는 더
이상 일본문화 유입을 금지하는 정책은 그 의미를 상실하고 있었다.
그 배경에는 한국문화에 대한 강한 자신감과, 식민지에 대한 기억과
일본문화의 접촉을 별개로 인식하는 한국인의 일본문화에 대한 태도
변화가 있었다. 이는 헌팅턴이 지적하는 바와 같이, 아시아 국가들이
경제발전을 배경으로 아시아적 가치를 재발견하듯,[44] 경제 발전을 비
롯한 하드파워(hard power)의 성장이 소프트파워(soft power)의 우월성
을 재발견한 한국인의 자신감이 작용한 것으로 볼 수 있다.[45]

　일본 대중문화의 개방은 한국인의 일본문화 접촉을 크게 늘렸으며,
특히 청소년들의 일본문화 접촉율이 매우 높다. 그럼에도 불구하고 일
본에 대한 호감도에는 거의 영향을 미치지 않고 있으나, 친밀도는 크
게 증가하는 것으로 나타났다. 그 이유는 호감도는 일본에 대한 식민
지의 기억이 크게 작용하고 있으며, 친밀도는 일본 대중문화 개방으로
인한 일본문화 접촉을 통해 일본에 대한 심리적 거리감이 크게 좁혀졌
기 때문이라 생각된다. 이는 일본 대중문화의 개방이 식민지의 기억을
상쇄시키지 못하고 있다는 점을 부각시킨다. 즉 일본문화 개방과 식민
지의 기억은 관련성이 없으며, 한국인은 식민지의 기억과 일본문화를
통합하여 인식하는 것이 아니라 별도로 분리하여 인식하고 있다. 이러
한 인식구조가 식민지의 기억이 강하게 남아 있음에도 불구하고 일본
문화를 큰 저항없이 수용하고 있다고 봐야 할 것이다. 다시 말하면, 문
화는 문화로서 역사는 역사로서 받아들이고 있는 것이다.

---

44) Samuel P. Huntington, 1996. *The clash of civilizations and the remaking of world order*[이희재 역, 1997 ≪문명의 충돌≫ (김영사, 서울) 참조]
45) 李盛煥, 2006 <日本とモンゴルにおける韓流の展望と課題> ≪日本文化研究≫ 20 참조.

한편 일본문화 개방이 일본에 대한 호감도를 높이지는 못하지만 부정적인 부분을 감소시키는 효과가 있다는 점은 긍정적으로 평가할 수 있다. 일본에 대한 호감도가 한일관계를 결정하는 가장 큰 요인으로 작용하고 있다는 점을 고려하면, 일본의 대중문화 유입이 한일관계를 발전적으로 향상시키는 데 크게 기여할 것으로는 생각되지 않는다. 그러나 친밀도가 높아지고 있다는 점은 매우 고무적이다. 일본에 대한 긍정적 인식은 높아지지 않지만 부정적 인식이 다소 감소하면서 일본에 대한 친밀도가 높아지고 있는 점을 감안하면, 일본에 대한 호감도에 부정적 영향을 미치고 있는 식민지에 대한 기억을 상쇄시킬 수 있는 요인이 발생한다면, 친밀감은 호감도 향상으로 연결되고 한일관계는 결정적으로 좋아질 것으로 생각된다.

그러나 지금까지의 역사적 경위를 살펴봤을 때, 한국인을 만족시킬 정도로 과거사 문제가 해결되거나, 일본이 한국인이 만족할 만큼의 사죄를 한다는 것은 기대하기 어렵다. 또 일본이 한국인이 만족할 만한 사죄를 한다고 해도 문제는 남을 수 있다. 1965년의 한일협정으로 식민지 지배에 대한 배상이 공식적으로는 종결되었음에도 불구하고 1990년대 들어 군위안부 문제가 밝혀졌듯이 새로운 과거사 문제가 발견될 경우 한일관계는 다시 악화될 수 있을 것이기 때문이다. 이처럼 식민지 지배문제에 대한 완벽한 해결이 이루어지지 않는 한 한국인의 식민지 기억은 지워지지 않을 것이며 한일관계도 여전히 불안정할 것이다.

그러나 위에서 언급한 바와 같이, 일본 대중문화의 유입으로 한일 간 문화교류가 활발해지면서 긍정적인 요소도 부분적으로 나타나고 있다는 점은 주목할 필요가 있다. 식민지의 기억과는 별도의 레벨에서 한일 간의 문화교류는 활발해지고 있으며, 이는 일본에 대한 친밀도를 높여주고 있다. 이러한 친밀도의 향상은 일본에 대한 부정적 인식을 다소 완화시키는 결과로 나타나고 있다. 이러한 점을 고려하면 활발한 문화교류는 일본에 대한 호감도를 높이지는 못하더라도 부정적 요인을 감소시킴으로서 한일관계가 보다 안정적으로 유지될 가능성은 커진다고 봐야 할 것이다. 즉 친밀도가 높아지면 상황 악화를 방지하기 위한 상호 노력이 수반될 가능성이 커질 것이며, 관계가 악화된다고 하더라도 보다 빠르게 회복될 수 있을 것이기 때문이다. 예를 들면 최근에 독도 문제가 발생했음에도 불구하고 정치적으로는 양국관계가 일시적으로 악화되었으나, 정치, 외교 이외의 부분에서는 큰 마찰이 발생하지 않은 것은 이 때문이라 할 수 있다. 이러한 의미에서 식민지의 기억 때문에 호감도가 높아지지 않는 상황에서는 친밀도를 높이기 위해서라도 식민지의 기억과 별개로 문화교류를 활성화시킬 필요가 있다.

마지막으로 지금까지의 연구에 의하면 청소년의 일본문화 접촉 및 수용의 증대는 일본에 대한 호감도를 향상시키고, 그 연장선상에서 한일관계를 발전적으로 전망하고 있다. 그러나 이러한 청소년에 대한 연구 결과가 지속적으로 효과가 있을 것인지에 대해서는 세대효과와 연령효과를 염두에 두면서 지속적인 추적 조사가 필요하다. 일반적으로 연령효과가 세대효과를 약화시키는 측면이 있다는 점을 감안하면, 지금의 청소년들의 일본에 대한 태도, 일본문화 접촉 및 친밀감의 증대가 지속적으로 한일관계에 긍정적으로 작용할 것으로 예단하기는 어려울 것이다. 그 이유는 일본에 대한 한국인의 태도는 기본적으로 식민지의 기억과 분리될 수 없기 때문이다.

The Influx of Japan's Popular Cultures in Korea: The Memory of Colony in the Context of Korean-Japanese Relations

Lee, Sung-Hwan

The differences of results on this research and the previous one are as follows:

1) From the research result of the existing memory of the colony as a dominant cause is indicating and it has been blocking interchange of Korean-Japanese popular cultures. However, this research has relatively little effect on interchange of Korean-Japanese cultures, especially the influx of Japan's popular cultures in Korea.

2) The existing research shows that the cultural exchange between Korea and Japan raised Japanese popularity a favorable degree which means it will improve Korean-Japanese relations in the future. The tendency that young people have to learn more about Japan seems very strong. From the result of this research, which sees the cultural exchange with Japan raised a favorable degree appeared, does not go with the fact. Around does a Japanese cultural opening and there is no change which is big in Korean-Japanese relations there is a possibility of knowing this from fact. The substitution intimate degree with the fact that is improving.

3) Such improvement on an intimate degree is described as a result of the lack of feeling towards Japan. Considering this point, the cultural

exchange between the two countries have stabilized the context of Korean-Japanese relations. Therefore, we have to improve the cultural exchange between Korea and Japan, in order to raise a positive relationship between the two countries.

4) Such improvement of intimate degree is described as the result of some relaxation about the negative recognition towards Japan. With considering in this point, the cultural exchange which is active that has brought about the possibility of stable maintenance in the context of Korean-Japanese relations. Therefore, we have to improve the cultural exchange between Korea and Japan, in order to raise the intimate degree the two countries.

Key words : Japanese popular culture, Relations between Korea and Japan, Young Korean Attitudes toward the Japanese popular culture, Favorable and Unfavorable Attitudes Toward Japan

植民地の記憶と日本大衆文化の流入
そして韓日関係

李盛煥

1965年の韓日国交正常化は日本文化の流入を禁止した政治・経済中心の韓日関係を規定している。その理由は日本の植民地支配についての韓国人の反日感情のためであったが、韓国にとっては植民地支配によって破壊された民族文化を復元し日本への文化的優越性を維持するという側面があった。それにもかかわらず韓国には日本文化が持続的に流入されており、日本文化開放にあたってはもはや日本文化の流入を禁止する政策はその意味を失っていた。その背景には韓国文化への強い自信感と、植民地についての記憶と日本文化の接触を別個に認識する韓国人の日本文化への態度変化があった。その変化の底辺には、サミュエル・ハンチントンが指摘するように、アジアの国々が経済発展を背景にアジア的価値を再発見したように、経済発展をはじめとするハードパワー(hard power)の成長を以て韓国のソフトパワー(soft power)の長所を再発見した韓国人の自負心が働いていたと考えられる。

日本大衆文化の開放によって韓国人の日本文化接触は大きく増え、特に青少年の日本文化接触率は非常に高くなった。それによって、日本への好感度にはほとんど影響が表れていないものの、親密度は大きく高まった。好感度は日本についての植民地の記憶が大きく働くが、親密度が高くなった理由は日本文化接触を通じて日本への心理的距離感が大きく狭まったためだと思われる。このことは日本大衆文化の開放によっても植民地の記憶が相殺されないでいるという点を際立たせる。換言すれば、日本文化開放と植民地の記憶は関連性がなく、韓国人は植民地の記憶と日

　本文化を混同することなく別々に分離して認識しているのである。こう
した認識構造が、植民地の記憶が強く残っているにもかかわらず日本文
化を大きな抵抗なく受け入れることを可能にしていると見るべきだろ
う。韓国人は、文化は文化として、歴史は歴史として受けとめている。

　一方で、日本文化の開放は日本への好感度を高められないものの、否
定的な部分を減少させる効果があるという点は肯定的に評価できる。日
本への好感度が韓日関係を決定する最大の要因として作用しているとい
う点を考慮すると、日本大衆文化の流入が韓日関係を発展的に向上させる
のに大きく寄与するとは考えにくい。しかし親密度が高まっているとい
う点は非常に鼓舞的に考えられる。日本への肯定的認識は高まらないが
否定的認識がやや減少し日本への親密度が高まっている点を勘案する
と、日本への否定的な好感度に大きく影響を与えている植民地について
の記憶を相殺させる要因が生じれば、親密感は好感度向上に結びつき、韓
日関係は決定的に良くなると推測される。

　しかしこれまでの歴史的経緯を振り返って見ると、今まで以上に過去
の歴史問題が解決されたり、韓国人が満足するほどの謝罪を日本側がす
るということは期待できない。また日本が韓国人の満足する謝罪をした
としても問題は残る可能性がある。従軍慰安婦問題が1990年代に明らか
になったことで、国交正常化により植民地支配への賠償が公式的には終結
していたにもかかわらず新たに補償及び賠償問題が新たに登場した。こ
のように、新しい過去の歴史問題が発見されれば、韓日関係は再び悪化
する可能性があるためである。植民地支配問題についての完璧な解決が
行われない限り韓国人の植民地記憶はなくならず、韓日関係も依然とし
て不安定なままであろう。

　しかし先に指摘したように、日本大衆文化の流入で韓日の文化交流が活
発になることで、肯定的な要素も部分的に現れているという点に注目に
値する。植民地の記憶とは別途のレベルで韓日間の文化交流が進み、日本
への親密度を高めているのである。こうした親密度の向上は日本への否
定的認識をやや緩和させる結果として現れている。このことは、活発な
文化交流は、日本への好感度を高めることはできないとはいえ、否定的

要因を減少させることで韓日関係をより安定的に維持する可能性を示唆するものと見るべきだろう。親密感が高まれば状況悪化を防止するための相互努力が生じやすく、関係が悪化したとしてもより速く回復できるためである。最近独島問題が発生した際にも、政治的には両国関係が一時的に悪化したものの、政治、外交以外の部分では大きな摩擦が発生しなかったのはこのためだといえる。こうした意味で、植民地の記憶で好感度が高まらない状況では、親密度を高めるためにも植民地の記憶と切り離して文化交流を活性化させることが求められる。

　最後に、これまでの研究によると、青少年の日本文化接触及び受容の増大は日本への好感度を向上させ、その延長線上で発展的な韓日関係を展望している。しかしこうした青少年についての研究結果に持続的効果があるのかについては、世代効果と年齢効果を念頭においた継続的な追跡調査が必要である。一般的に年齢効果が世代効果を弱める側面があるという点を考慮にいれると、今の青少年の日本への態度、日本文化接触及び親密度の増大が持続的に韓日関係に肯定的に作用するとは予断しにくいだろう。なぜならば、日本への韓国人の態度は基本的に植民地の記憶と分離できないからである。

主題語：日本大衆文化, 植民地の記憶, 韓日関係, 親密度, 好感度, 文化
　　　　交流, 文化流入

해방 후 재일조선인의 생활·운동·젠더

-재일 '新一世' 여성·梁靈芝의 구술사를 중심으로-

김 부 자*

Ⅰ. 들어가며

재일조선인은 일본의 식민지 지배에서 기인하여 일본으로 건너가 거주하게 된 한반도 출신자 및 그 자손으로 되어 있다. 1945년 8월 해방 당시 200만 명이 넘는 재일조선인의 대다수는 한반도로 향했지만, 약 60만 명이 일본에서 가지고 올 수 있는 재산의 제한과 한반도의 분단 등으로 인해 일본에 잔류하게 되었다. 현재 일본에서 특별영주자로

─────────────────

* 동경외국어대학 교수

한국국적·조선적을 지닌 사람이 대개 그에 해당하는데, 2006년 현재 44만 명 전후(2006년도 통계, 일본 법무성 입국관리국, 2007년 5월에 따름)가 거주하고 있다. 여기에 영주자와 일본 국적 취득자도 포함하면 식민지 지배에서 유래한 거주자 및 자손은 약 100만 명에 이른다고 한다. 그러나 그중에는 영구 귀국했으면서도 고국의 정치적 경제적 혼란과 생활난으로 인해 다시 일본으로 간 자도 많았다. 또한 재일조선인은 해방 전부터 고향을 오가면서 '국경에 걸친 생활권'[1]을 구축했으므로 해방 후에도 그 네트워크(연고, 혈연·지연)를 의지하며 일본으로 이동을 선택한 자도 적지 않게 되었다. 식민지기에 일본으로 건너온 사람들을 '1세'라 한다면 해방 후, 특히 일본의 고도 경제성장 시대에 밀항선 등으로 건너간 사람들을 '新1세'라 부를 수 있을 것이다.[2] 재일조선인의 정의를 생각할 때 생활자의 입장에 서서 그 범위를 좀더 확대하여 재고할 필요가 있을 것이다. 근현대 한일관계사가 초래한 조선에서 일본으로 향한 엄청난 '사람의 이동', 그 이후 생겨난 일본 최대의 에스닉 마이너리티 집단(일본 국적 포함)이 바로 재일조선인인 셈이다.

그럼에도 불구하고 한일 양국의 역사교과서 속에서, 혹은 한일 양국의 통사, 재일조선인 운동사, 여성사 속에서도 이러한 재일조선인의 역사적 유래 및 해방 후를 포함한 생활과 운동에 관한 기술은 대부분이 누락되어 왔다. 특히 재일조선인 여성(이하, 재일여성이라 약칭)에 대한 기술은 전혀 없다고 해도 좋다. 재일조선인 운동의 대표적 통사인 朴慶植의 ≪在日朝鮮人運動史-8·15解放前-≫(1979)과 ≪解放後の在日朝鮮人運動史≫(1989)에서도 취급하지 않았다. 일본의 여성사에서도 마찬가지이다.[3]

---

1) 梶村秀樹, 1985 <定住外國人としての在日朝鮮人> ≪思想≫ 734, 23~27
2) 杉原達, 1998 ≪越境する民≫ (新幹社, 東京) 24. 杉原는 일본 최대의 조선인 집주지역인 大阪·猪飼野의 제주도 출신을 가리켰다. 물론 이것은 제주도 출신자에 한정되지 않는 현상이다.

"재일조선인에 관한 연구는 일본에서 먼저 시작되었고, 최근 한국에서도 연구성과(번역물 포함)가 축적되고 있으며 식민지기 한반도에서 태어난 1세(일본 출생 2세 이후)를 대상으로 한 구술사(Oral History)에 의거한 연구와 저작, 영상 작품도 적지 않다. 그 경우라도 주로 재일 남성을 중심으로 하는 것이며,[4] 재일 여성이 본격적으로 등장하여 연구의 대상이 된 것은 1990년대부터라 할 수 있다. 듣고 쓰기에 의한 생애사(life-history),[5] 최근 일본에서 공개된 영상 작품(≪HARUKO≫ ≪海女のリャンさん≫ 등), 金榮·金富子,[6] 宋連玉[7]·徐阿貴[8] 등의 연구가 있다.

---

3) 한일여성공동역사교재 편찬위원, 2005 ≪여성의 눈으로 본 한일 근현대사≫ (한울, 서울) ; 日韓 <女性> 共同歷史敎材編纂委員會 編, 2005 ≪ジェンダーの視点からみる日韓近現代史≫ (梨の木舍, 東京)에서 단편적이지만 다루고 있다.

4) 張錠壽, 1989 ≪在日六〇年·自立と抵抗 - 在日朝鮮人運動史への証言 - ≫ (社會評論社, 東京) <底辺を生きて - 在日朝鮮人の生きざま - > <百萬人の身世打鈴> ; 編集委員會, 1999 ≪百萬人の身世打鈴 - 朝鮮人强制連行·强制勞働の <恨> - ≫ (東方出版, 大阪) 所收, 朴憲行, 1995 ≪在日韓國人 1 世 - 戰後 50年の想い - ≫ (新幹社, 東京) ; 高賛侑, 2007 ≪コリアンタウンに生きる - 洪呂杓ライフヒストリー - ≫ (エンタイトル出版, 大阪) 등.

5) 재일조선인 여성의 듣고 쓰기, 혹은 말의 기록으로 むくげの會, 1972 ≪身世打鈴 - 在日朝鮮女性の半生 - ≫ (東都書房, 東京) ; 岩井好子, 1984 ≪オモニの歌 - 4 8 歳の夜間中學生≫ (筑摩書房, 東京) ; 金榮·梁澄子, 1988 ≪海を渡った朝鮮人海女≫ (新宿書房, 東京) ; <オトコはアンデヨ - オモニたちの活躍> <百萬人の身世打鈴> ; 編集委員會 ≪위 책≫ ; 宋富子, 2007 ≪愛するとき奇跡は創られる - 在日三代史 - ≫ (三一書房, 東京) 이하는 재판 기록이지만 재일조선인 여성으로서의 생애사로 읽을 수 있다. 鄭香均 編著, 2006 ≪正義なき國, <当然の法理> を問い續けて - 都廳國籍任用差別裁判の記錄 - ≫ (明石書店, 東京) ; 在日の慰安婦裁判を支える會編, 2007 ≪オレの心は負けていない - 在日朝鮮人 <慰安婦> 宋神道のたたかい - ≫ (樹花舍, 東京) 등.

6) 金榮·金富子, 1993 <第二次世界大戰(解放)直後の在日朝鮮人女性運動> (東京女性財団研究活動女性研究報告書, 東京)

7) 宋連玉, 2002 <'在日'女性の戰後史> ≪環≫ 11, 藤原書店 ; 2005 <在日朝鮮人女性とは誰か> ; 岩崎稔 외, ≪継續する植民地主義 - ジェンダー·民族·人種·階級≫ (靑弓社, 東京) 등.

8) 徐阿貴, 2005 <在日朝鮮女性による'對抗的な公共圈'の形成と主體構築 - 大阪にお

한편, 한국에서도 최근 들어 재일조선인에 대한 연구9)를 포함한 재외동포에 대한 관심이 정부 차원을 포함하여 서서히 고조, 변화의 조짐10)이 보인다. 또한 한국정부는 2001년의 여성부 발족과 더불어 '세계 한민족 여성 네트워크'를 매년 개최하고 있으며, 일본과 한국에서 재일·한국·일본·유럽·북미의 코리안 여성이 모인 코리안 디아스포라 위민즈 스터디스에 관한 연구 심포지엄이 개최되었다.11)

그런데 재일여성을 연구 대상으로 할 경우, 해방 전은 식민지 피지배민족, 해방 후는 에스닉 마이너리티, 그리고 여성이라는 위치에 의해 이중삼중의 멍에에 얽매여 가시화되지 않고 문자 자료에 제약이 있었

ける夜間中學獨立運動の例から-> ≪ジェンダー研究≫ 8 (お茶ノ水女子大學ジェンダー研究センター) ; 2008 <在日朝鮮人女性にみる世代間の連帶とエスニシティー東大阪におけるディハウスの事例から> ≪國際移動と<連鎖するジェンダー>≫ (作品社, 東京)

9) 김인덕, 1996 ≪식민지시대 재일조선인운동 연구≫ (국학자료원, 서울) 또 정혜경, 2001 ≪일제시대 재일조선인 민족운동 연구≫ (국학자료원, 서울) 등을 비롯한 운동사 연구. 최근에는 권혁태, 2007 <재일조선인과 한국사회> ≪역사비평≫ 봄 (역사문제연구소) 등. 또 2007년 ≪황해문화≫ 겨울호에서는 "포스트 콜로니얼 시대의 한국사회와 재일조선인"을 특집으로 다루었다. 재일조선인 여성에 관해서는 송연옥, <식민지주의에 대한 저항-재일조선인여성이 창조하는 아이덴티티> ; 김부자 <HARUKO-재일여성·다아스포라·젠더> 가 있다.

10) 예를 들어 2007년 10월 5일 한국정부는 국가 공식 기념일로 제1회 <세계 한인의 날>을 제정하여 그 기념식이 서울에서 개최되었다. 국외 동포 500명, 한덕수 총리 등 국내외 관계자 1,100명 남짓 참석하였다. 또한 한국 헌법재판소는 동년 6월에 재외국민에 대한 참정권 획득을 촉구하는 판결을 내렸고, 동년 10월 한국정부가 교토의 우토로 주민지원비로 15억 원의 예산 (그후 30억 원)을 책정하는 등 민주주의와 재일동포의 역사를 배려하는 조처를 취하는 변화 조짐이 보였다.

11) 2006.10.21~22일 전후 동아시아 프로젝트·국제공동 심포지엄 <식민지주의와 디아스포라가 된 조선인 여성들-코리안 디아스포라 위먼즈 스터디스에서의 만남-> (東京外國語大學)과 2007.11.3~4일 <제2회 코리안·디아스포라 젠더·계급·민족> (서울대학교)이 개최되었다.

으므로, 구술사를 연구방법으로 받아들이는 것은 불가결하다. 본고의 실증주의적인 접근에 의한 구술사는, 연구대상 'narrative(이야기)'=구술에 초점을 맞추면서 다양한 문자 자료와 타자로부터 구술 자료를 보완하는 것으로 역사적인 문맥을 명확히 하고 대상자와 그들·그녀들이 속한 집단의 '사회적인 현실'에 다가가려는 것이다. 단, 본고에서 채택한 것은 1인칭의 구술 이야기에 의한 라이프 스토리가 아니라 구술을 사료로 하면서 보조 데이터로 보완하는 등의 편집을 거쳐 재구성된 라이프 히스토리이다.[12]

본고의 연구대상인 梁靈芝[13]는 1934년 식민지하의 경상남도 南海島에서 출생, 초등학교에서 황민화 교육을 경험하고 해방 후의 학교생활 속에서 한국전쟁을 경험했다. 학업 지속을 원하여, 이미 해방 전에 일본으로 渡航해 있던 같은 고향의 재일조선인 남성과 결혼하기 위해 일본으로 건너갔다. 가사·육아와 가업을 하면서 1960년대 이후에 재일여성운동, 한국 민주화 지원운동, 한국-일본-재일여성 연대운동, '위안부' 문제 해결운동, 재일동포를 위한 노인홈(양로원) 건설과 기독교계 여성운동에 여성 리더로 참여하면서 재일조선인 여성의 사회진출과 여성해방에 눈을 뜬 여성이다.[14] 식민지기에 도항하지 않았지만, 식민지기에 도항한 파트너와의 관계가 일본으로 '이동'하는 동기가 된 '신1세' 세대에 속하는 점, 또한 도일 후 반세기에 이르는 생활과 운동의

---

12) 櫻井厚, 2002 ≪インタビューの社會學－ライフストーリーの聞き方≫ (せりか書房, 東京) ; 2003 ≪ライフストーリー 2005 ≪구술사－방법과 사례≫ (선인, 서울) ; 김귀옥, 2006 <한국 구술사 연구 현황, 쟁점과 과제> ≪사회와 역사≫ 71 (한국사회사학회)

13) 양영지에 관해서는 宋連玉, 2007 <在日朝鮮人女性の創造するアイデンティティ> ≪前夜≫ 12 참고.

14) 7명의 형제자매 가운데 3명은 사망하고, 양영지는 일본에, 남동생 양재하(在河)는 중국 연변에, 여동생 暮芝는 미국 뉴저지에, 막내 여동생 양말지(末芝)는 한국 의왕시에 각각 흩어져 살고 있다.

족적은 해방 후 재일조선인 여성의 그것을 상징한다고 생각한다.

본고에서는 재일조선인의 범위를 식민지기에 일본으로 도항한 자 및 그 자손에 그치지 않고, 해방 후에도 그 네트워크(연고)를 따라 도항하여 일본에 거주하게 된 자 및 그 자손도 포함하기로 한다.[15] 그리고 앞서 언급한 구술사 방법론과 그때까지의 재일조선인 혹은 재일조선인 여성에 관한 연구성과를 받아들인 젠더의 시점을 명확히 하면서, 식민지기 및 해방 후의 일본 도항과 생활세계, 다양한 사회운동을 경험한 양영지라는 재일조선인 '신1세' 여성의 구분적인 사례를 고찰하는 것으로, ① 대상자가 속한 집단 '이동'의 역사적인 의미, ② 일본에서의 '사회적인 현실', 그리고 ③ 한일 근현대 관계사 속에서의 '역사적인 역할'에 초점을 맞추고자 한다.[16]

Ⅱ. 渡日前史 - 식민지·해방·한국전쟁

양영지는 경상남도 남해군에 속하는 남해도의 어업이 번창한 작은 마을·彌助(당시 삼동면 미조리, 현재의 미조면)에서 1934년 10월 23일(호적상은 1935년 4월 10일)에 태어나 자랐다. 경상남도 남해군은 한반도 최남단에 있는 경상남도의 서남단에 위치하며, 남해도 및 창선도, 기타 여러 섬으로 이루어진 도서이다. 남해도는 한국에서 네 번째로

---

15) 재일조선인의 97%는 조선 남부(현 한국) 출신인데, 한국과 일본의 국교가 정상화되어 공식적으로 서로 오가는 것이 가능해진 한일조약 체결까지를 시기적인 메르크말(merkmal)로 한다.

16) 이하의 구술사는 金榮·金富子, <앞 논문> 집필 당시인 1992년에 집중적으로 행한 청취 및 양영지가 쓴 자기 보고서(self-report, 박윤남 입력, 2000년), 2007년 4월 4일 한국 서울, 2008년 5월 31일~6월 2일 양영지의 고향 방문시, 동년 8월 21일 일본의 양영지 자택에서의 청취에 의거했다.

큰 섬으로 외딴 섬이 아니라 한반도 본토에 인접해 있으며, 바다로 둘러싸여 있고 산지가 많으며 평야가 부족하다.

당시 남해도의 모습을 ≪남해군향토지≫[17] (일본어)를 통해 살펴보도록 하자. 행정단위로 8면, 말단 생활단위로 79동리가 있었다. 1931년도 말 당시의 인구는 86,553명, 그중 일본인은 405명(0.5%)이었는데, 일본인의 90%는 삼동면, 남해면에 집단으로 거주, 삼동면은 60%(239명)로 가장 많았다. 그 삼동면에서 인구가 가장 많은 곳이 양영지가 태어난 미조리였다. 주요 산업은 농업으로 직업 구성의 89.31%를 차지하였고, 다음이 수산업 3.48%, 상업 및 교통업 2.44%이다. 농업은 자작농·자소작농이 많고 소작농이 적은 것이 특징이다.

아버지 梁沂煥은 서당 출신으로 남해군의 군사무소 서기였는데, 나중에 자리를 잡고 미조에서 양조장과 선박 등을 영위하는 사업가로 성공했다. 전성기에는 술 만들기를 하는 머슴 3~4명, 집안일을 도우는 여성, 바느질을 하는 여성도 있었다. 부친은 정치적인 발언은 하지 않았지만 사고방식은 진보적이었다. 양영지는 모친 韓末鳳과의 사이에서 태어난 3남 4녀의 네 번째이다(언니 2명, 오빠 2명=1명은 어렸을 때 사망, 여동생 2명, 남동생 1명). 바다와 접한 미조에는 '하야시카네(林兼)'라는 일본 수산회사가 있고 漁港으로 번창하였고, 거리의 커다란 상점의 주인, 경관 등은 일본인이 차지하고 있었다. 미조리의 인구 18%는 일본인이며(현지 거주 인구에서 산출, 1931년도 말[143쪽]), 神社의 산기슭에 일본인 집단 거주지역이 있었다. 양영지는 일본인이 다니던 彌助 尋常小學校와 여관, 일본의 기모노를 입은 여성이 있는 유곽을 기억하고 있다. 일본의 식민지 도시에 반드시 만들어진 것이 '신사와 유곽'[18]이었는데, 미조도 예외가 아니였다. 양영지는 남해군에서 가장 번

---

17) 南海郡教育會, 1933 ≪南海郡鄕土誌 上·下≫ (≪韓國地理風俗誌叢書 145·146≫ 所收, 影印版). 이하 본문 속의 [ ]는 이 책에서 인용한 쪽수를 나타냈다.

성했던 漁港 미조에서 사업으로 성공한 양친의 보호 아래 경제적으로 부족함 없이 자랐다.

당시의 남해군에는 초등교육 시설로 일본인 아동이 다니는 공립심상소학교 2(남해면, 삼동면), 조선인 아동이 다니는 공립보통학교 8, 사설학술강습회 27, 서당 18개소가 존재했다. 중등교육은 공립농업학교뿐이었다. 당시 취학율을 보면, 일본인 아동 대상의 소학교가 100.0%인데 비해, 보통학교의 경우는 15.6%로 낮은 비율이었다[183~191쪽]. 12세 연상의 큰 언니는 보통학교에 취학하지 않았지만 둘째 언니는 昌善 보통학교, 오빠는 미조 보통학교에 취학하였고, 양영지도 오빠가 다니는 학교에 취학했다(보통학교는 1938년 4월부터 소학교, 1941년부터 국민학교로 개칭). 식민지 조선에서는 의무교육제가 실시되지 않아 고액의 수업료를 부담해야 했다. 게다가 여자에게는 교육이 필요 없다는 조선사회의 젠더 규범도 뿌리 깊었으므로, 1940년대에도 조선인 남자의 3명에 1명, 여자 3명에 2명은 '학교 不就學'이었다.[19] 그런 가운데 양영지의 부모는 장녀 이외 5명의 자녀를 학교에 취학시킬 만큼 재력이 있고, 여자를 학교에 취학시킬 만큼 개화되었음을 보여준다.

그러나 양영지가 미조리에서 국민학교에 입학했던 1943년 당시는 황민화 교육의 절정기이며, 입학했을 때부터 일본 이름으로 불렸다. 교장은 이노우에(井上)라는 일본인이었지만 교원으로는 조선인이 많았다. 일본어의 강제, 궁성요배, 신사참배와 같은 황민화 교육으로 물든 학교 생활이었다. 조선어를 사용하여 점수가 붙은 카드가 떼어 없어지면 화장실 청소를 시켰다. 조례 후에는 산 중턱에 있는 신사에 데리고 가서 30분 정도 신사참배를 했다. 양영지는 크리스찬으로 미조의 작은 교회

---

18) 橋谷弘, 2004 ≪帝國日本と植民地都市≫[吉川弘文館, 東京) (김제정 역, 2005 ≪일본제국주의 식민지 도시를 건설하다≫ (모티브북)]
19) 金富子, 2005 ≪植民地期朝鮮の教育とジェンダ―就學·不就學をめぐる權力關係≫ (世織書房, 橫浜) (일조각에서 한국어역으로 출판 예정)

에 다니고 있던 외조모의 영향으로 기독교에 친숙해 있었는데, 그 외
조모가 '참배는 신을 노엽게 하므로 참배하는 척만 하면 된다'고 말해
고민했던 것을 기억하고 있다. 그런데 1945년 8월, 국민학교 3학년이
던 여름방학에 조선은 일본의 패전으로 식민지 지배에서 해방되었다.
'만세, 만세'하며 신이 나서 떠들었던 기억이 있다.

　해방 후의 열기 속에서 양영지는 1948년에 남녀공학인 진주사범학
교(현 진주교육대학교)에 입학한다. 진주사범학교는 경상남도의 古都
이며 식민지기부터 학교가 많은 진주에서도 명문에 속하는 학교라 입
학시험이 힘들었지만, 교사였던 둘째 언니의 영향을 받아 교사를 꿈꾸
고 있었다. 진주에서 하숙하면서 사범학교에 통학했는데 희망에 가득
찼던 3학년 여름방학 전에 갑자기 한국전쟁(6·25 동란)이 발발했다. 해
방 후부터 한반도는 미소의 남북 분할점령, 신탁통치를 둘러싼 좌우의
대립, 1948년 제주도 4·3봉기, 남조선에서의 단독선거, 대한민국 및 조
선민주주의인민공화국의 분단정부 수립, 한국전쟁으로 격동과 혼란의
소용돌이 속에 있었다. 아직 10대 중반으로 정치에는 소원했던 양영지
에게는 먼 세계의 일이었지만, 좋든 싫든 간에 정치적인 소용돌이에
가족형제 모두 말려들게 된다.

　학교가 휴교했으므로 양영지는 남해도 미조의 본가로 돌아갔다. 피
난생활을 하고 있는데 북조선 인민군이 마을로 들어와 자택에 주둔하
게 되었으므로, 가족은 자택을 내어주고 마을에서 멀리 떨어진 아는
사람의 집에서 인민군이 사라질 때까지 생활했다. 자택이 미조 내에서
큰 집인 탓도 있었지만 그것 때문만은 아니었다. 큰 오빠가 광주의학
전문학교 인턴이면서 이승만 정권에 반대하는 데모를 조직, 학생운동
의 주모자로 체포되어 미결수 정치범으로 감옥에 갇혀 있었으므로, 인
민군은 가족을 진보적 좌익으로 판단했던 것이 아닌가 하고 양영지는
회상하고 있다. 인민군은 한국군과의 전황이 불리해지자 1개월만에 산

등성이를 따라 북상하게 되었다. 6·25 동란 1년 정도 전부터 부친은 정치범 미결수인 오빠를 구출하기 위해 모든 재산을 털어 출옥시키려 했다. 구류 장소가 광주에서 이전되어 마지막에는 대구형무소였다. 대구는 부산과 더불어 인민군이 점거하지 않았던 곳이었지만 한국정부 당국은 대구도 인민군에게 점령될 것으로 생각해 정치범을 배에 실어 현해탄에서 사살했다는 소문이 있었다. 이화여자 대학생이던 오빠의 약혼자가 부산에서 교원으로 일하면서 몇 년이나 대구로 다니면서 힘겹게 조사했지만 기록은 아무 곳에도 남아 있지 않았으므로 알 수가 없었다. 결국 양영지는 진주사범학교를 졸업하지 못한 채 시골로 돌아가 18세 무렵에 代用교원으로 8개월간 일하면서 불안한 나날을 보냈다.

Ⅲ. 도일 후 – 대가족의 주부에서 민단계 부인회 활동으로

그 무렵 양영지는 진주사범학교 3년 선배였던 같은 고향의 趙活俊과 편지를 주고받고 있었다. 조활준은 양영지의 인척이기도 했다. 조활준의 부친은 1930년대 초기에 일본으로 건너가 오사카에서 생활기반을 잡았는데, 그를 따라 어린 조활준도 어머니에게 이끌려 일본으로 건너 갔다. 그러나 6세 때 친모가 사망하여 조선으로 되돌아왔지만 부친의 재혼으로 다시 일본으로 가는 등 일본과 조선을 오가는 생활을 하고 있었다. 그러나 일본의 패전이 가까워지고 공습이 심해졌으므로 계모와 여동생을 데리고 조선으로 피난온 채로 조선의 해방을 맞았다. 사천에 있는 중학에서 진주사범학교로 전학한 바, 크리스찬 서클에서 양영지를 만났던 것이다. 조활준의 출신지인 남해군 창선면에는 일찍부터 기독교가 들어와 교회가 있었고, 선교사도 파견되어 있었으며, 그 역시 크리스찬이었다. 그러나 와세다 대학에 입학하기 위해 일본에 있던 친부에게 되돌아갔다.

그 조활준이 편지를 보내 '일본에 오지 않겠는가'라며 권유를 했다. 양영지는 큰 오빠의 일 등으로 한국에 있고 싶지 않은 이유도 있었고 일본에 가서 공부를 계속하고 싶은 야심도 있었다. 뜻을 정하고 일본으로 건너간 것은 1953년 8월로 정전협정 체결 직후의 일이다. 조활준과 그의 부친이 식민지기에 구축한 '국경에 걸친 생활권' 네트워크가 양영지가 바다를 건너는 동기가 되었다. 여성의 자립이 사회적으로 곤란한 시대, 여성에게 결혼이 '이동'의 중요한 동기가 되었다고 할 수 있을 것이다.

그런데 일본 패전부터 이 무렵까지 在日의 법적지위와 생활, 재일을 둘러싼 사회 상황은 크게 바뀌었다. 일본이 패전부터 1952년까지 연합국군(GHQ=연합국군 총사령부)의 점령 하에 놓여 있는 동안 재일조선인은 '일본 국적'을 갖고 있었지만, 한편으로 '외국인등록령'(1947년 5월 2일)이 적용되어 단속 대상으로 취급받는 모순된 대우를 받고 있었다. 재일조선인은 국적란에 '조선'으로 표기했는데, 한반도에서 분단국가가 성립되지 않았던 당시, 이곳에서 말하는 '조선'이란 한반도를 가리키는 것이었다(분단국가의 성립에 따라 '한국' 국적이 등장했다). 일본정부는 재일이 '일본 국적'을 갖고 있으므로 일본의 교육을 받을 필요가 있다며 자주적인 민족교육을 탄압하는 한편, 일본 국적 보유자의 권리인 참정권은 '정지'시켰다. 그러나 1952년 4월 28일 샌프란시스코 강화조약 발효를 계기로 국가주권을 회복한 일본정부에 의해 재일조선인 등 구식민지 출신자는 선택의 여지없이 일방적으로 일본 국적이 '상실'(=사실상 '박탈')되었고, 문자 그대로 '외국인'으로 외국인등록법(동일 공포) 및 출입국관리령(1951년 11월 공포)이 적용되게 되었다.

생활면에서는 어떠했는가. 일본 패전 후 일본 군인의 복귀와 국외에서의 일본인의 귀환으로 일본 국내의 노동인구가 과잉 되었다. 그로 인해 전시 중에 동원되었다가 산업부분에서 퇴출당한 조선인을 유동적인 본국의 정치 정세를 주시하면서 소규모의 장사나 암거래로 생계를 유지할 수밖에 없었다. 그러나 전후의 혼란기를 통해 간신히 명맥을 유지했던 이들의 장사는 한국전쟁 전후 일본의 경제부흥과 더불어 그 대부분이 살아남을 수 없었다. 한국전쟁의 특수에 따라 실업 일본인은 부흥·신흥기업에 잇따라 흡수되었지만 조선인은 그러한 일반기업에서도 배제되었고, 대부분이 쇠부스러기류 판매, 고물상, 요리·음식업, 오락업 등의 영세한 자영업을 영위하던가, 실업·반실업상태로 빈곤이 전쟁 전과 연속하여 만성화되어 있었다(1956년 실업자 등은 35.5%). 1950년대를 통해 재일 전체의 10%가 생활보호를 받고 있었는데(그 절정은 1955년 24.1%), 당시 재일이 항상적으로 얼마나 빈곤에 노출되어 있었는지 알 수 있다.[20]

한편 1950년대 일본에서는 생활보호(1950년), 국민건강보험(1958년), 국민연금 제도(1959년) 등 사회보장제도가 실시되었는데, 국적 조항이 설치됨으로써 1952년부터 외국적이 된 재일은 사회보장제도에서 배제되었다. 재일에 대한 생활보호는 '빈곤 외국인'인 조선인에 대한 '치안대책'으로 '당분간'의 '준용'에 불과했고, '권리'가 아닌 '은혜'였으므로 일본인과는 달리 '불복 신청을 할 수 없게' 되었다(또한, 이것은 법적으로는 현재도 시정되지 않았다). 이처럼 재일조선인은 일본 국적을 지닌 일본 '국민'에서 외국 국적을 지닌 '非國民'이 됨으로써 제도상 여러 부당한 대우를 받아도 '싫으면 너네 나라로 돌아가라. 혹은 귀화하라'는 말만을 계속 듣게 되었다.[21] 해방 전과 큰 변화가 없는 것이

20) 外村大, 2004 ≪在日朝鮮人硏究の歷史學的硏究 - 形成·構造·変容 - ≫ (綠陰書房, 東京) 380~381

일본사회에 의한 재일조선인에 대한 차별·배제이며, 그것이 국적의 차이에 의거하여 제도화되었던 것이 1950년대라 할 수 있을 것이다.[22]

양영지가 도일한 것은 이러한 상황 가운데였다. 그녀는 오사카에 먼 친척 언니가 있었으므로 그의 도움을 받았다. 그런데 도쿄에서 조활준 부친의 사업이 도산하자 종업원과 가정부가 그만두게 되었고 일본에 와서 반 년 정도 된 19살에 갑자기 결혼하게 되었다. 가정부 대신이었다. 1954년 도쿄의 靈南坂敎會에서 결혼식을 올렸다. 남편의 집은 아라카와구(荒川區) 마치야(町屋)에서 整毛會社의 공장을 하고 있었다. 아라카와구의 조선인 인구는 5,312명(1956년 당시)이며, 당시 도쿄에서 최대의 재일조선인 집주지역이었다(단 아라카와구 총인구에서 차지하는 비율은 1.99%).[23] 이 공장은 입주 종업원이 4~5명, 가족을 합치면 10명 이상의 대가족이었는데, 매일 집안일에 쫓기는 생활이었다. 아침, 점심, 저녁 세 끼를 준비하는 중간에 전화와 손님 접대, 시간이 있을 때는 공장에 들어가 나일론 벨트를 찢는 일과를 11년간 계속했다. 그만둔 가정부 일도 포함하여 2명분의 일을 했다. 결혼 후 1년째인 20세 때 장남을 출산, 8년 후 28세에 차남을 낳았다.

당시 재일여성은 어떠했는가. 한국전쟁 특수로 일본이 경제부흥기로 들어간 1952년 10월 재일 직업상황을 나타내는 통계(篠崎平治, ≪在日朝鮮人運動≫ 2)에 따르면, '재일' 인구 535,803명(여성 233,951명, 남성 301,852명)가운데, 제1위 여성 '무업자'는 188,408명, 80.5%에 달한다(남성은 140,216명, 46.4%). 이 무업자에게는 취업자도 포함된다고

21) 金富子, 2004 <國家の境界線上で國家を棄てる日 – 在日朝鮮人の社會保障·戰後補償問題を中心に – > ≪現代思想≫ 32~7

22) 이것이 크게 변화를 보인 것은, 일본이 1979년 국제인권규약, 1981년 난민조약에 가입함으로써 사회보장제도의 내외인 평등이 적용된 1980년대 이후이다[田中宏, 1995 ≪在日外國人 – 法の壁, 心の溝 – ≫ (岩波書店, 東京). 단 '위안부' 등 전후 보상에서 국적의 차이에 의한 차별대우는 남아 있다.

23) 外村, 2004 ≪앞 책≫ 384

생각하지만, 그래도 무업자의 비율은 대단히 높다. 무업자·실업자·기타를 제외한 여성유업자 비율은 9.1%에 불과하다. 재일여성의 대부분은 무업이었다. 그러나 무업자라도 일하지 않는다는 의미가 아니다. 매출과 매입, '봉투' 만들기, 엿 만들기로 매일매일 먹을 양식을 구하면서 가사·육아에 쫓기는 것이 실정이었다고 추측된다.

또한 당시 재일여성의 상황을 말할 때 무시할 수 없는 것은 교육문제였다. 앞서 서술한 것처럼 한반도 출신 여성의 대부분은 무취학·무식자였다. 단 재일 조선인 아동은 1930년 일본 문부성의 견해에 따라 의무교육제가 적용되게 되었다. 그러나 실상 입학신청제, 입학허가제(大阪府·東京府의 경우)였으므로 취학 의무라기보다 '은혜적인' 조치였다.[24] 1930년 이후에도 소학교 미취학자(특히 여자)가 많았고, 취학했다 해도 소학교 야간부 취학자가 많았다. 여자의 경우는 젠더 편견도 가담했다. 그로 인해 1942년도 재일아동의 취학율은 64.7%였다.[25] 재일 1세 여성들 뿐만 아니라 유년기를 일본에서 보낸 1·5세와 일본 출생 2세들이라 해도 충분한 교육을 받을 수 없었고, 취학했다 해도 그 내용은 일본인에 대한 '동화' '황민화' 교육이었다. 해방 후 재일사회에서 민족교육이 초미의 과제가 되었는데 학령기가 지난 재일여성들은 識字(한글, 일본문자)의 기회를 잃은 경우도 적지 않았다.[26]

그러한 재일여성 가운데 양영지를 보면, 만족할 정도는 아니지만 고국에서 학교 교육을 받았고 일본에서는 남편의 가업으로 충분히 먹고 살수 있었으므로 빈곤층이라 할 수 없다. 그러나 일본의 고도 경제성장

---

24) 伊藤悅子, 1983 <大阪における『內鮮融和期』の在日朝鮮人敎育> ≪在日朝鮮人史硏究≫ 12

25) 1935년 교토시의 조사에 따르면, 재일조선인의 미취학 이유로 가장 많은 것이 '빈곤'(28.56%), 다음이 '여자라서'(16.20%)였다. 田中勝文, 1967 <戰前における在日朝鮮人子弟の敎育> ≪愛知縣立大學文學部論集≫ 18, 161·168~169

26) 金榮·金富子, 1993 ≪앞 눈물≫

(1955~73년) 아래 '샐러리맨-부업주부'라는 성별 역할분업과 근대가족
이 일본인 사회 속에서 성립해가는[27] 가운데 재일여성은 그러한 사회
적 추세와 무관했다. 즉 국적과 학력에 의해 일반 기업에 취직부터 배
제되었고 중소 영세 가업을 영위한 시아버지·남편을 중심으로 한 가부
장적 대가족하에서 며느리·어머니·아내·주부 역할을 할 수밖에 없었
던 그녀의 생활 스타일은, 재일여성이 처해 있던 상황을 반영하고 있
다고 할 수 있다. 그러나 양영지가 고국에서 교육을 받은 것은 같은 세
대 재일여성 중에서 두각을 나타내는 한 요인이 되었다.

　양영지는 젊은 시절부터 '직업부인'이 되고 싶다고 생각했다. '직업
부인', 지금 말로 '커리어우먼'이다. 그녀가 자라던 시절 조선 사회는
유교사상에 영향을 받아 남존여비 관념이 강했다. 양영지는 자신의 의
지를 모두 억누르고 오로지 남편과 집안 사정에만 따르는 어머니와 언
니의 삶을 보고 어떻게든 이 상황을 바꿔야 한다고 생각했는데, 정신
을 차리고 보니 자신도 결혼하여 가정생활에서 완전히 똑같은 상황이
되어 있었던 것이다. 일본인 시어머니는 온화하고 부드러운 사람이었
으므로 함께 거주한 11년간 다툰 적은 한 번도 없었다. 한편 시아버지
는 가부장제를 중시하는 전형적인 1세의 생각을 지닌 절대군주였다.
그러나 이 시아버지가 아라카와(荒川) 민단의 부단장이었으므로 두 번
째 아이를 낳은 29세경부터 '민단 아라카와부인회'에 나오게 되었다.
이것이 그녀에게는 가정에서 사회로 나오는 첫 걸음이 되었다.

　여기서 해방 후에 만들어진 재일조선인 단체, 재일여성 단체를 개관
해 보자.

　먼저, 해방 직후인 1945년 10월 15일 일본 제국주의에 저항해온 사
회주의자·민족주의자가 주도하는 전국적인 조직으로 '재일본조선인연

---

27) 落合惠美子, 2003 ≪21世紀家族へ－家族の戰後体制の見方·超え方－≫ (有斐
　　閣, 東京) [이동원 역, 2004 ≪21세기 가족에게(일본과 가족과 사회)≫ (양서원)]

맹'(朝連, 위원장은 윤근)이 결성되었고, 재일 민중의 광범위한 지지를 받으며 귀국사업과 민족교육 등을 활발하게 추진했다. 조련 결성 준비 단계에서 우파·좌파와 대일협력자(친일파)를 포함하여 조직 만들기가 진행되었는데, 결성시에는 일부 친일파와 우파 간부는 배제되었다. 한편 조련에 대항하는 사람들은 같은 해 11월에 우파 민족주의자를 중심으로 '조선건국촉진청년동맹'(건청)을 결성했다. 또한 해방 전에 '대역사건'(1923년)을 날조하여 22년만에 출옥한 朴烈을 단장으로, 李康勳을 부단장으로 하는 '신조선건국동맹'(건동)을 다음해 1월에 결성했다. 건동은 조련 탈퇴자와 무정부주의자와 박열 지지자들이 맡았다. 건동은 1946년 10월에 건청 기타 단체를 흡수하여 '재일본조선거류민단' (민단)을 결성했다. 그 강령은 ① 재류동포의 민생안정 ② 교양 향상 ③ 국제친선을 내걸고, 제1차 선언문에는 '군정 당국의 따뜻한 지도로 전원이 귀국할 수 있는 날까지 일치단결하여 각자의 의무를 충실히 지키는 자치기관'으로 귀국을 전제로 한 자치기관으로 자기 규정하고 있다. 1948년 8월 대한민국이 성립하자 그 공인을 받고, '재일본 대한민국 거류민단'(한국민단)을 내걸었다. 1950년 건청은 재일대한청년단으로 개편되었다.

조련과 건청·건동은 본국의 정치 정세를 둘러싸고 대립했다. 1945년 12월 27일 모스크바 외상회담에서 조선의 신탁통치안이 제출되었는데, 이를 둘러싸고 다음해 조련은 지지, 건청·건동은 반대를 표명, 양자의 대립이 격화되었다. 이처럼 고국의 분단상황은 '재일'사회에도 반영, 오래토록 조련(나중에 조선총련)과 한국민단으로 크게 양분되어 전개되었는데, 재일여성운동 역시 그 영향을 피할 수 없었다.

대중적 기반이 약했던 민단에 비해 조련은 구성원 36만명(1949년 9월 현재)으로, 그 산하에 청년조직 '재일본조선민주청년동맹'(민청)과 '조선여성의 해방'을 강령으로 내건 여성조직 '재일본조선민주여성동맹(여동)' 등을 거느리고 있었다(초대 위원장은 金恩順). 조련은 민족교육에도 주력하여 민족학교는 소·중·고교 합쳐서 578개교, 5만 여명이 다니고 있었다(1947년 10월). 한국전쟁 발발 10개월 전인 1949년 9월 일본 정부는 GHQ의 지령으로 단체 등 규제령을 적용하여 조련·민청을 해산시켰다. 해산을 면한 여동은 구 조련 활동의 거점으로서의 역할을 담당했다. 조련의 후계단체로서 6·25동란이 한창이던 1951년 1월에 '재일조선통일민주전선'(민전)이 비합법으로 결성(나중에 합법화)되었는데, 민전은 일본공산당의 민족대책부 지도하에 놓여 있었다. 한국전쟁의 휴전협정이 성립(1953년 7월)하자 민전의 노선 전환 문제가 제기되었고, 1955년 5월 민전은 해산, '재일본조선인총련합회'(조선총련)이 새로 결성되었다. 조선총련은 일본공산당의 지도를 벗어나 조선민주주의인민공화국의 해외공민의 입장에서 운동을 전개하게 되었다. 조련 해산 후 조련계의 합법단체로서 활동해온 여동 역시 이에 따라 노선을 전환했다.

한편 민단 산하의 여성단체로 '현모양처, 재일 한국여성의 계몽과 문화향상, 국제친선'의 강령을 내걸고 결성된 것이 '재일본대한민국부인회'(부인회)이다. 건동의 발기인의 한 사람이며, 민단의 초대 무임소 부장이었던 吳基文을 중심으로 대한부인회 도쿄본부가 결성되었다. 계속해서 1949년 6월에 오기문을 초대회장으로 중앙본부가 결성, 이듬해 2월에 민단중앙에서 정식 산하단체로 인정받았다.[28] 여동의 강령이 명목적으로 '조선 여성의 해방'을 내건 것에 비해 '현모양처'를 내건 부인회는 명확하게 보수적인 성격이 강했다고 할 수 있을 것이다.

양영지가 말하는 '민단 아라카와 부인회'란 대한부인회 아라카와 지부이며, 도쿄 최대의 조선인 집주지역인 아라카와구에서 부인회의 총무를 맡는 것으로 민족운동의 첫걸음을 내딛게 되었다. 양영지는 부인

---

28) 金榮·金富子, 1993 <앞 논문>

회 아라카와 지부의 총무에서 곧 도쿄본부 총무가 되었고, 4년 후 1972년에는 재일대한부인회 도쿄본부회장으로 당선되었다.

부인회 도쿄본부의 총무를 맡고 있던 1969년에 일본정부의 재일동포에 대한 '출입국관리법안(이하 입관법으로 줄임)' 입법반대와 법적지위 요구 관철을 위한 민족대회와 데모 등을 민단 도쿄본부, 재일한국청년동맹(한청), 재일한국학생동맹(학동)과 공동으로 했다. 같은 해 본국의 영남지방(경상도)에 수해가 발생하여 많은 마을이 피해를 입었다. 부인회 도쿄본부는 독자적으로 모포, 이불, 의류 등 5,870점을 모아 ≪동아일보≫의 협력을 얻어 본국 피해지역인 경남 진양 방면으로 보냈다. 또한 민단 도쿄 본부와 함께 협정영주권 신청사업을 추진했다. 협정영주권이란 1965년 한일조약 체결과 더불어 '한일간 재일한국인의 법적지위와 대우에 관한 협정'에 의거 한국 국적 취득을 조건으로 신설된 것으로, 재일에게 있어서 최초의 본격적인 영주권이라 할 수 있는 '협정영주권'을 시한적으로 본인이 신청하는 것이었다(~1971년). 민단과 총련 간에는 '조선'에서 '한국'으로 국적을 변경하는 것과 그 저지를 둘러싸고 격렬한 갈등, 알력이 생겨났는데, 재일조선인의 97%가 한국 출신이며, 고향과 왕래하는데 여권이 꼭 필요하다는 사정을 배경으로 70년대에는 '한국' 국적 취득이 우세했다.('조선'적은 국적이 아니라 기호가 되었다). 협정영주권은 재일사회에 분단을 가져오게 되었고, 반면에 본격적인 영주권 취득은 재일(1세)의 의식을 '임시거주'한다는 의식에서 영주를 전제로 하는 의식으로 변화시켰다.

부인회의 중요한 활동으로는 '문화예술의 밤'을 개최했는데, 특히 한국영화 감상 등은 매우 즐거웠다. 그 외 요리강습회, 한국의 복지시설 견학 등의 활동을 했다. 여기까지는 보수적인 민단계 여성운동의 범위 내였지만, 그후 한국민주화 지원운동에 참여하는 가운데 그녀 자신의 의식과 활동, 생활도 크게 바뀌어갔다.

Ⅳ. 민단 민주화운동에서 한국 민주화 통일운동으로

1970년대의 한국은 군부독재와 민주화운동이 정면 대결하는 불안정한 시대였다.[29] 여기서 민단계의 민족운동 중에서 한국민주화 지원운동이 등장하게 된다.

그 前史는 1960년 4월 혁명과 다음해 1961년 군사 구데타에 의한 한국 육군 소장 박정희의 권력장악에 대한 평가를 둘러싸고 민단 내에서 대립한 것으로 거슬러 올라간다. 민단 안에는 군사정권을 전면적으로 지지하는 민단중앙파(권일 중앙본부단장)와 이에 비판적인 '민단정상화유지간담회'(1961년 10월 발족, 유지간담회), 재일한국청년동맹(한청, 대한청년회를 개편), 재일한국학생동맹(학동) 등 민단 민주화세력파로 양분되게 되었다. 앞서 서술한 입관법 개악 저지투쟁 등 재일동포의 권익 옹호를 위해 투쟁한 것은 주로 민단의 민주화 세력이었다. 박정희의 쿠데타 성공 후에 만들어진 한국의 중앙정보부(KCIA)는 주지하는 바와 같이 북한 스파이사건의 적발과 더불어 반정부운동 등을 단속했는데, 재일사회 특히 민단에 대해서도 간섭하게 되었다. KCIA에서 온 영사·참사·서기관들은 민단 중앙본부에 대해 절대적인 영향을 발휘하고 있었다.

민단 민주화세력이 강해지는 것을 억제하기 위해 1971년 3월 민단 중앙본부 단장이 선출되는 민단 중앙대회를 전제로 한 중앙위원회에서

---

29) 이하 한국민주화운동에 관한 기술은, 서중석, 2007 ≪한국현대사 60년≫ (역사비평사, 서울) (文京洙 譯, 2008 ≪韓國現代史60年≫ (明石書店, 東京)을 참고했다. 민단 민주화운동과 한국민주화 지원운동은 鄭在俊, 2006 ≪金大中救出運動小史－ある＜在日＞の半生－≫ (現代人文社) 등을 참고했다.

金在權 공사가 유지간담회의 리더였던 裵東湖와 관련한, 소위 '녹음사건'을 일으켰다. 김재권 공사는 내빈 인사말에서 '유지간담회 진영의 모 간부가 총련 간부와 내통하여 반국가적 발언을 한 밀담 녹음 테이프가 있다'고 하는 '폭탄 발언'을 했다. 민단 중앙단장 선거에 유지간담회의 지지를 받은 兪瀋春(교토 교회 장로)이 출마하여 우세했지만 이 녹음사건에 의해 선거 국면이 역전되어 대사관 측이 추천한 후보가 중앙단장에 당선되었다. 대회 후 배동호와 유지간담회는 녹음 공개를 요구했지만 공개되지 않았다. 이 사건을 계기로 유지간담회는 '민단자주수호위원회'(자주위)로 개편되었고, 민단 민주화운동이 전개되게 되었다. 이와 같은 민단 내 혼란 속에서 양영지는 대한부인회 도쿄본부 회장으로 '민단 민주화세력'인 민단 도쿄본부와 행동을 함께 하게 되었다.

그런데 1972년 7월 4일 예상도 못했던 '남북공동선언'이 남북 두 정권의 합의로 발표되었다. 박정희의 심복인 이후락 중앙정보부장과 북의 박성철 제2부수상이 비밀리에 평양과 서울을 왕복하면서 추진한 것이었다. 평화·자주·민족대단결의 3원칙에 의한 '남북공동성명' 발표로 양영지 등 부인회 도쿄본부는 서로 기뻐했다. 같은 재일동포이면서 의견이 조금이라도 다르면 저 사람은 '베트콩파'라느니 '빨갱이'라 말하며 싫은 내색을 보였는데, 그것도 남북이 통일되면 모두 해소된다고 생각했다. '일본에서 38선을 없애자'며 재일거류민단 도쿄본부와 재일조선총련 도쿄본부가 준비회의를 거듭, 남북공동성명을 지지하는 민족대회를 센다가야(千駄ケ谷) 체육관에서 개최했는데, 여기에 부인회 도쿄본부도 적극적으로 참가했다. 양영지는 부인회 대표로 대회 결의문을 읽었다. 이때 '나라가 통일된다'는 기쁨과 감동은 50년이 지난 지금도 잊을 수가 없었다.

이러한 움직임에 대해 민단 중앙은 조직을 혼란시키는 불순분자의 반국가적인 행동이라 규정하고, 제명, 停權 등의 부당한 처분을 남발,

한청, 학동 산하 단체 인정 취소 등을 강행했다. 부인회 도쿄본부에 대해서도 임원들을 한국대사관 영사가 아카사카(赤坂) 뉴재팬 부근에 있던 문화홍보원으로 불러 '총련에 이용당한 이적행위' '반성하라'고 비판했다. 그러나 양영지에게는 너무도 부당한 말이었다. 남북 두 정부에 의한 공동성명은 남북의 대동단결을 주장했기 때문이다. 양영지 등은 반발하며 영사의 요구를 받아들이지 않았다. 그러나 그후 부인회 부인 金信三씨의 이름으로 1972년 8월 29일자의 '도쿄본부 양영지 회장 20년간 停權 처분, 趙良心 부회장 7년 정권 처분' 공문이 도달했다. '해당사항' 속에는 '남북공동성명을 악용하는 불법집회 동원 및 참가(중지 지시 공문 무시)' 등으로 쓰여 있었다. 부인회 도쿄본부는 부인회 중앙본부의 직할이 되었고 崔金粉 회장이 뒤를 계승하게 되었다. 10월에 부인회 도쿄본부 임원은 임원·회원 40명이 건청 때 세운 花郞台에 모여 향후의 일을 논의하는 합숙을 가졌다. '재일대한부인회 도쿄본부'의 이름은 향후의 운동을 위해 그대로 사용하기로 하는 등 몇 가지를 정하고 서로 격려했다.

그런데 1971년 한국 대통령선거에서 박정희에게 75만표 차이로 아깝게 패한 김대중은, 박정희 대통령이 전국에 비상계엄령을 반포하고 독재화를 강행했던 1972년 10월 '10월유신' 후 사실상 망명하여 일본과 미국에서 반유신독재, 한국민주화를 위한 투쟁을 전개하게 되었다. 여기서 민단 민주화세력과 본국의 민주화세력이 결합한 것이다. 그런데 1973년 8월 8일 김대중이 구단시타(九段下)의 호텔 그랜드펄스에서 한국 중앙정보부 요원들에 의해 모살을 목적으로 납치되었다. 김대중 납치사건이다.[30] 김대중의 생명이 위험했으므로 민단 민주화세력 중에

---

30) 김대중은 납치된지 5일 후에 서울 자택 근처에서 풀려났고 혼자 힘으로 귀가했다. 김대중은 1980년 광주민주화항쟁 주모자로 사형판결을 받았지만 무기징역을 거쳐 강제 출국 당하였다. 1985년 귀국하여 정치활동을 재개하여 대통령선거 낙선, 정계 은퇴 등을 거쳐 다시 정계에 복귀하여 1997년 12월 제

'김대중 선생 구출 대책위원회'가 생겼다. 구출운동을 전개하면서 김대중은 납치되어 행방을 알 수 없는 상황이었지만, 같은 해 8월 13일 '한국 민주회복 통일 촉진 국민회의'(한민통) 결성대회를 개최하여 그를 한민통의 의장에 추대했다. 남편 조활준은, 경향신문 기자였던 양영지의 조카가 일본에 유학했을 때 도쿄에 머물고 있던 김대중에게 소개했던 것이 인연이 되어 김대중의 수석비서가 되어 있었다. 그 경위로 한민통의 사무총장에 취임했다. 김대중의 동향으로 어린 시절 소꿉친구였던 金鍾忠은 국제부장이 되었다.

이때 부인회의 임원들도 중앙위원이 되었다. 양영지는 한민통 중에서 한청동과 더불어 한국의 민주화 지원, 민족통일운동의 일익을 담당했다고 생각한다. 이렇게 해서 박정희 독재정권에 반대하는 많은 집회와 데모에 참가하여 운동을 전개하게 된다.

V. 여성주의에 눈뜨다 – 한국·일본·재일여성들과 함께

1965년 한일조약에 의해 한국과 일본의 국교가 회복되어 많은 일본인이 한국을 방문하게 되었다. 그런데 한국을 방문한 일본인의 대부분은 남성이며, 한국 여성과 매춘을 위한 기생 매춘관광이 국제문제, 사회문제가 되고 있었다. 한국에서는 1973년 12월 19일 이화여대생이 김포공항에서 일본 남성의 기생관광을 반대하는 데모를 거행했다. 이에 호응하여 일본에서도 하네다 공항에서 '기생관광에 반대하는 여성들의

15대 한국 대통령에 당선되었다(1998~2003). 2007년 10월 국가정보원(KCIA의 후속 조직)의 과거사건 진실규명을 통한 발전위원회는 당시 KCIA에 의한 조직적인 범행이었다는 보고서를 발표, 한국정부가 사건에 관여했음을 최초로 공식 인정했다.

모임'(1973년 결성) 멤버 약 40명이 전단지 배포 등의 항의 행동을 했
다. 해방 이후 한일 여성에 의한 최초의 공동행동이었다.

1994년 3월에는 기생관광을 생각하는 한국매춘간담회가 矯風會 주
최로 개최되었다. 1973년 1~11월의 방한 관광객 60만명 가운데 80%
가 일본인이며, 대부분이 단체 남성인 점이 밝혀지게 되었다. 같은 달
8일 국제부인의 날에는 '한국 여성들의 투쟁에 연대하여 기생관광에
반대하는 집회'가 부인 민주클럽·아시아 부인회의 등 13개 단체의 주
최로 개최되었다. 4월에는 '매춘문제를 둘러싼 모임'이 기생 매춘관광
에 반대하면서 일본의 여행업자가 관광매춘을 추진하지 않도록 운수성
에 요망서를 제출하였다. 9월에 운수성은 기생관광에 대한 높은 비난
의 목소리를 받아들여 한국으로의 불필요한 여행에 대한 자숙령을 발
표했다.

앞서 서술한 일본인 남성에 의한 매춘관광에 반대하는 '기생관광에
반대하는 여자들의 모임' 등 아시아 여성들과 함께 행동한 일본의 여
성들에 의해 1977년 3월에 '아시아 여성들의 모임'(Asian Women's
Association: AWA)이 아시아에 대한 군사적·경제적 침략에 가담하지
않은 여성 해방운동을 목표로 발족했다. 아시아 여성들의 모임은 그후
한국 등 아시아의 민주화 지원과 정치범 구원, 일본 기업의 아시아 진
출, 개발원조, 관광개발과 인신매매, 군사화 등 다양한 문제에 대해 운
동을 전개하는 외에 기관지 ≪아시아와 여성 해방≫ 간행과 연속 세미
나 '여자대학' 개최 등의 활동을 전개했다.[31] 양영지는 기생관광 반대
운동 속에서 그러한 일본인 여성들과 서로 만나 '아시아 여자들의 모
임' 회합에도 참가하여 李小仙(전태일의 어머니) 등 한국의 노동자 문

---

31) 후속단체인 아시아 여성 자료센터 '지금까지의 역사'에서 마쓰이는 1994년
설립부터 죽을 때까지 대표를 역임했다.
http://ajwrc.org/jp/modules/pico/index.php ?content_id=11(2008.9.30)

제와 민주화운동 등을 어필하게 된다. 특히 이 회의 설립 멤버의 한 사람인 마쓰이 야요리(당시 아사히신문 기자, 1934~2002)와의 만남은 인상적이었다. 마쓰이 야요리는 아사히 신문 최초의 여성기자로 환경문제와 공해수출 문제에 관심을 기울이고 있었는데, 1970년 미국 취재 중에 우먼 리브와 만난 다음부터 적극적으로 여성문제에 착수하게 되었다. 탁월한 어학력과 아시아에 대한 예민한 시각으로 아시아의 민주화 지원운동, 기생관광 등의 국제적인 매춘문제, 여성의 인권문제 해결(나중에는 '위안부' 문제)에 전력하는 페미니스트였다.[32]

이처럼 1970년대 일본 속에 한국민주화운동과 여성노동자의 생존권 투쟁을 지원하기 위한 활동에 여성의 시점으로 착수한 운동 주체가 생겨나게 되었다. 이러한 연대활동 속에서 양영지도 일본인 여성의 여성주의에 영향을 받게 되었다. 그러나 그것이 확실하게 의식화된 것은 1980년대 들어서였다.

한편 1970년대는 유학과 비지니스 등으로 한국에 온 재일동포가 북한의 스파이로 체포·투옥되는 사건이 빈발했다. 양영지 등은 구원운동으로 서명활동과 국회 진정 등을 하게 된다. 또한 1976년 3월 1일 명동성당의 3·1절 미사에서 민주주의 회복을 호소하는 선언을 낭독한 것이 민중봉기를 유도하여 정부를 전복·탈취하려 한 것이라 하여 함석헌, 문익환, 이태영, 김대중 씨 등 재야인사 11명이 체포되어 재판에 회부되었다(3·1민주구국선언사건). 비합법재판으로 이를 항의하는 재일 8단체 대표 15명이 단식투쟁을 시작했는데, 부인회에서는 양영지를 포함한 2명이 참가했다. 또한 일본에서는 '3·1민주구국선언' 지지, 정치범 석방, 백만인 서명운동을 전개하는 가운데, 부인회는 '한일 여성 100만인 서명에 연대하는 모임'을 한일 양국의 20개 여성 단체에서 구

---

32) 松井やより, 2003 《愛と怒り 闘う勇氣－ジャーナリストいのちの記錄》 (岩波書店, 東京) 등.

성했다. 부인회 주최로 정치범 가족을 지원하는 바자회를 열기로 결정하고 가두 서명운동, 호별 방문 등을 통하여 서명 집회와 캠페인 등을 전개했다. 부인회원들은 그 사이에 마쓰이를 통해 한국의 양심수 가족들에게 보낼 자주색 빅토리 숄을 손으로 짜서 바자회에 출품했다. 이 바자회는 대성황을 이루었다. 순 이익금 백만 엔을 金鍾忠을 통해 한국의 정치범 가족과 이휘호(김대중 부인)에게 보냈다. 6개월간 10회의 가두선전 등의 활동 중에 많은 양심적인 일본인 여성과 민주단체의 연대협력은 커다란 힘이 되었다. 일본 신문에도 크게 보도되어 한국의 실정을 알릴 수 있었다.

1977년 8월에는 '민주민족통일한국인연합(한민련)'이 결성되었다. 해외에 거주하고 있는 민주인사가 결집하여 한국의 민주화운동을 지지하고 확대하기 위한 네트워크적인 조직이었다. 부인회는 미국, 유럽에서의 해외동포 여성 대표자들과 의견을 교환했는데, 재독일 여성들의 활동이 가장 인상적이었다고 한다. 한민련 조직의 유럽 본부 의장으로는 베를린에 거주하고 있는 세계적인 작곡가 尹伊桑[33]이 취임했다. 윤이상은 국제회의 등으로 일본을 몇번 방문했는데, 양영지 부부와는 같은 고향이라는 인연도 있어서 함께 여행하는 등 친하게 사귀고 있었다.

또한 1977~78년에는 한국에서 많은 여성 노동자에 의해 '생존권'을 건 노동쟁의가 일어났다. '한강의 기적'으로 불리는 경제성장의 일단은, 섬유산업에 있어서 세계에서 가장 긴 노동시간, 열악한 노동조건, 성차별적인 임금에 일하는 여성 노동자들의 희생 위에서 가능하게 된

---

33) 윤이상(1917~1995)은 경상남도 통영 출신으로 주로 독일에서 활약한 세계적인 현대음악 작곡가. 1956년 유럽에 유학, 1963년 북한 방문, 1967년 KCIA에 의해 베를린에서 서울로 납치되어 종신형이 선고되었다가(이른바 '동베를린 간첩단사건'), 국제적인 항의와 독일 정부의 조력 등에 의해 1969년에 석방된다. 1974년경부터는 해외 민주화 운동에 참가하게 되었다. 한국에서는 오랫동안 인정되지 않았지만, 2005년 '세계적 문화 브랜드'라고 하여 '윤이상 평화재단'이 설립되었다. 약력 등은 http://www.isangyun.org(윤이상평화재단) 참고.

것이다. 1970년 11월에 청계천 평화시장의 노동자 전태일이 근로기준 법 준수를 호소하며 분신한 사건이 일어났다. 열악한 노동조건을 극복 하려는 움직임이 시작되어 1970년 중반부터 민주노조가 여성 노동자 가 많은 섬유산업 등에서 결성되게 되었다. 그 대표적인 여성인 공덕 귀가 동일방직, 방림방직의 여성 노동자의 생존권 지원운동을 전개하 면서 일본의 여성들에게 메시지를 보내왔다. 그래서 양영지 등은 일본 의 여성단체 집회 등에 몇 번인가 참석하여 한국 여성 노동자의 실태 와 노동 3권 쟁취 과정에서 여성 탄압 상황을 호소했다. 1977년도 양 영지 등은 바자회를 개최했는데 그 수익금을 청계천 평화시장 노동교 실을 재개한 이소선과 김지하 지원을 위한 김지하 어머니 정금성에게 보내기도 했다. 이소선은 대한부인회 회장에게, 정금성은 도쿄 부인회 에 각각 감사 편지를 보냈다. 후자의 편지에는 "보내주신 자료 1부 잘 받았습니다. 저희에게 많은 참고가 될 것이오나 …"(1979년 2월 6일자) 로 기록되어 있는 바, 시대의 각박함을 느낄 수 있다. 한국영사관(그것 을 대행했다)과 민단은 양영지 등 한국민주화 지원운동을 하는 재일한 국인에 대해 '반정부'적으로 보고 여권을 발행하지 않는 등의 탄압을 했으므로, 수익금 등의 송금은 한일 간의 왕래가 가능한 일본인 등에 게 맡길 수밖에 없었다. 한편 1978년 한국의 대법원은 '재일교포유학 생사건'과 관련하여 한민통을 '반국가단체'로 규정했다.[34]

한국 여성 노동자의 생존권 투쟁은 이어졌고, 1979년 8월에는 유신 체제 붕괴의 서곡이 된 YH무역사건이 일어났다. 양영지 등 부인회는 사건 과정 중에 추락사한 여성 노동자와 운동을 지원하기 위해 바자회 의 수익금을 양일동 국회의원을 통해 비밀리에 도시산업선교회의 조화 순 목사에게 보냈다.

---

[34] 한민통 후속단체 재일한국민주통일연합(한통련)의 한겨레(신문) 의견광고(2008.9.16 게재)에 의함.

1980년까지 계속해서 부산·마산항쟁(10월), KCIA 부장 김재규에 의한 박정희 대통령 피살(10·26), 전두환 보안사령관에 의한 쿠데타(12·12), 1980년 2월 말 윤보선·김대중의 복권과 '서울의 봄', 5월 17일 비상계엄령 전국 확대와 김대중·문익환의 구속, 다음날부터 시작한 광주민주화항쟁과 그에 대한 가혹한 진압 등이 잇따라 일어나는 등, 격동의 시대였다. 광주민주화항쟁 중인 5월 22일에 계엄사령부는 '김대중 내란음모사건'이라는 수사 결과를 발표, 광주사태의 배후 조종자는 김대중이라고 주장했다. 7월 4일에는 김대중·문익환 등이 내란음모·국가보안법·반공법 등 위반혐의로 군법회의에 회부되어 9월, 11월에 사형선고를 받았고, 대법원은 81년 1월 원심을 확정했다.

1980년 한민련은 '긴급 해외 한국인 대표자회의'를 개최했는데 독일·미국·캐나다·프랑스 등 해외에서 일본으로 온 동포 여성도 참가하여 부인회와 함께 간담회를 갖고 향후 운동 활동방침 등을 논의했다. 김대중 등에 대한 판결은 세계 각국의 높은 관심 속에서 무기징역으로 감형되었다. 일본의 한민통과 한청은 즉시 석방을 요구하는 단식투쟁을 단행했다. 이때 남편 조활준도 참가하여 투쟁했다(김대중은 1982년 12월 형집행정지로 석방되어 도미). 1982년 12월 스위스의 바젤에서 세계사회주의 인터내셔널 간사회가 열리는 것을 알고, 김대중이 처한 현실을 호소하기 위해 한민련 대표들과 부인회에서 2명이 동행했다. 양영지는 일본에 온 이후 첫 출국이었다. 한국정부로부터 여권이 나오지 않았는데, 일본 법무성 출입국관리국과 여러 해 동안의 교섭과 운동의 성과가 있어서 난민수첩과 종이 1장의 패스포트가 나왔다. 이것을 들고 프랑스, 독일, 스위스, 노르웨이, 미국의 5개국을 돌았던 것이다.

운동이 길어지고 정세가 각박해짐에 따라 부인회 회원은 점점 감소하였다. 1985년에 한민련 제2회 해외 대표자회의가 개최되어 비로소 여성국이 설치되었다. 양영지와 김지영이 책임부서를 맡았다. 이때를

계기로 여성국에 어울리는 재일 2세의 젊은 여성들을 결집시킬 필요성
이 대두되었다. 13년에 이르는 긴 민주화 지원운동 속에서 부인회의 1
세 어머니들은 대부분 고령으로 의식도 행동도 시대성도 사라지게 된
것이다. 시대의 변화에 호응할 수 있는 20~40대의 문제의식이 높은
재일 여성이 정기적으로 모였고, 매월 1회 민족성을 각성하고 정치적
의식도 높이면서 여성문제 등의 학습회를 갖게 되었다. 이 모임이 발
전하여 '재일한국민주여성회'(여성회)의 준비위원회가 되어 1년 후 11
월 결성대회를 열었다. 여기서 준비위원장을 맡은 양영지가 초대회장
이 되었다. 이후 1986년 도쿄, 오사카, 가나가와, 東海지역에 작은 조직
이 잇따라 결성되었다. 현재도 도쿄와 오사카에서는 활동을 하고 있다.
여성회 결성시의 강령은 "①재일동포의 권익옹호, ②여성해방 실현,
③한국민주화와 자주적 평화통일, ④본국, 해외동포, 민주여성단체 등
모든 민주단체와 연대, ⑤한반도 핵 위협과 전쟁 반대"로 정해졌다. 남
북 분단시대를 살아가는 개인으로서는 해결할 수 없는 문제, 민족의
슬픔, 여성의 입장을 드러내고 목표를 정한 것이다. 여성회가 결성되면
서 젊은 재일 여성들의 활동이 활발해졌다. 여성회 결성 1주년 기념에
는 '대동제'를 개최했다. 부천경찰서의 권인숙 성고문사건(1986년 6월)
을 다룬 연극도 상연했다. 결성 2년째 정기대회에서 사임하고 김지영
에게 회장직을 넘겨주었다.

　이 시기 한국에서는 서울대생 고문치사(1987년 1월)에 대한 항의와
대통령 직선제 개헌 요구로 시작된 6월 민주항쟁에 의해 민주화의 길
이 크게 열렸다. 노태우(민정당 대통령후보) 등 신군부는 대통령 직선
제 개헌 등을 포함한 '6·29민주화선언' 발표를 하게 되었다. 그 후 우
여곡절을 겪지만 노동과 언론, 문화, 여성운동 등 다양한 분야에서 민
주화가 진전하게 되었다.

　이처럼 1972년 재일부인회 도쿄본부 회장에 선출된 후 민단의 분쟁,

대사관 정보부의 관여, 한국 민주화운동 지원을 위한 투쟁을 여성회 회장을 사임할 때까지 18년간 지속해왔다. 양영지는 부인회와 여성회 활동을 통해 한국의 민주화와 통일에 대한 의사를 행동으로 적극 표현, 민주화운동의 대열에 참여해왔다고 자부하고 있다. 그러나 1980년대에 들어 한국·일본의 여성운동을 보면서 조직내에 여성과 남성 간의 역할분담이 있는 것에 의문을 느끼게 되었다. 모든 것이 남성 중심으로 최고 결정기관에 여성은 들어가지도 못하였다. 부인회와 여성회는 위(남성 간부)에서의 결정을 하청식으로 협력·실천하여 운동을 지지하는 기관에 불과한 것이 아닌가? 남성 간부로부터 '남북이 통일되어 민족이 해방되면 해결된다'고 들어왔지만, 여성을 존중한다고는 생각하지 않았다. 이 의문도 포함해서 이후 양영지는 한민통계의 활동에서 물러나 한민통과의 관계에도 선을 긋게 되었다. 그 배경에는 소련 고르바초프의 등장에 따른 냉전 완화, 국민의 신임을 얻고 한국 대통령이 된 노태우에 대한 평가를 둘러싼 견해의 차이가 있었다. 남편 조활준은 이미 한민통 활동을 사임했다. 또한 한민통은 1989년에 재일한국민주통일연합(한통련)으로 개편했다.

1990년대로 들어오면 양영지는 한일 간의 기독교인 네트워크에 의해 한국에서 시작된 '위안부' 문제 해결운동을 일본으로 가져가는 경위에 관여하였다. 1990년대에 '지연되어 온' 전후 보상문제로 시작된 일본군 '위안부' 문제는 그때까지의 전후 보상문제와는 다른 성격을 지닌다. 이 운동이 여성들에 의해 준비되고 전개되었다는 점이다. 운동의 계기가 된 것은 1990년 5월 노태우대통령이 방일했을 때 한국의 여성단체가 해방 후 처음으로 '위안부' 문제의 진상규명과 해결을 요구하는 성명을 냈던 것이다. 일본에서는 1970년대에 센다 카코(千田夏光) 등의 저작(1973, ≪從軍慰安婦≫)과 회보 등에서 이 문제를 다룬 '아시아 여자들의 모임' 등에 의해 문제의 소재는 알려져 있었지만 해결하기 위한 운동의 과제가 되지 못했다. 그것을 크게 전환시킨 것이 민주화를 쟁취한 한국의 진보적 여성운동이었다. 예를 들어 그중 하나인 한국교회여성연합회는 1970년대부터 민주화운동과 여성노동자의 생존권운동에 적극적으로 착수하여 외화획득을 위한 기생관광의 실태를 조사, 현대판 '정신대'(이 경우 '위안부'를 가리킨다)로서 이것을 장려하는 한국정부에 항의했다. 1988년에는 제주도에서 외국인 관광객에 의한 매매춘 문제를 주제로 한 '국제관광 기생 세미나'를 개최하였다. 이 때 1980년대부터 '위안부' 문제를 아시아 각지에서 취재해 온 윤정옥(당시 이화여자대학 교수)이 강연을 하여 일본을 포함한 각국의 참가자에게 충격을 주었다. 한국여성단체연합도 부천서 성고문사건 등에 대한 조사를 착수하는 등 민주화운동을 주도한 여성 단체이다.

1990년 6월 일본 국회에서 노동성 국장이 '민간업자가 (위안부를) 데리고 갔으므로' 조사할 수 없다고 답변, 일본군의 관여를 부정했다. 이 발언이 한국에 전해지자, 10월 한국의 여성단체 5명이 일본으로 가서 일본정부에 공개 항의편지를 보냈다. 이때 일본기독교협의회(NCC) 여성위원회에 나와 있던 양영지 등도 가담하여 일본 국회에 항의활동을 하기도 했다. 그 직전인 10월 25~27일에는 오키나와 도가시키지마(渡嘉敷島)에서 한국교회여성연합회와 재일대한기독교전국여성연합회 회원 약 30명에 의해 '위안부' 합동추도식이 거행되었다. 11월에 한국에서는 37개 여성단체에 의해 한국정신대문제대책협의회(정대협, 공동대표 윤정옥 등)가 결성되었다.

같은 해 12월에는 윤정옥 정대협 공동대표가 일본에 가서 일본 여성과 재일여성 앞에서 '위안부' 문제에 관한 강연을 함으로써, '위안부' 문제에 착수하는 단체가 잇따르게 되었다. '위안부' 문제는 가부장제의 문제라고 강조한 윤정옥의 강연에 신선한 충격을 받은 도쿄의 재일 2·3세 여성들은 어휘력을 활용하여 윤정옥이 한겨레신문 지상에 실은 '정신대 취재기'(1990년 10월)을 번역하여 팜플렛으로 발간하기도 했다. 이러한 일을 계기로 재일여성의 운동단체로서 1991년에 간토(關東)에 '종군위안부 문제 우리여성 네트워크'(여성네트, 1988년 해산)와 간사이(關西)에 '조선인 종군위안부 문제를 생각하는 회'(생각하는 회, 현재도 계속)가 만들어졌다. 양자는 같은 해 8월에 한국에서 최초로 정신대 문제를 증언한 김학순이 일본 정부를 상대로 보상을 요구하며 제소하기 위해 일본에 올 때마다 도쿄 및 오사카에서 각각 김학순의 증언집회를 주최하여 '위안부' 문제가 일본에서 일약 사회문제화 되는데 커다란 역할을 했다. 재일여성의 '위안부' 문제 해결운동에서 특징적인 것은, 양자의 멤버 가운데는 1970~80년대에 재일여성의 입장에서 한국민주화 지원과 정치범 구원운동에 참가한 2·3세의 젊은 재일여성들이 상당수 포함된 점, 또한 70·80년대가 '얼굴을 볼 수 없는' 한·일·재일여성 연대운동이었던 것과 달리 90년대에는 한국 정대협 등과는 '얼굴을 볼 수 있는' 한·일·재일여성 연대운동의 일익을 일본인 여성과 더불어 담당해온 것이다. 양영지는 상의하달식의 남성 중심적 조직론을 부정하고 대표를 두지 않는 것을 모토로 한 여성 네트에 한 회원으로 참가했다.

1993년에 재일조선인 '위안부' 宋神道씨의 제소를 계기로 '재일 위안부 재판을 지원하는 회'가 재일여성, 일본 여성의 젊은 세대를 중심으로 결성되었다. 1998년에는 재일여성도 포함하여 VAWW-NET재팬(전쟁과 여성에 대한 폭력 일본 네트워크, 대표 마쓰이 야요리(松井やより))이 결성, 한국 정대협 등 피해 6개국과 더불어 '2000년 일본군 성노예제를 재판하는 여성국제전범법정'를 개정했다. 양영지는 이러한 활동에 모두 참가하지는 않았지만 여성 네트가 합숙할 때는 자택(西早稲田)을 제공하거나 아시아 연대회의와 법정 등 고비 고비마다의 이벤트에는 멤버로 참가하여 젊은 세대의 활동을 지켜보아 왔다.

VI. 재일동포를 위한 노인홈

양영지는 절실한 크리스찬이었던 외조모의 영향으로 국민학교 때부터 미조에 있는 교회에 다녔다. 남편과 만난 것도 크리스찬 서클이었다. 그러나 일본에서 운동을 하는 동안 교회에 다닐 수 없었다. 그것이 바뀐 것은 1986년 무렵부터이다. 교회 장로였던 남편의 삼촌이 일본에 와 교회로 안내하면서 도쿄 이다바시(飯田橋)에 있는 대한기독교회에 출입하게 되었다. 회원이 되어 빈번하게 교회에 다니게 된 것은 1988년부터였다. 재일민족단체, 여성단체의 리더를 사임한 후 대한기독교회에 드나들면서 한층 기독교 신앙의 세계에 몰입하게 되었다. 거기서 그녀는 리더십을 유감없이 발휘하게 된다. 교회에 다닌지 2~3년 후에 부서기·서기가 되었고, 1997년 7월에는 '재일대한기독교 전국교회여성연합회'의 제14대 회장에 취임했다(~1999년 7월). 여기서 중요한 점은 1996년 6월 28일 사회복지법인 샬롬에 의한 노인홈 '색동의 집'을 열게 된 것이다. 열기까지 40년의 세월이 걸렸다.

대략 이 여성연합회의 역사는 재일여성 기독교 신자(교회 여성)들이 오사카 교회에 모여 부인전도회 발기회를 조직한 1948년으로 거슬러 올라간다. 다음해에는 31명의 교회 여성이 '재일대한기독교연합여성전도회' 창립총회를 오사카 교회에서 개최, 회칙과 초대 회장 선출 등을 하였다(1975년에 '부인회', 1992년에 '여성회'로 개칭). 1955년 제5회 대회에서 케어 하우스 '색동의 집'의 기초가 되는 양로원 건설 결의가 이루어지게 된다. 또한 일본기독교협의회(NCC) 부인부 등과의 교류도 시작되었다. 1970년대에는 재일동포의 차별 상황을 포괄하는 선교 개념으로 전환하여 '히타치(日立) 취직차별 재판' 지원과 강제퇴거 재판 지원, 재한 피폭자 구원, 본국 민주화운동의 구속 기독인들을 위한 기

도회와 촛불시위 행진, 1978년에는 교토 한국학원 이전 문제, 가와사
키 신용금고 융자차별에 대한 항의, 본국 동일방적 여성노동자 지원모
금회 등, 재일과 한국의 민주화와 인권운동을 활발하게 전개하였다. 또
한 재일 대한기독교총회(총회)와 교회 안에서 여성의 지위향상(성차별
해소)에도 착수, 1978년 제34회 총회에서 여성 목사·장로의 안수가 가
능한 헌법 개정이 채택되었다. 1974년 제32회 총회에서 여성회의 반대
에도 불구하고 '부인국'을 복구하는 등의 우여곡절이 있었지만(1995년
폐지), 1980년에 여성 장로, 1983년에 여성 목사가 탄생하면서 여성이
비로소 총회의 정대의원이 되었다. 한편 1995년에는 한국의 3교단(예
수교·기독교장로회·감리회) 여성회와 이전부터 '위안부' 문제 등 연대
활동을 지속해온 한국교회여성연합회(8교단 포괄) 사이에서 '선교협의
회'를 갖고 '색동의 집' 건설운동에 대한 협력과 鄭香均 공무원 임용차
별 재판지원 등이 합의되는 등, 기독교 여성 네트워크를 확대시켰다.35)
　이러한 가운데 일시 중단되었던 양로원 건설을 위한 실행위원회가
1980년에 재조직되었고, 1987년에 오사카부 사카이시에 500평의 토지
구입을 결정했다. '1평 운동'을 전개하여 1990년에 구입을 완료하고
건설이 시작되었다. 1996년 6월 28일 노인홈 '색동의 집'이 개관했다.
개관까지의 과정에는 총회와 많은 목사들(남성)로부터 "법인은 절대
받아들일 수 없다. 여자가 무엇을 할 수 있는가" "건물은 절대 지을 수
없다. 건축 분담금을 내주지 않겠다!" "머지않아 파괴된다. 파괴될 바
에 분담금을 낼 필요가 없다"36)는 등, 냉대와 방해를 받았다. 반세기에
이르는 총회·교회 내의 성차별 시정, 여성의 지위 향상이 '색동의 집'
개관을 가능하게 했다.

---

35) <略史(1948~1999年)> 50年史編集委員會 編, 1999 ≪在日大韓基督敎全國
　　敎會女性連合會 50年史≫
36) 朴善喜(케어 하우스'색동의 집' 이사장), 1999 <老人ホーム建設の步みを顧み
　　て-> ≪위 책≫ 117

그런데 '색동의 집'은 재일조선인의 고령화에 대응하려 한 것이다. 2005년말 현재 한국·조선 국적 총수에서 차지하는 노령인구의 비율은 15.1%이며 고령이 될수록 1세 여성의 비율은 높아진다. 일본인 고령자와 비교하여 재일조선인 고령자의 특징은, ① 無年金, ② 낮은 식자율(일본어 읽고 쓰기 능력), ③ 일본인을 중심으로 한 지역사회에서 소외의 3가지라고 한다.[37] ① 무연금은 국적을 이유로 하는 제도적 배제의 하나인데, 고령자에게는(일본인은 수취) 구제 조치를 취하지 않았기 때문이며, ② 낮은 식자율은 식민시기 등에 교육을 제대로 받지 못했던 (특히 여성) 것에서 유래하며, ③ 지역사회로부터의 소외는 일상적으로 받아왔던 차별과 관계있다. 요컨대 일본인과는 달리 재일조선인 고령자의 특징은 일본 사회에 뿌리깊은 식민주의의 결과라 할 수 있다. 고령의 재일 1세를 대상으로 한 민족적인 요소와 문화적 배경을 배려한 복지 서비스가 요구되는 까닭이다.

양영지는 이 과정에 전부 참가하지 않았지만 임원으로서 사업을 비준한 박선희('색동의 집' 이사장)에게 협력과 원조를 아끼지 않았고, '색동의 집' 이사의 한 사람으로 10년간 재임했다(~2007년). 또한 회장 재임 중인 1997년 제44회 총회에서 '여성회 대표'가 지방회와 총회의 '준'에서 '정'대의원으로 하는 헌법 개정이 실현되었고, '여성회의 자주자립적인 조직 운영을 총회 내에서 인지시켜 여성의 선교정책에 대한 참여가 한 걸음 전진하게 되었다'[38]고 한다. 성차별 시정에 대한 지도력이 발휘된 것이다.

또한 1999년 12월에 NCCJ 북한 식량지원 방문단 파견 멤버로 추천되어 양영지는 고시이시 이사무(興石勇)(성공회, 방북단 단장) 등 일본인 기독교인 5인과 함께 북한을 방문했다. 지원 물자는 옥수수, 식용

---

37) 徐阿貴, 2008 ≪앞 눈문≫
38) <略史> ≪앞 책≫ 35

유, 자전거 등으로, 실제 북한의 민중에게 배급되었는지 여부를 확인하기 위한 것이었다. 양영지는 그 이외에 재일대한교회 여성회에서의 지원금으로 어린이용 양말과 장갑을 100개씩 사서 평양에 보냈다. 평양시립 육아원(일종의 고아원)을 방문했는데, 춤을 잘 추는 어린이 외에 영양실조로 발육이 지연된 어린이들을 보았다. 식량난이 차세대까지 후유증을 남기는 심각한 문제임을 통감하고, NCC와 연대하여 북한에 이유식 보내기 운동, 일본과의 국교정상화, 한국과의 평화적 통일기반을 구축하면서 경제교류에 의해 북한의 식량난 문제가 해결되기를 바라마지 않았다.

VII. 나오며

양영지는 남편 조활준과 함께 김대중 대통령 임기 중인 1999~2002년까지 4년간 서울시의 강남 서초동의 빌라에 거주하였다. 한국과 일본을 오가는 가운데 2000년에는 남편의 빚을 갚기 위해 마치야(町屋)의 집을 처분했다. 또한 양영지가 돈을 벌어 자식과 공동명의로 구입한 西早稲田의 맨션도 남편의 빚 담보로 차압되었다. 조활준은 심장발작으로 입원했으나 한국에서 의료보험이 적용되지 않아 치료를 받기 위해 일본으로 귀국했다. 그러나 입원 한지 2주일 후인 2003년 1월 23일에 사망했다.

동거하고 있던 딸이 대학 시절의 동급생과 결혼해서 양영지는 지금 혼자 살고 있다. 300평의 마치야(町屋) 자택에서 1칸의 아파트로 운동에 전 재산을 털어넣은 인생이었다. 그녀는 그래도 여생이 마음 편한 것은 신앙에 의지하고 있기 때문이라고 말한다.

'신1세'로서 해방 후 일본으로 건너간 양영지의 생활과 활동은 재일조선인(운동)사 속에서 어떻게 자리매김 되어 있는가. 식민시기에 형성된 '국경에 걸친 생활권'을 배경으로 결혼이 동기가 되어 일본으로 '이동'을 선택했다. 그러나 일본에서 기다리고 있던 것은 해방 후에도 지속되었던 일본 사회의 재일조선인에 대한 차별과 배제였고, 그 속에서, 가업과 시집·아내·어머니·주부 역할을 완수할 수밖에 없었다. 이것은 재일 '1세'대의 여성들과 다를 것이 없는 '사회적인 현실'이었다. 그러나 그녀가 다른 같은 세대인 '1세' '신1세' 여성들과 다른 점은, 여성운동, 한국민주화 지원운동, 여성 연대운동 지도자로 선두에서 활동한 것이다. 또한 여성주의에 눈뜨면서 자기와 남편과의 관계, 여성 단체 본연의 모습을, '여성의 자립'을 향해 변혁시켜온 선구적인 여성이기도 했다. 한국의 민주화가 어느 정도 실현되고 '위안부' 문제가 재일여성을 포함한 여성들이 담당하고 있는 현재, '조국지향형'의 활동을 해 온 그녀가 바라던 일부는 실현되었다. 그러나 그러한 그녀를 비롯한 재일여성들의 생활과 활동을 되돌아보는 사람들은 적다. '알려지지 않은' 재일여성의 생활과 활동을 알리는데 본고가 조금이라도 일조한다면 다행이겠다.

(번역: 박해순)

The life world / exercise / gender of Zainichi Korean after the liberation

—The oral history of Zainichi "new the first generation" woman Yang Yong-Gi —

Kim, Pu-Ja

By this paper, in "the new first generation" that I trace the network as well as) after) and the descendant (=" 2sei(second generation) in after 1945 and move to Japan, and came to live in the person (=" generation that made a voyage to Japan for the colony period and the descendant include the range of a Korean living in Japan.

With that in mind, this paper took in the methodology of the oral history by the approach of the positivism and a conventional Zainichi Korean (=Korean living in Japan) or results of research about the Zainichi Korean woman.

As for this paper , a Zainichi Korean woman called Yang Yong-Gi which experienced the colonial period and a Japanese voyage after the liberation and life world, various women's movements living in Japan considered the concrete example of the woman in "a new the first generation" while making a viewpoint of the gender clear. By it, this paper was going to approach for①historic meaning of "the movement" of this group, ②"social reality in Japan,③"the historic role" that in Korea and Japan contemporary history.

Key Words : Zainichi Korean, woman, gender, First generation, women's movement

解放後の在日朝鮮人の生活世界・運動・ジェンダー
－在日「新一世」女性・梁霊芝の口述史を中心に－

金富子

　在日朝鮮人の範囲を、植民地期に日本へ渡航した者（「一世」）及びその子孫（「二世」以降）に留まらず、解放後もそのネットワーク（縁故）をたどって渡航し日本に居住するようになった「新一世」、及びその子孫をも含むこととする（さしあたり韓日条約締結までの渡航者）。

　その上で、本稿は実証主義的なアプローチによる口述史の方法論と、これまでの在日朝鮮人、あるいは在日朝鮮人女性に関する研究成果を取り入れ、ジェンダーの視点を明確にしながら、植民地期および解放後の日本渡航と生活世界、さまざまな社会運動(民団系女性運動、民団民主化運動、韓国民主化支援運動、韓国－日本－在日の女性連帯運動、「慰安婦」問題解決運動、キリスト教系女性運動など)を経験した梁霊芝という在日朝鮮人「新一世」の女性の具体的な事例を考察することで、①対象者の属する集団の「移動」の歴史的な意味、②日本での「社会的な現実」、③韓日近現代関係史のなかで果たしてきた「歴史的な役割」に迫ろうとしたものである。

主題語：在日朝鮮人、女性、新一世、ジェンダー、女性運動

재일조선인 귀국운동과 한일 및 북일관계의 초기형성

이 영 채*

I. 서론

1. 연구의 목적 및 배경

재일조선인[1] 귀국운동은 전후 일본과 한반도의 관계 설정(한일, 북

---

* 게이센(惠泉)여자대학 국제사회학과 조교수

1) 재일조선인의 국적문제는 1952년 일본에 의한 일본 국적 박탈과 함께 재일외국인 또는 재일조선인 및 한국인이라는 법적 지위를 갖게 된다. 재일조선인 중에는 1948년 대한민국의 수립 및 1965년 한일국교정상화를 계기로 한국 국적을 신청한 재일한국인들이 생겨났다. 하지만 한국 국적을 신청하지 않은 이

일관계)에 있어서 매우 중요한 사건이었다. 하지만 지금까지 재일조선인 귀국운동은 공식적인 학문의 대상이 거의 되지 못하였고, 전후 한일·북일 관계사에 있어서 오랫동안 '공백의 역사'로 방치되어 왔다. 최근에 와서야 북한의 인권문제, 일본인 납치문제와 함께 일본인 처 문제, 그리고 이것과 관련하여 재일조선인 귀국문제에 대한 연구성과가 나오기 시작하고 있다.

귀국운동에 관여했던 총련 관계자들의 증언, 일본 외무성의 자료공개에 이어 호주 출신의 텟사 모리스 스즈키씨가 국제적십자사위원회의 공개자료 및 소련 자료를 해석함으로써 재일조선인 귀국운동은 일본 정부의 주도적인 계획 하에 '음모적'으로 진행되어 왔다는 주장도 제기되고 있다. 하지만, 재일조선인 귀국운동의 내면을 분석하면 1945년 해방 이후 한국의 일관된 귀국 수용 반대 및 대외정세 변화와 함께 그 운동의 주된 주체가 재일조선인, 일본정부, 조총련, 북한당국으로 변화되고 운동의 목표 및 성격도 변화되어 간다. 특히 전후 일본과 한반도의 국교정상화가 이루어지지 못한 가운데 진행된 재일조선인 귀국운동은 일본의 전후 한반도 정책, 즉 북한과 한국 어느 쪽과 먼저 국교정상화를 추진할 것인가라는 외교정책 결정에 있어서도 매우 중요한 문제였다.

한일국교정상화회담이 14년 이상이 걸린 과정에는 과거청산문제와 함께 재일조선인 귀국운동의 처리문제가 중요한 걸림돌이었다는 점을 고려하면, 전후 한일·북일관계를 재조명함에 있어서 귀국운동의 역사적인 분석은 빠트릴 수 없는 매우 중요한 테마라고 할 수 있다.

들은 '조선'이라는 1945년 8월 이전의 상징적 표기를 국적 대신에 그대로 소지하게 되었다. 1965년 이전, 일본과 남북한의 국교관계가 성립하기 이전 이들의 국적문제는 실질적인 의미를 갖지 못하였다고 할 수 있다. 이 논문에서는 1965년 한일국교정상화 이전 시기에 이루어진 재일조선인(한국인)의 귀국운동(북송사업, 송환사업)을 테마로 하고 있기에 본문의 이해를 높이기 위해서 재일조선인이라고 명칭한다.

본 논문은 남북한 및 일본의 공통 이해관계가 걸려있던 재일조선인 문제를 통해서 한일관계 및 북일관계의 변화를 동시에 고려함으로써 전후 일본과 한반도의 관계 설정의 주요 요소를 파악하고자 한다. 특히 해방 및 한국전쟁을 거쳐 한일국교정상회담 이전의 시기 일본정부는 전후처리와 한반도의 관계설정에 있어서 중요한 역할을 하였던 재일조선인(한국인) 귀국운동을 한일관계 설정의 중요한 요소의 하나로 인식하고 있었음을 증명함으로써, 재일조선인 귀국운동을 통해 전후 한일, 북일관계 형성의 역사적 계기를 분석하고자 하는 것이 이 연구의 배경이다.

2. 연구의 범위 및 방법

패전 직후 일본에는 220~240만 명의 재일조선인이 존재했다. 조국이 해방되자 이들은 곧 귀국을 시작하였고, 1945년 8월에서 1950년 6월까지 대략 150~190만 정도가 한반도의 자기 고향으로 귀국하였다. 그러나 한국전쟁이 발발하자 일본과 한국 사이의 항로가 전면 중단되었고, 이 시점에서 약 60만 명의 재일조선인들이 일본에 남겨졌다. 귀국이 재개된 것은 한국전쟁이 끝난 1953년 7월이었다.

분단이 고착된 한국전쟁 이후 놀라운 점은 많은 재일조선인 귀국 희망자들이 고향인 남한이 아니고 '북한으로의 귀국'을 요구하기 시작했다는 것이다. 이 귀국 요구가 1959년 12월 마침내 실현되었다. 최초의 귀국선이 니이가타(新潟) 항을 떠나 북한의 청진항을 향하여 출항한 것은 12월 14일이었고, 첫 귀국선에는 957명이 승선하고 있었다. 이후 북한과 일본의 적십자사 간의 귀국협정에 따라 운송이 종료된 1984년의 제187차 귀국선까지 총 93,339명이 북한으로 귀환하였다. 비귀화

조선인을 포함함 일본 국적 소유자는 6,679명(이 가운데 1,871명이 일
본인 처였음)이었다. 거의 25년 동안 10만명 정도가 '사회주의 조국'
조선인민민주주의공화국에 '영주 귀국'한 것이다. 이것을 '귀국운동(귀
국사업, 귀환, 북송사업)'이라고 한다.2)

위와 같은 장기간에 걸친 재일조선인 귀국운동을 체계적으로 분석
하기 위해서는 귀국운동에 관여한 각국(한국과 북한, 일본, 미국과 소
련, 각국의 국제적십자사 등)의 구체적인 자료공개와 관련자들의 증언
이 필요하다. 현재 국제적십자사 및 한국 외무부, 일본 외무성의 자료
가 일부 공개되고 있지만, 재일조선인 집단 귀국운동의 당사자인 북한
과 총련의 자료는 조선신보(해방신문)3) 및 노동신문과 같은 1차 자료
이외에는 아직까지 접근이 허용되지 않고 있다. 다행히도 총련 활동가
중 총련을 탈퇴한 사람들을 중심으로 귀국사업 관련 기록물들이 서서
히 나오고 있고, 탈북자들에 의해 귀국자들의 북한 내에서의 생활상이
조금씩 알려지고 있다. 이러한 자료환경을 고려하여 본 연구는 국제적
십자사, 일본 및 한국 외무부 공개자료, 총련 자료 및 북한의 1차 문헌
자료의 분석을 통한 역사적 문헌 접근방법을 취하고자 한다.

재일조선인 귀국운동은 1950년대 중반부터 1984년까지 약 20년 이
상에 걸쳐 진행된 광범위한 사업이다. 일본의 재일조선인 차별이라는

---

2) 金英達·高柳俊, 1995 ≪北朝鮮歸國事業關係資料集≫ (新幹社, 東京) 3 ; 金英
  達, 2003 ≪在日朝鮮人運動の歷史≫ (明石書店, 東京) 105
3) ≪解放新聞≫은 1945년 10월 10일에 ≪民衆新聞≫이라는 제호로 창간되었
  다. 1946년 9월 부터 제호가 ≪해방신문≫으로 바뀌었고, 발행소도 해방신문사
  가 되었다. 이후 ≪해방신문≫은 재일본조선인연맹전체의 기관지의 역할을 하
  였는데, 한국전쟁 발발 이후인 1950년 8월 GHQ의 지령으로 발행이 금지되었
  다. 1952년 5월에 복간하여 1955년 5월 총련 발족 이후 1957년 1월까지 ≪조
  선민보≫로 발행되어, 이후부터는 ≪조선신보≫로 제호가 바뀌어 현재까지
  발행되고 있다. 金英達·高柳俊, 1995 ≪北朝鮮歸國事業關係資料集≫ (新幹
  社, 東京) 3 ; 金英達, 2003 ≪在日朝鮮人運動の歷史≫ (明石書店, 東京) 105

시각만이 아닌 각 시기별로 귀국운동의 수행목적과 주체가 바뀌어왔음을 분석함으로써 귀국운동의 실체를 다면적으로 파악하는 것이 매우 중요하다. 재일조선인 귀국자들의 75%가 1959년부터 1961년 사이에 귀국하였다는 것은 집단 귀국운동의 실현배경이 특정시기에 한정되어 있었다는 것을 의미한다.

따라서 이 연구보고서에서는 재일조선인 귀국사업을 분석함에 있어서 1953년 이후부터 1962년까지의 북한과 총련에 의한 집단귀국사업의 전개과정과 한일회담에 의한 재일조선인 귀국운동의 취급과정이라는 두 가지 부분에서 살펴보고자한다.

첫번째 파트에서는 우선 45~55년 전후의 북한의 대일접근과 총련의 결성배경을 분석함으로써 한국전쟁 이후의 재일조선인운동의 변화를 분석한다. 특히 남북한의 정통성 경쟁 속에서 북한의 선제적인 대일접근과 재일조선인 운동의 개입을 통한 일본공산당에서의 탈퇴 지도와 민족주의 재일조선인 운동파들의 성장이 재일조선인 귀국운동에 미친 영향을 분석한다.

두번째 파트에서는 총련 결성 이후 재일조선인 귀국운동의 변화 및 일본 정부의 적극적인 재일조선인 귀국운동 추진의 배경을 분석한다. 1955년 이후 일본정부의 이니시이디브에도 불구하고 재일조선인의 집단귀국운동은 실현되지 않았다. 그 이유는 ①오무라수용소의 수용자의 강제송환문제(당시 밀입국자 1,263명이 수용되어 있었고, 그중 57명이 남한으로의 강제송환에 반대하고 있었음), ②부산에 억류된 일본인 어부의 문제, ③한일회담의 고착상태(1953년 10월의 구보타 발언 이후 고착)의 3가지 주요한 문제가 해결되지 않고 있었기 때문이다. 한일회담을 통한 이들 문제의 처리과정을 통해 일본정부의 재일조선인 귀국운동의 수용배경과 한국의 대응을 분석하고자 한다.

총련과 북한에 의한 재일조선인 집단귀국운동은 인권문제의 측면에

서 국내외적 비난의 대상이 되고 있다. 하지만 45년 이전 강제동원체
제와 45년 이후의 냉전구조 속에서 이동의 제한을 받고 있던 피식민지
의 잔류인들에게 사회주의 조국으로의 '귀국운동'은 과연 무엇이었을
까? 귀국운동의 역사적 배경을 살펴봄으로써, 북일 간의 인권문제의
발생원인과 해결방법을 찾을 수 있는 계기를 마련하고자 하는 것이 이
논문의 또 하나의 목적임을 밝혀둔다.

Ⅱ. 총련의 결성과 '북한공민화운동'의 개시

1. 재일조선인 운동의 노선전환의 배경

북한 당국은 해방 직후부터 재일조선인 귀국문제와 지위문제에 관
심을 가지고 있었다. 하지만 당시 북한은 내부체제의 정비에 전념하고
있었기에 재일조선인의 귀국문제를 적극적으로 제안하지는 않았다. 북
한에는 중국과 소련지역에서의 귀국자가 많았고, 재일조선인은 대부분
남쪽으로 돌아가는 사람들이었기에 북한 당국은 그들이 북한으로 귀국
하여 정권의 초기 형성기에 크게 기여하리라고는 판단하지 않은 듯 하
다. 해방 직후인 45년부터 50년까지 재일조선인은 약 110만 명이 한반
도로 귀환하였지만, 그들 중에서 북한으로 귀국한 재일조선인은 통계
상으로는 약 300명 정도밖에 되지 않았던 것은 이를 잘 보여준다.[4]

---

4) 일본의 패전 이후 한국전쟁까지 재일조선인들의 한반도로의 귀국자 수는 정
   확하지 않지만, 대략 1946년 3월까지의 '자주귀환기'에 140만(일본정부의 루
   트에 의한 귀국이 약 100만 명, 자력루트에 의한 귀국이 약 40만 명), 1946년
   4월~12월의 '계획송환기'에 약 10만 명, 합계 약 150만 명의 재일조선인들이
   귀국한 것으로 알려지고 있다(金英達, 2004 ≪在日朝鮮人運動の歷史≫ (明石
   書店, 東京) 45

북한이 재일조선인 귀국문제에 구체적인 관심을 가지게 된 것은 한국전쟁 이후 전후 복구단계에 들어선 이후이다. 한국전쟁 직후 북한은 "재일조선인은 조국의 복구건설과 민주기지 건설을 위해서 복무하여야 한다"라는 성명을 발표하였는데, 이 성명은 재일조선인의 북한으로의 귀국과 전후 복구 건설에 대한 지원을 강조하였다. 재일조선인 단체도 1952년 후반부터 북한의 전후복구를 위한 기금모금운동을 실시하고 있었다. 북한 당국은 전쟁 폐허 상태에서 전후 복구 경제를 실시함에 있어서 소련으로부터의 원조만이 아닌 재일조선인의 원조와 노동력에 높은 기대를 하고 있었다는 것을 쉽게 예상할 수 있다.

그러나 한국전쟁 이후 일본의 재일조선인 운동단체는 북한과 일정한 거리를 둠으로써 한국전쟁 당시의 재일조선인 운동의 극좌노선의 실패를 극복하려고 하였다. 한국전쟁 직후 재일조선인 운동을 담당해온 민전(재일조선통일민주전선)의 지도부는 52년 전체대회를 열어서 북한에 대한 지지강령을 삭제하였고, 53년 휴전협정 체결 이후 북한에 대한 귀국운동에 대해서도 소극적인 자세를 보였다.[5] 또한, 재일조선인을 대상으로 모집한 전후 복구 기금을 민전 지도부는 북한에 직접 전달하지 않기도 하였다. 민전 지도부의 이러한 태도는 일본공산당이 재일조선인 운동을 직접 지도해 왔던 종래의 지도체계를 그대로 인정하겠다는 것으로, 독립적인 민족운동으로의 전환이 아닌 일본에서의 소위 국제프롤레타리아 연대운동 노선을 유지하는 것을 의미하였다.

복잡한 전후 복구 상황 속에서도 북한의 조선노동당이 재일조선인 운동의 지도체계 문제를 거론하기 시작한 것은 이러한 민전 지도부와 일본공산당의 밀접한 관계에 대한 경계가 있었기 때문이다. 이것은 북한의 전후 복구정책과 재일조선인 정책이 관련을 갖고 있다는 것을 의미하기도 하였다. 1949년부터 북한의 조국통일전선의 위원이었던 한덕

---

5) 朴慶植, 1989 ≪解放後在日朝鮮人運動史≫ (三一書房, 東京) 346

수는 이러한 일본에서의 조선인운동의 현황에 대해서 휴전회담 직전부터 김일성에게 직접 보고하고 있었다. 그리고 김일성은 이 문제를 모택동, 스탈린, 중국에 망명하고 있던 일본공산당의 간부 등과 협의하였다. 그 결과 조선노동당이 재일조선인 운동을 직접 지도할 것에 대한 스탈린의 지지를 받아내기에 이르렀다.[6] 그러나 스탈린의 지지를 받아낸 김일성이 재일조선인 운동의 지도체계를 확립하기 위하여 공식적으로 정책 전환을 한 것은 북한에서 소련으로부터의 자립이 시작되고 주체사상의 맹아가 싹트기 시작한 1955년 전후였다.

북한의 대일정책과 재일조선인 정책의 전환은 북한 내부에서 민족적 주체성 개념이 생겨나고 있던 시기와 일치하였다. 스탈린의 사망 이후 1955년을 전후하여 북한을 둘러싼 국내외 정치환경이 급변하였다. 새롭게 등장한 소련 지도부에 의해 동서양 진영의 평화공존이 진행되었고, 일본에서는 하토야마(鳩山) 내각이 등장하여 소련, 중국, 북한과의 국교정상화를 표방하기에 이르렀다. 이때 북한에서는 4월 소위 '사회주의 4월테제'가 발표되어 조선 혁명의 독자적 이론화가 진전되었다.[7] 이것에 따르면 조선 혁명은 이미 '사회주의 도상'에 있고, 그것을 위해서는 '북반부에 있어서의 사회주의 역량의 강화'가 우선되었다. 이 테제는 '조국통일'을 제1의 과제로 하는 종래의 입장을 바꾸어 갑자기 '북한에서의 사회주의 건설'이야말로 '조국통일'의 과제를 수행하기 위한 전제임을 논하고 있는 것이었다. 하지만 이 '4월테제'에는 정치적 의미가 포함되어 있었다. 그것은 전후 복구정책을 실

---

6) 김일성, 1997 <총련은 하나의 중심을 내세우고 단결하여야 한다> (재일본조선인교육자대표단과의 한 담화, 1971년 12월 28일) ≪재일조선인운동의 강화 발전을 위하여 1≫ (조선노동당출판사, 평양) 250

7) 조선노동당중앙위원회, 2003 ≪위대한수령 김일성동지 략전≫ (조선노동당출판사, 평양) 434. 김일성은 4월 혁명의 성격과 과업에 관한 테제 '모든 힘을 조국의 통일독립과 공화국 북반부에서의 사회주의 건설을 위하여'라는 소위 <4월테제>를 발표하였다.

시함에 있어서 중공업 중심의 북한 경제정책에 대한 소련의 비판과 그 비판을 국내에서 받아들여 주장해 오고 있는 '교조주의자'들에 대해서 북한이 '민족자립 경제노선'이라는 독자적인 경제이론을 내세운 것이었다.[8]

북한의 자립 경제노선은 정치적 주체의 개념으로 서서히 등장하기 시작했다. 같은 해 12월 28일 조선노동당의 선전선동 부문의 활동가들을 앞에 두고 김일성 수상은 소위 '주체연설'을 하였다. 김일성 수상은 이 연설에서 "안타깝게도, 우리들의 선전활동은 많은 점에서 교조주의와 형식주의에 빠져있다"고 말하는 한편, "우리들은 어떤 다른 나라의 혁명을 하는 것이 아니고 진정한 조선의 혁명을 하고 있는 것이다. 이 조선혁명이야말로 우리 당 사상활동의 주체이다"라고 설명하였다.[9] 이 것은 북한당국이 '교조주의자'에 대한 투쟁과 이데올로기적 '자주성'을 강조하면서, 이것을 '주체사상'의 원형까지 발전시키려고 하는 것이었다. 북한 내부에서 이러한 정치적, 경제적 측면에서 소위 '주체적 맹아'가 탄생하고 있던 시기, 북한 당국은 재일조선인 운동에도 그 민족적 '주체성'을 강조하고 '조선혁명'을 위한 재일조선인의 민족운동을 주장한 것이다.

2. 북한공민화운동과 재일조선인 임무의 전환

1955년 2월 남일의 성명은 일본과의 관계개선을 요구하는 성명인 동시에 재일조선인 운동에 있어서 조선노동당의 지도체계를 확립하겠

---

8) 小此木政夫, 1972.7 <北朝鮮における對ソ自主性の萌芽一九五三～一九五五> 《アジア經濟》 (第一三卷七号) (アジア經濟硏究所, 東京) 46～47
9) 金日成, 1984 <思想活動において敎條主義と形式主義を一掃し, 主体性を確立するために> 《金日成著作集 九》 (外國文出版社, 平壤) 425

다는 명확한 메시지이기도 하였다. 남일의 성명은 재일조선인 사회에 충격과 동요를 가져왔다. 북한이 재일조선인을 해외 공민으로서 취급하고, 일본정부에 재일조선인 차별문제에 대해서 공식적으로 항의를 표명하는 것이었기 때문이다. 이것은 종래 재일조선인만의 조국에 대한 일방적 짝사랑이 아니고, 조국에서도 적극적으로 재일조선인의 지위와 권리문제를 주장했다는 점에서 그 의미는 매우 컸다.

남일 성명에 앞서 1954년 말부터 일본공산당의 재일조선인 운동에 대한 방침이 급속하게 변하였다. 일본공산당 중앙조직국은 1954년 11월 <재일조선인 운동에 대해서>(2월 방침)를 발표하여 한국전쟁 이후에도 재일조선인 운동을 계속해서 일본공산당의 지도하에 두겠다는 방침을 표명하였다.10) 그러나 그 직후에 중공적십자에서 李德全, 廖承志 등이 파견되어 <평화 5원칙을 기초로 하는 평화운동의 진행과 재일외국인 단체의 운동 방식>에 관한 새로운 방침이 표명되었다.11) 이것은 일본에서의 소수민족의 연대운동에 있어서 종래의 소련과 중국에 의해서 일본공산당 지도원칙을 인정하지 않겠다는 것을 의미하였다. 이러한 중국의 '개입' 이후 일본공산당의 민전운동에 대한 지도방침의 변화가 생겼고, 다음해 1월 일본공산당 중앙에서 '재일조선인운동에 대해서'라는 새로운 방침이 제시되었던 것이다. 그것은 "재일조선인에게 일본 혁명의 한 축을 맡기려는 의도적인 행위는 명백하게 잘못된 것이다"라고 지적하면서 10년 넘게 지속되어 온 종래의 지도방침을 스스로 근본적으로 부인하기에 이르렀다.

---

10) 일본공산당 중앙조직국의 <조직자>호외 (1954년 3월 23일자)에서, "재일조선인은 북일 양국 인민의 공통의 정치투쟁을 발전시켜서 반미, 반요시다, 반재군비의 투쟁을 재일조선인 스스로의 투쟁으로 자각하고 높혀가야 한다"라는, 소위 <3反투쟁>을 요구하였다. 민전 제 14회 중앙위원회 (1954년 2월 20일~21일)는 지금까지의 4반 투쟁에서 '반이승만'을 삭제하고 '3반'투쟁으로 전환하였다. 朴慶植, 1989 《앞 책》 346

11) 朴慶植, 1989 《위 책》 350

한편, 이러한 일본공산당 중앙의 재일조선인 운동에 대한 방침 전환
은 '민전' 노선에도 강하게 반영되어 재일조선인 운동에 '노선 전환' 논
의를 불러일으켰다. 1955년 3월에 열린 '민전' 제19차 중앙위원회는 재
일조선인 운동의 노선 전환을 둘러싼 중요한 회의였다. 회의에서 이대
우 서기장(일본공산당파)과 한덕수 조국전선 중앙위원(조국파)이 각각
보고를 담당하였고, 민전 내부에서 두개 노선의 대립을 명백하게 보여
주었다. 재일조선인 운동의 노선 전환의 이유로 이대우가 '정세 발전에
의한 정책전환'이라고 주장한 것에 대해서 한덕수는 '조선인운동의 과
오와 결함에 따른 근본적인 운동전환'이라고 주장하였다.

한덕수의 연설 '재일조선인 운동의 전환에 대해서'는 재일조선인에
대한 북한 당국의 인식이 반영되어 있다는 점에서 주목된다.[12] 한덕수
는 재일조선인의 국제적 지위 변화와 투쟁 임무는 ①8월 15일 이전과
이후, ②북한정부 수립 이후, ③한국전쟁의 정전 이후라는 3개의 시기
로 구분할 수 있으며, 각각의 시기에 대응하는 조국의 현실과 재일조
선인의 지위, 조선 민족과 재일조선인의 투쟁의 임무가 구별되어 있다
고 주장하였다.

예를 들어 8월 15일 이전 조국이 일본제국주의의 식민지였던 시기
에 조선 민족과 재일조선인은 식민지 노예였다. 조선 민족과 재일조선
인의 투쟁 임무는 민족해방혁명의 일원이 되는 것이었으며 재일조선인
은 일본 노동자 계급의 동맹군이었다. 그러나 8월 15일 이후 특히 '인
민공화국'이 수립된 이후에는 조선 민족과 재일조선인의 지위는 해방
민족 및 인민공화국의 공민으로 바뀌었다. 따라서 조국 인민과 재일조
선인의 투쟁의 임무는 반미제 반봉건에 의한 인민정권 수립, 민주기지

---

12) 한덕수의 연설 <재일조선인운동의 전환>은 ①재일조선인운동의 성격과 임
무 ②과거의 운동에 있어서의 결함 ③지금까지의 활동의 기본 ④앞으로의
투쟁과제 ⑤재일조선동포들의 총단결을 위해서 등으로 구성되어 있다. 한덕
수, 1955 ≪재일조선인운동의 전환에 대하여≫ (學友書房, 東京)

건설로 변화하였으며 재일조선인은 해외 공민으로서 이것에 참여하게 되었다는 것이다. 말하자면, 재일조선인 운동의 전환은 이대우 서기장의 주장과 같은 정세변화에 의해서 이루어진 것이 아니라 '조국의 상황과 재일조선인의 지위의 변화'에 의해서 '근본적'으로 변화한 것이라고 한덕수는 주장한 것이다.

한덕수가 주장한 재일조선인의 '해외 공민'으로서의 새로운 지위 규정과 임무의 변화는 조총련의 등장 이후 재일조선인의 사회주의 조국으로의 귀국운동이 일어나는 중요한 인식의 토양이 되었다. 이것은 재일조선인이 종래의 일본 혁명을 위한 전위부대가 아니고 이제부터는 새로운 사회주의 조국과의 일체성을 가지고 조국의 사회주의 건설에 참여하는 해외 민족운동 세력이 되는 것으로 그 임무가 바뀐다는 것을 의미하였다. 1955년 5월 조총련의 발족과 동시에 조총련이 조국방문단의 파견과 재일조선인의 귀국운동을 시작하게 된 것은 이러한 사회주의 조국과의 일체성을 주장하는 조총련의 민족운동의 일환으로서 시작된 것으로 이해될 필요가 있다.

3. 북한의 개입과 조총련의 결성

민전 내부에서 두개의 노선이 대립한 제19차 중앙위원회 이후 소위 '조국파'와 '일본공산당파' 사이의 노선대립이 표면화되었고, 북한 당국은 '조국파'를 지원하면서 조총련 결성을 이끌었다. 북한 당국의 지원속에 새롭게 지면을 바꾼 《해방신문》은 노선 전환에 관한 한덕수의 정당성을 강조하였다. 또한 민전의 지도부에 대해서는 "천박한 이론에 의한 정세판단과 정책의 과오는 단순한 전술적 문제가 아니고 지도적 문제"이며, 이러한 문제는 형식적으로 극복되는 것이 아니고 '사상적인 극복'에 의해서 해결되어야 한다고 비판하였다.[13] 민전 지도부도 독자적인 잡지 등을 통해서 일본 인민과의 연대투쟁과 '정세변화'의 의미를 강조하였지만, '민족파'의 우세를 제압하는 것은 되지 못하였다.

노선 전환에 대한 논쟁이 민전 내부에서 이루어지는 동안 북한 당국은 재일조선인 사이의 혼란을 정확하게 파악하고 있었고, 1955년 4월 18일부터 매일 밤 9시 재일동포를 대상으로 하는 '조국방송'을 개시하였다. 그 첫 방송에서 김천해 조국전선 중앙위원[14]은 이 방송내용이 "여러분들이 알고 싶어하는 모든 문제를 적절하게 해명해 줄 것이고, 여러분의 나아가야 할 노선에 대해서 제일 정확한 지침 또는 등대가 될 것이다"라고 주장, 노선 전환에 대한 북한의 견해를 재일조선인들에게 주지시키겠다는 강한 의욕을 표명하였다.[15]

결국 1955년 5월 6일 민전 임시대회의 사무국회의에서 한덕수 조국전선 중앙위원에 의한 전체적 지도와 이계백 민전 중앙의장을 준비위원장으로 하는 새로운 체제가 형태를 갖추었다. 또한 이 회의에서 민전의 발전적 해체와 '재일조선인총연합(가칭)'의 결성이 결정되었다. 이러한 결정에 따라 같은 달 25일 도쿄 아사쿠사에서 '조선총련'이 결성되었고, '공화국 주위로의 총결집 및 남북동포와의 연계와 단결'을 주요한 내용으로 하는 강령이 채택되었다. 그리고 '조국의 평화적 통일독립투쟁',

---

13) ≪해방신문≫ 1995년 3월 22일, 신철호 <재일조선인운동의 전환을 성공적으로 조성하기 위하여>

14) 김천해는 전전과 전후를 통해서 재일조선인 운동의 중심 활동가. 일본공산당의 도쿠다 큐이치(德田球一)와 함께 1945년 출옥할 때까지 13년간 옥중에서 생활하였다. 1945년과 1947년 일본공산당 중앙위원으로 선출되었다. 1946년 10월에 <조련>의 명예의장에 취임하였다. 한국전쟁 개시 직전에 북한으로 입국하여 조국통일민주주의전선 중앙위원회위원장을 역임하였고, 귀국운동의 실현에 의해 1958년 북한 정부로부터 노력훈장을 받았다. 그 이후의 행적은 알려지지 않음. 상세한 것은 宮崎學, 1989 ≪不逞者≫ (角川春樹事務所, 東京)을 참조할 것.

15) ≪해방신문≫ 1955년 4월 27일

'평화옹호투쟁', '민족권리옹호투쟁', '국교정상화투쟁'의 4대 방침과 함께 '조국방문단 파견'과 '재일조선인의 귀국운동' 추진 등 활동계획이 결정되었다. 북한 당국은 이 대회의 2주 후 조선중앙통신에서 '총련 결성'을 축하하는 인사를 보내었으며 매우 환영하였다.[16]

이러한 북한의 적극적 개입에 의한 조총련의 탄생은 재일조선인 운동에 역사적인 의미를 가져왔다고 할 수 있다. 먼저 1930년에 코민테른이 결정한 '1국 1당 원칙'에 의해 일본공산당의 산하에서 지도를 받아 온 재일조선인 운동이 앞으로는 조선노동당의 직접적인 지도를 받게 되었다. 이것은 국제프롤레타리아 연대라는 '노동자 계급운동'에서 조국통일과 사회주의 건설이라는 목표를 지향하는 새로운 '민족운동'으로의 전환을 의미하였다. 두번째로, 재일조선인은 조선민주주의인민공화국의 해외 공민으로서, 앞으로는 새로운 사회주의 조국의 일원이 되는 것을 의미하였다. 이것은 앞으로 재일조선인 운동이 조국 중심의 운동으로 전환하고 재일조선인의 운명과 조국의 운명이 일체화 된다는 것을 의미하였다. 즉, 재일조선인들이 조국의 건설과 수호를 자신들의 임무로서 생각해 '민주기지의 혁명적인 강화'를 위해서 모든 것을 받치겠다는 이데올로기적인 근거가 생기게 된 것은 이때부터였다고 할 수 있다.

그러나 '자연귀속적인 조국관'이 아니고, 재일조선인이 지금까지 경험하지 못한 사회주의 조국을 자신의 새로운 조국으로서 받아들이기 위해서는 새로운 사회주의 조국에 대한 이미지 형성이 필요하였다. 따라서 조총련은 재일조선인 귀국운동을 추진함에 있어서 먼저 '북한 공민화운동'을 전개하였다. 이것은 외부에서 새로운 조국관을 형성하기 위한 대중운동이 시작되었다는 것을 의미하였다. 도노무라 마사루의 표현에 의하면 '귀국형' 조국관의 형성[17]이기도 하였다. 이러한 이식된

---

16) ≪해방신문≫ 1955년 6월 23일

'귀국형' 조국관은 자유왕래가 봉쇄되어 있었던 분단구조 속에서 일본
에서의 빈곤한 생활, 자녀의 교육문제, 조국 귀국을 위한 마지막 기회라
는 인식과 겹치면서 50년대 후반 재일조선인의 집단 귀국운동의 인식
적 토양이 되었다고 보인다. 그러나 1955년 총련결성 이후 1958년 후반
의 재일조선인 집단귀국운동까지는 몇가지 단계가 필요하였다.

Ⅲ. 북일국교정상화운동으로서의
재일조선인 귀국운동의 개시

1. 총련결성 직후의 재일조선인 귀국운동

북한과 조총련에 의한 재일조선인의 집단귀국운동은 1958년 8월부
터 시작되었다고 언급되고 있지만, 이것은 1955년 조총련 결성 직후부
터 1958년 8월 이전까지 북한으로의 귀국의 길을 찾고 있었던 북한 당
국과 조총련의 단계적인 추진의 결과였다고 할 수 있다. 귀국사업에
소극적이었던 민전 지도부를 비난한 총련은 1955년 창립대회에서 '귀
국대책위원회'(이일우 위원장)을 설치하였고, 6월에는 '귀국 희망자 실
태조사'의 개시를 결정하였다. 그리고 북한으로부터 해방 10주년 기념
조국방문단의 파견 요청을 받고 조국방문단 파견 운동을 전개하는 한
편, 재일조선인 귀국운동을 동시에 개시하였다. 하지만 이 시기 재일조
선인 귀국운동은 다음 세 가지의 의미가 있었다.

첫째, 이 시기의 귀국운동은 집단귀국운동이라기 보다는 '북일국교
조정운동'의 본격화를 위한 수단으로서의 귀국운동이었다는 특성이 있

---

17) 外村大, 2004 ≪在日朝鮮人社會の歷史學的硏究≫ (綠蔭書房) 470

다. 북한은 재북 일본인 귀환문제를 위한 협의를 일본 측에 제안하였고, 1956년 2월 평양에서 제1차 북일적십자회담이 개최되었다. 이것은 북한이 1955년 2월 일본과의 국교정상화 노선을 표명한 후 북일 양국 간의 일본인과 재일조선인의 '귀환문제'를 수단으로 하여 일본에 접근한 것을 의미하였다. 북한 당국은 평양회담에서 재일조선인 문제도 토론 의제로 포함할 것을 요구하였지만, 일본 측은 이를 거부하였다. 마지막까지 재일조선인 문제는 의제로 거론되지 못하였지만, 북한 당국의 양보에 의해 일본인 귀환자에 관한 합의문이 북일 양 적십자사의 명의로 체결되었다. 이 합의문에는 북한이 재북 일본인 귀환자의 경비와 일본에서의 정착금까지 부담한다는 것이 포함되어 있어서 일본에 대한 우호적인 조치로서 일본 국회에서도 평가받았다.

한편 북한은 재일조선인 귀국사업을 추진하는 한편, 일조협회, 일본 공산당을 상대로 '일조우호운동'을 동시에 추진하여 일본과의 경제교류도 모색하기 시작하였다. 그 결과 1956년 2월 26일 조선국제무역촉진위원회 상무위원(차인덕)과 일조협회 무역위원회 부위원장, 일본국제무역촉진협회 위원(宮腰喜助)과의 사이에 '일조무역의 촉진 및 상품교역의 일반적 조건에 관한 의사록'이 교환되었고, 3월 6일에는 일본 측 실무의 중심이 될 '일조무역회'가 설립되게 되었다.[18] 그러나 일본 정부는 한국 이승만 대통령의 일조 경제교류에 대한 항의를 이유로 56년 12월 24일 '북한과의 무역 및 그 외의 관계를 수립하는 것의 여부에 대하여'를 결정하여 북한과의 무역을 금지하였다. 결국 일본의 상사대표와 조선무역회사는 중국의 대련 경유에 의한 거래계약이 조인되었고, 북일무역은 소위 '중일방식'으로 이루어지게 되었다.

상술한 것처럼, 북한이 1955년부터 내세운 북일국교정상화 노선은 일본 측의 소극적인 입장과 한국의 강력한 반대로 당면 실현 가능한

---

18) 高峻石, 1974 ≪戰後日朝關係史≫ (田畑書店, 東京) 186

과제가 아니었다. 하지만 북한은 재일조선인의 귀국운동을 실현하는
한편, 북일우호운동에 의한 민간교류를 지속적으로 실시하여 장기적으
로는 북일국교정상화를 실현하려고 했던 것으로 보인다. 총련의 이계
백 사무국장은 55년 10월 총련 제2차 중앙위에서 '활동의 총괄과 당면
의 임무'를 보고하면서, "제반문제 즉, 귀국문제, 무역문제, 조국과의
왕래에 대한 문제, 생활, 교육, 인권문제 등을 중심으로, 권력당국과 협
의활동을 적극적으로 전개하는 가운데 국교정상화로 방향을 발전시키
지 않으면 안된다"라고 설명하고 있다.[19]

　두 번째로, 1958년 이전의 재일조선인의 귀국운동은 집단 귀국운동
이 아니고, 소수의 정치망명자와 생활 빈곤자 중심의 귀국운동의 특성
이 있다.

　재북 일본인의 귀환 이후 북한은 바로 총련에 초대장을 보내어 조국
방문단의 파견을 요청하는 한편, 총련을 통해서 재일조선인의 귀국사
업에의 협력을 일본 당국에 요구하였다. 총련은 같은 해 9월 28일 일
본 정부 및 일본적십자사와의 첫 공식 접촉에서, 재일조선인 귀국문제
에 관한 협조를 요청하였고, '자신의 가족이 공화국에 있는 사람들 또
는 오무라수용소에 불법적으로 수용되어 있는 동포들'을 가까운 시일
안에 공화국에 귀국시킬 것을 요구하고 있다.[20]

　당연히 총련의 이러한 주장은 북한 당국과도 공유하고 있었다. 총련
이 일본 정부에 공식적으로 재일조선인의 귀국을 요구한 1개월 후,
1955년 10월 9일 북한 당국은 조선중앙방송을 통해서 귀국 희망자를
받아들이라는 김일성 수상의 지시사항을 전달하였다.[21] 또한 동년 12

---

19) ≪해방신문≫ 1955년 10월 10일
20) ≪해방신문≫ 1955년 10월 9일
21) 김일성의 지시는 ①교육비, 장학금을 보낼 것, ②총련의 활동을 적극적으로
　　보조할 것, ③조국으로의 진학 희망자, 귀국 희망자의 동포를 받아들일 것이
　　었다. ≪노동신문≫ 1955년 10월 10일

월 북한 외무성의 영사부장 허명학은 총련 중앙에 편지를 보내어 '일부 재일조선 동포의 귀국문제'에 대해서 '총련이 이 사업을 통일적으로 집행할 것'을 설명함과 동시에 총련에 귀국사업의 권한을 위임하였다.[22] 게다가 1956년 6월에 북한 내각은 '귀국하는 동포들을 위한 공화국 내각 명령 제53조'를 발표하여 귀국자에 대한 대우를 처음으로 구체화하였다. 이것을 환영하는 <해방신문>은 귀국하는 재일조선인에게 조국이 "밝은 전망과 자신감을 가져다주었다"라고 전하였다.[23]

이후 총련은 북한 정부의 '생활·망명자'의 귀국허가를 전면적으로 내세우면서 대중집회 등을 통해서 일본정부에 압력을 가하였다. 그 결과 1956년 10월 후쿠오카에서 제1차 귀국선 4명, 제2차 귀국선 23명(20명 동포, 3명 학생)을 북한으로 귀국시키는 것이 가능하였다. 소수였지만, 이것은 한국전쟁 이후 공식적으로 재일조선인의 북한으로의 귀국이 처음으로 실현된 것이었다.

세번째, 북한과 총련은 이 시기의 재일조선인의 귀국운동을 통해서 총련의 조직적 안정과 재일조선인 사회에 대한 북한의 영향력을 확대하려는 목적이 있었다. 총련은 1956년 2월 제3차 중앙위원회를 열어 조국과 재일동포와의 긴밀화와 '모든 것을 조국을 배우는 민족교육체제로'의 추진이 결정되었다. 그리고 북한 당국은 같은 해 10월에 학생들의 귀국을 받아들이도록 하였고 이듬해에 총련에 총 2억 4천만 엔의 교육원조금을 두 번에 걸쳐 보내었다. 이러한 교육 원조금 지원은 민족교육을 중요시한 재일조선인 사회에 커다란 영향을 미쳤고, 재일조선인의 북한사회에 대한 기대감을 높였다.

---

22) 《해방신문》 1956년 1월 12일. 북한 당국은 동년 4월 3일, 조국전선 중앙위원회 제43차회의에서 '총련사업을 청취토론'하고 총련에 대한 조직과 활동을 일층 강화할 것을 결의하였다.

23) 《해방신문》 1956년 6월 30일, <내각결정 제53호를 최대한의 감사와 환호로 받아들인다>

한편, 북한은 총련에 대한 조직적, 정치적 지도도 강화하였다. 북한은 총련 결성 이후 조국전선 중앙위원으로 이봉구와 이심철을 추가하여 한덕수와 함께 재일조선인 위원을 3명으로 확대하였다. 그리고 1956년 4월에 개최된 조국전선 제43차 중앙위원회에서는 임광철을 초청하여 총련의 활동상황을 청취하였고, 총련의 강화와 '재일동포의 조국으로의 자유로운 왕래문제'에 대하여 대책을 강구할 것을 결정하였다. 이 대책은 먼저 북한으로의 조국방문단을 초청함과 동시에 북한과 재일조선인 사회의 일원화를 위한 노력으로 나타났다. 이 시기 북한은 총련에 역사 교재 등을 보내었고, 김일성 중심의 혁명 역사교육을 강조하였다. 그리고 총련은 북한으로부터 지원받은 영사기를 활용하여 북한 영화의 전국 순회 상영회를 실시하는 등 북한사회 알리기에 나서기도 하였다.

한편, 북한의 지원을 받고 있던 총련 지도부도 내부적으로 한덕수를 중심으로 한 민족파 그룹의 지도체제를 강화하기 위한 노력을 기울였다. 총련은 제3차 대회에서 학습조를 만들었고 구 민전 간부들의 사상 개조를 위한 철저한 교육 시스템을 실시하였다. 동시에 총련은 ≪조선민보≫에 구 일본공산당 활동가 등의 수동적인 민족운동에 대한 '자기반성'을 게재시킴으로써, '공화국 중심'의 새로운 활동가로서 다시 태어날 것을 조직적으로 요구하였다. 또한 1956년 2월에 구 민전 지도부의 전후 복구 지원금의 부정혐의를 공개적으로 거론하면서 총련 지도부는 구 민전 간부들을 제명 및 현직에서 배제하였다.[24]

이처럼 1955년 이후 본격화한 재일조선인의 귀국운동은 조국방문단 파견, 자유왕래, 경제교류 등을 확대해 가는 것으로 '북일 국교정상화운동'의 대중화를 지향하였다. 하지만 다수의 조선인들은 총련과 북한의 '공민화운동'에도 불구하고 북한을 사회주의 조국으로서 주체적으로 받아들이기 보다는 한국의 이승만 정권의 반일정책과 일본에서의

---

24) ≪해방신문≫ 1957년 5월 30일

경제적 불안 및 민족적 차별에 따른 도피처로서 인식하고 있었다고 보인다. 이러한 재일조선인들의 미묘한 심리가 사회주의 조국을 향한 민족 대이동이라는 형태로 등장하게 된 것은 1958년 전후, 북한과 총련의 지도부 사이에 재일조선인의 집단귀국사업이라는 새로운 형태의 방침이 결정된 이후이다.

2. 일본 측의 재일조선인 귀국사업의 추진

1955년 5월 총련 발족 이후 1958년 8월까지 재일조선인 집단귀국문제를 적극적으로 검토하고 있었던 것은 북한 당국보다도 오히려 일본 측이었다. 일본 적십자사는 1955년 4월 북한으로부터 재북 일본인 귀환을 위한 교섭의 제안을 받아들인 후 재일조선인 귀국문제를 외무성, 법무성과 함께 협의하기 시작하였다. 또한 동년 말부터 일본정부는 재일조선인의 '대량' 귀국을 적극적으로 검토하고 있었다.

뎃사모리스 스즈키에 의하면,[25] 동년 12월 13일 일본 적십자사 사장 시마즈 다다츠구(島津忠承)씨가 제네바의 국제적십자사 위원회에 보낸 서간에는 당시 일본 측의 재일조선인 귀국운동에 대한 인식이 잘 반영되어 있다. 시마즈는 "이 청원서가 요구하는 것은 대량귀국의 사례이다"라고 말하면서, "귀환이 한국과의 사이에 문제를 일으키지 않는다면 그리고 그것이 북한의 적십자사가 아니라 국제적십자사의 손으로 수행되는 것이라면, 일본 측은 전혀 이론이 없고 오히려 기대를 높게 가지고 있다"라고 이 서한은 적고 있다. 그리고 "이 서한은 외무성과 법무성의 유력 당국자의 완전한 승인을 얻고 있다"고 덧붙이고 있다.

---

25) テッサ・モーリススズキ, 2004.11 <特別室の中の沈黙> ≪論座≫ (朝日新聞社, 東京) 177~179

게다가 1956년 1월 19일자로 이노우에 마쓰타로(井上益太郞) 일본 적
십자사 외사부장이 국제위원회에 보낸 서한에서는 여당 내부에 '재일
조선인의 귀국을 지지하는 활동을 시작하는' 조짐이 있고, 전 수상인
芦田均과 전 외상인 오카자키 가츠오(岡崎勝男)가 "귀환을 지원하는 정
책을 구체화하겠다고 비공식적으로 전하여 왔다"라고 쓰고 있다. 서간
에서 이노우에는 일본의 '외교 관료'가 북일 국교정상화에는 이의를
제기했지만 재일조선인의 귀환의 필요성에 대해서는 동의했다고 쓰고
있다. 이것은 55년 말 이후 일본 정부 측이 재일조선인의 북한으로의
귀국문제를 진지하게 검토하고 있었다는 것을 반영하고 있다. 그리고
그 규모에 대해서는 '대량귀국' 계획을 가지고 있었던 것으로 보인다.

1956년 2월 재북 일본인 귀환을 위한 북일 적십자회담이 합의된 이
후 일본 당국에 의한 재일조선인 귀국 실현의 움직임은 한층 적극적으
로 제기되었다. 일본은 당시 북일 적십자회담에서 재일조선인 문제를
공식적으로 토론 의제로 상정하지 않았지만, 이것은 재일조선인 귀국
실현의 의지가 없었다기보다는 한국의 반발을 배려한 것이었다. 일본
적십자의 합의문에는 "일본은 재일조선인 귀국문제에 관하여 앞으로
협력한다"라고 적혀 있으며, 이 회담을 계기로 북일적십자 간에는 재
일조선인 귀국문제를 협의하기 위한 긴밀한 파이프가 만들어졌다는 것
을 의미한다. 회담 이후인 이해 6월 북일 적십자사는 북경회담(비공개)
과 서간을 교환하는 등 구체적인 협의를 하고 있었다.

한편, 국제적십자사는 1956년 5월에 일본, 한국, 북한의 3국을 방문
하여 재일조선인 귀국문제를 조사할 것을 결정하였다. 이에 대응하여
일본 정부는 동년 4월에 정부의 각 부서에 '재일조선인에 관한 조사의
뢰의 건'을 발송하여 재일조선인의 실태조사에 착수하는 등 재일조선
인 귀국사업을 본격적으로 검토하기에 이르렀다. 현재 재일조선인 실
태상황으로 사용되고 있는 대부분의 통계는 이 시기, 정부의 각 부서

에서 작성된 것으로 보인다. 국제적십자사는 3국 방문 조사 이후 동년 12월과 다음해 4월에 한국, 일본, 북한 3국에 재일조선인 귀국문제의 협의를 위한 4자회담(국제적십자사를 포함)을 제안하였지만 한국은 이 회담의 참가를 거부하였다. 한국 측은 재일조선인문제와 관련한 어떠한 협의도 거부하는 강경한 자세를 보였다. 반면, 북한은 국제적십자사의 개입보다는 3자의 당사자회담을 주장하였고, 일본은 국제적십자사에 의한 이니셔티브를 요구하였다.

그런데 1956년 전후에 북한보다도 일본 당국이 재일조선인 귀국문제에 보다 적극적이었던 이유는 무엇이었을까? 그것은 재일조선인에 대한 일본 정부의 생활 보호비의 부담, 범죄에 의한 치안문제, 그리고 재일조선인 운동과 일본 좌파운동과의 연계에 대한 우려 등이 주요한 요인이었다고 판단된다.

먼저 생활보호비 문제는 재일조선인의 북한 귀국운동과도 밀접한 관련이 있었다. 그것은 재일조선인의 생활보호비가 삭감되면 재일조선인의 생활비가 바닥으로 떨어질 것이고, 북한으로의 귀국자가 증가하는 결과를 가져올 것으로 예상되었기 때문이다. 통계에 의하면, 1955년 당시 전체 생활보호자 중 재일조선인의 평균 비율(24.06%)은 일본인의 평균 비율(2.15%)보다 11배 이상을 능가하고 있다. 이러한 상황 속에서 1956~1957년 사이 일본 정부는 재일조선인의 생활보호비 삭감 조치를 실시하여 재일조선인의 생활 및 기업활동에 큰 타격을 주었다. 총련은 재일조선인의 빈곤상황은 "1956~1957년 사이 생활보호비 (55년 12월, 13만 8,000명, 월액 2억 4,000만엔→ 57년 6월, 8만 1,000명, 월액 1억 4,000만엔)가 삭감되어 보다 심각한 상황이 되었다"라고 보고하고, 기업인, 상공인 등도 융자조건 등이 엄격해져서 재정적으로 곤란한 상황이 되었고, 대학졸업자들의 취업율도 낮아졌다고 인식하고 있었다.[26] 동시기 범죄율에 대해서도 법무성의 자료에 의하면 재일조선인의 범죄는 1957년에 "천명당 일본인 6.7명에 대비하여 조선인은 37.3명으로 높은 범죄율을 보인다"고 적고 있다.

하지만, 50년대 후반 일본 당국이 재일조선인의 귀국사업에 적극적이었던 주된 이유는 재일조선인의 일본 사회에 대한 비판적인 의식과 좌파적인 경향에 대한 우려였다고 보인다. 1956년부터 시작된 총련의 조국방문 파견과 귀국운동에 의해 일조협회, 일본공산당 등 일본 내의 좌파단체와 총련의 연계가 강화되어 가고 있었다. 특히 50년대 후반 일본의 안보조약 개정문제가 등장하게 되었고, 일본 국내에서도 대중적인 데모행위가 일어나고 있었다. 일본 당국은 재일조선인의 전국적인 집단 귀국운동과 안보조약 개정 반대운동과의 연계를 우려하고 있었다. 이러한 재일조선인이 일본 사회에 미치는 정치, 경제적 불안요인이 일본 당국으로 하여금 재일조선인의 집단 귀국의 실현에 적극적으로 가담하게 하였다고 보인다. 일본 정부는 재일조선인의 집단귀국을 거주지 선택의 자유에 의한 인도적 조치로 행하였다고 일관되게 설명하고 있지만, 그것은 일본 사회의 골칫거리들을 '내쫓기' 위한 것이었다고 의심받기에 충분한 이유가 있었다.

Ⅳ. 한일회담과 재일조선인 귀국운동 결착

1. 3가지의 선결과제와 귀국운동의 고착상태

일본과 북한당국이 1955년 말부터 재일조선인 귀국문제의 검토에 들어갔음에도 불구하고 1958년 중반까지 실제 대중적인 집단귀국운동

---

26) 한덕수, 1989 <사회주의 조국이야말로 재일동포들의 한없이 따사로운 어머니의 품> ≪귀국실현30주년기념문집≫ (총련중앙상임위원회, 도쿄) 21

은 일어나지 않았다. 이것은 재일조선인 귀국문제와 관련한 어떠한 제
안도 모두 거부하는 한국 측의 강력한 반대가 큰 이유 중의 하나였지
만, 주되게는 3가지의 외교문제가 한일관계에 긴장감을 높여가고 있었
기 때문이다. 그것은 오무라 수용소의 수용인 강제송환문제, 부산에 억
류되어 있는 일본인 어부문제, 그리고 결렬되었던 한일회담의 재개문
제가 그것이다.

먼저 1955년 말에 들어서 오무라 수용소의 수용자 강제송환문제가
긴급한 인도적인 문제로 대두하였다.[27] 총련이 12월 8일의 '귀국 희망
자 도쿄대회'에서 '국회에 공식요청'한 내용에 의하면 밀입국자 1,263
명이 수용되어 있고, 그 중에서 57명이 한국으로의 강제송환에 반대하
고 북한으로의 송환을 희망하고 있었다. 그들에 대해 당연히 한국은
한국으로의 송환을 요구하였고, 북한과 총련은 한국으로의 강제송환을
반대하고 있었다. 국제적십자사도 이 문제를 중요한 '인권문제'로 인식
하고 있었고, 일본의 국회도 현지조사를 하고 있었다.

두번째는 부산에 억류되어 있는 일본인 어부문제도 심각한 한일 갈
등의 문제였다. 1952년 이승만 대통령은 일본에 대해서 '일방적'으로
평화라인(이승만 라인)을 설정하였고, 이 라인을 침범한 일본인 어부를
나포하였다. 통계에 의하면 1952년부터 1958년 5월까지 약 200여 명
의 일본인 어부가 부산에 억류되었다. 한국 당국은 일본이 오무라 수
용소의 수용자를 한국 국적으로 간주하지 않는다면, 나포된 일본인 어
부를 돌려보내지 않겠다고 주장해 일본 측에 압력을 가하고 있었다.

마지막으로 1952년부터 시작된 한일회담의 고착문제였다. 1952년 2
월에 시작된 한일회담은 1953년 10월의 구보타 발언으로 결렬된 이후

---

27) 1948년 4.3사건과 남북 단독정권 수립 이후, 한반도의 정치적 상황이 불안정
   해지자 귀국한 조선인 및 남로당 출신의 좌파계의 사람들이 일본에 밀항하였
   다. 그리고 불법체류자는 나가사키의 오무라 수용소에 수용되어 한국에 강제
   송환되었다.

교착상태에 빠져있었다. 만약 재일조선인 귀국이 먼저 실현된다면 북한의 전략대로 한일관계보다 북일관계가 급격히 진전될 가능성이 높았다. 북한은 이러한 정치적 긴장 상태를 파악하고 있었기 때문에 재일조선인 귀국문제를 북일관계 개선의 입구로서 활용하는 한편, 그것은 동시에 한일회담 저지의 카드가 될 것으로 인식하고 있었을 것이다.

일본적십자사가 국제적십자사에 보낸 서한에 의하면, 이 세개의 문제가 동시에 혼재하고 있는 상태에서도 1956년 단계에서 일본은 국제적십자사의 주도가 있으면 재일조선인 귀국문제가 실현가능하다는 인식을 가지고 있었던 것으로 보인다. 그러나 일본 측은 국제적십자사가 제안한 재일조선인 문제를 협의하기 위한 4자회담이 한국 측의 반대로 결렬된 1957년 2월 이후 한국정부와의 직접교섭을 추진하였으나 큰 성과를 거두지 못하고 있었다.

2. 한일교섭을 통한 상호석방의 모색

한국과 일본은 북한의 대일접근을 인식하고 있는 상태 속에서 한일회담의 진전 필요성을 인식하고 있었음에도 불구하고 대립하고 있는 현안 과제들을 회피한 채 회담을 지속하기에는 무리가 많았다. 상호간의 타협을 모색해 가는 과정 속에서 특히 오무라 수용소의 재일조선인 억류문제와 부산 억류의 일본인 어부문제는 인도적인 측면에서 양국에 정치적 부담이 되고 있었던 것도 사실이다. 한일 양국이 이 두 가지 현안의 해결을 통해 한일회담을 본궤도에 복귀시키려는 의지는 상호 석방이라는 타협 지점을 찾도록 하였다고 할 수 있다.

일본 외무성은 1955년 7월 25일 일본의 한국대표부를 통해서 억류 선원의 대우 개선과 조기 송환을 요청하였다. 그리고 일한어업대책본

부도 김용식 공사를 직접 방문하여 동일한 요청을 하였다. 이러한 요
청에 대해서 김용식 공사는 "일본의 오무라 수용소에는 사망자가 4명
이 있고 대우도 좋지 않다"라고 상호 개선을 요구하였다. 이후 8월 21
일 외무성의 요구에 대하여 한국 정부는 "억류자에 대하여 비인도적인
취급을 하고 있는 것은 한국이 아니고, 일본이다. 일본은 오무라 수용
소에 몇 년에 걸쳐서 수백 명의 한국인을 억류하고 있다"는 성명을 발
표하는 등, 한국은 오무라 수용소 문제와 부산 억류자 문제를 동일선
상에서 다루고자 하였다.[28]

　　한국은 한일 간의 급증하고 있는 수용소 억류자 문제를 인식하면서
일본에 대해서 오무라 수용소에 수용되어 있는 수용자 가운데 45년 이
전부터의 거주자에 대해서는 석방을 요구하였다. 이들은 한국을 탈출
한 밀입국자라기보다는 해외 공민으로서의 법적 보호대상인 일반 범죄
자에 해당하기 때문이었다. 1955년 10월 3일 외무성, 법무성, 경찰청
당국자가 상호석방에 대해서 의견조정을 하였지만, 이들은 정당한 이
유 없이 억류되어 있는 일본인 어부와 밀입국 및 악질범죄로 인해 수
용되어 있는 조선인의 상호거래는 통용될 수 없고, 국내 석방은 치안
상의 책임을 질 수 없다는 이유로 강력히 반대하였다.[29]

　　그러나 법무성은 국회에서의 문제 추궁에 대해서 "이번에 한해서 장
래의 조치에 영향이 없다는 전망이 보이면 어떻게든 생각해 볼 여지가
있다"라는 입장을 표명하였다. 12월 14일의 예산위원회에서도 출입국
관리국장은 "악질 외국인은 당연히 국외추방이 가능하다"라는 입장을
표명하였지만, 이듬해 3월 28일 김용식공사와 시게미츠(重光) 외상과의
상호석방에 관한 회담이 이루어지고, 4월 2일에 상호석방에 대한 의견
일치가 이루어지면서 일본 당국자 내에서 상호석방의 동의가 이루어지

---

28) 日韓漁業對策協議會, 1968 ≪日韓漁業對策運動會≫ (內外水産硏究所, 東京) 169
29) 日韓漁業對策協議會, 1968 ≪앞 책≫ 190

기 시작하였다.

특히 1957년 5월 김유택(전 한국은행 총재)이 주일본 한국대표부 대
사로 부임한 후 한일회담은 다시 진척되었다. 김대사는 기시(岸) 수상
과 회담한 후 ①억류자의 상호석방, ②구보타 발언의 철회, ③대한청
구권의 포기, ④공동성명의 발표에 합의하였다. 그리고 12월부터 시작
된 한일교섭에서 한일 양국은 '수용 한국인 및 수용 일본인 어부에 대
한 양해각서'와 '한일회담의 전면재개에 대한 각서'에도 조인하였다.
한일회담의 장애였던 '구보타 발언'이 일본에 의해 철회되었지만, 이것
은 일본인 어부를 석방시키기 위한 일본의 정치적 외교수단으로서의
측면이 강했다고 할 수 있다.

우여곡절을 겪은 끝에 만들어진 상호 석방 합의 (오무라 수용소의
재일조선인 474명, 부산수용소의 일본인 어부 922명의 상호석방)에 기
반하여 1958년 2월부터 집단송환이 재개되었고, 억류된 일본인 어부들
이 순차적으로 부산에서 일본으로 송환되었다.

3. 한일회담과 재일조선인 송환의 분리

그러나 1958년 2월 3일 후지야마(藤山愛一郞)외무상이 국회에서 북
한으로의 송환을 희망하는 오무라수용소의 수용자가 "한국에 송환되
면 처벌이 기다리고 있다"며 송환되지 않겠다는 취지를 표명한 것에
한국은 강력히 반발하였다. 집단송환의 전면중단에 의해 수용기간이
다시 길어지는 가운데 일본이 북한으로의 송환 희망자의 한국 송환을
거부함에 따라 한국은 일본의 예상 외의 조치에 대해 다시 한 번 불신
감을 증폭시켰다고 할 수 있다.

한편, 한일 간의 합의내용 중에서 북한으로의 귀국 희망자에 대한

구체적인 토의가 포함되어 있지 않다는 것이 알려지면서, 오무라 수용소에서도 강제송환에 대한 반발이 강하게 일어났다. 특히 1958년 6월이 되면서 강제송환 반대 집단 단식투쟁이 북한과 한국 측의 양쪽 지지자들로부터 시작되었다. 일본 정부는 대부분의 일본인 어부들이 안전하게 귀국할 때까지 총련과 북한의 강한 반발에도 불구하고 이러한 사태를 그대로 방치하였다. 그리고 일본정부는 일본인 어부들의 안전이 확보된 후인 7월에 그들을 일본 국내에 가석방하는 조치를 취함으로써, 북한, 총련 및 국제적십자사의 불만을 일단 잠재웠다. 당연히 한국 측에서는 이것에 강력하게 반발하였고 한일회담은 다시 소강국면에 들어갔다.[30]

    일본인 어부의 안전귀환이 확인되고, 오무라 수용소의 북한송환 희망자들의 가석방이 이루어진 후 일본 당국은 재일조선인 귀국실현을 위한 '적절한 시기'를 구체적으로 검토하기에 이른다. 이 시기 일본 당국은 3개의 과제를 해결함에 있어서 오무라수용소 문제와 부산억류 어부의 문제를 동시에 해결하지만, 한일회담은 이 두 문제와 분리하여 대응하려고 했던 것이다. 그러나 놀라운 것은 이러한 접근방식에 대해서 한일 예비교섭이 시작된 1957년 5월 일본 적십자사의 이노우에가 국제적십자사에 보낸 서한에서 벌써 확인되고 있는 시나리오였던 것이다. 이노우에는 이 서한에서 재일조선인의 북한으로의 송환의 '적절한 시기(most suitable time)'를 몇 개의 가설을 세워서 설명하면서 "한일회담이 결렬되더라도 상호석방이 실현된다면 우리들은 즉시 북한으로의 귀환을 실현시켜야만 한다"라고 적고 있다.[31] 말하자면 이노우에는 인

---

30) 한국은 <억류자의 상호석방 실시에 관한 한일연락위원회>에서 항의하였고, 한일회담은 난관에 봉착하였다. 한국 측은 가석방된 이들의 북한으로의 귀국을 인정하지 않는다는 내용의 약속을 받아내려고 하였으나, 일본 측은 곧바로는 귀국시키지 않고, 당분간은 일본에 체류시키겠다는 것으로 타협을 하려고 했다. 高崎宗司, 1996 ≪檢証 日韓會談≫ (岩波新書, 東京) 91

도적인 두개의 문제를 먼저 처리하고 나서 한국의 반발에 따른 일시적인 한일회담 단절은 불가피하지만, 오히려 이 시기가 재일조선인의 집단귀국을 위해서는 가장 '적절한 시기'라고 주장하고 있다.

한편 1959년 2월 재일조선인의 귀국문제에 대하여 일본정부의 '각료승인'이 결정될 때까지 일본정부 내에도 재일조선인 귀국 허가에 대한 강한 저항이 존재하였다.[32] 귀국 지원 여론의 고양에도 불구하고 기시 내각의 귀국운동에 대한 당초의 태도는 소극적인 것이었다. 기시 수상은 한일회담에 미치는 부정적인 영향을 고려하여 한일회담이 타결될 때까지는 북한의 제안에 응할 의지가 없었던 것으로 보인다. 또한 후지야마외상도 1958년 10월에 총련의 한덕수 의장의 협력 요청에 대하여 적극적인 자세는 보이지 않고 있었다.[33]

하지만 이해 12월 후지야마 외상은 "귀국 희망자의 출생지와 관계없이 국제법적, 인도적 차원에서 귀국문제를 해결하고 싶다"라고 말하였으며, 한층 더 나아가 다음해 1월 오사카에서 열린 기자회견에서 "재일조선인의 북한으로의 집단송환을 검토하고 있다"라고 말하였다. 이 시기부터 귀국문제에 대한 일본정부의 태도 변화가 명백히 드러났던 것이다.[34] 일본 각지에서 전개된 귀국운동이 기시 내각에 대한 강한 압력이 된 것은 틀림없지만, 일본 정부내에도 전술한 것과 같은 집단귀국에의 '적절한 시기'를 놓쳐서는 안된다는 인식이 작용하고 있었던 것으로 보인다.

결국 일본정부는 1959년 2월 13일 마침내 재일조선인의 귀국사업을

---

31) 외무성공개자료 (이노우에의 서한), 1957.5.31
32) 일본법무성은 동년 12월 10일자로 '재일조선인의 귀국운동은 북한정부의 지령에 의한 것'이라고, 각 도부현지사에게 통달하였다. 高峻石, 1974 ≪앞 책≫ 244
33) 金東祚, 1968 ≪韓日の和解≫ (サイマル出版會, 東京) 172
34) 金東祚, 1968 ≪위 책≫ 159

'각료 승인사항'으로 결정하였다. 기시 수상은 각료회의 직후, "인도주의적 입장 및 국제 통념에 따라가는 의미에서 귀국 희망자에게는 그것을 허락하는 조치를 취한다"라고 말하였다. 기시 수상의 이러한 결정은 일본 정부 내부의 재일조선인 송환을 추진할 것을 주장한 후지야마 외상, 외무성, 법무성, 후생성의 주장에 수상 자신이 동의한 것을 의미하였다.

1959년 12월 14일 957명을 태운 제1차 귀국선이 니이가타 항을 출발하여 원산항에 도착하였다. 북한 측은 대대적인 환영행사를 하였고, 다음날 평양에서는 환영대회가 열렸다. 이 곳에서 북한 측 대표는 '재일조선인의 조국의 품으로의 귀국은 조국 인민의 승리이고, 민족대단결의 일환'임을 강조하였다. 재일조선인의 귀국과 동시에 북한에서는 "사회주의 조국의 위대성을 전 세계에 보였다" 라며, 한국전쟁 이후 민족의식의 최대 고양기를 맞이하였다. 각국의 여론도 사회주의 진영은 북한으로의 귀국에 대해서 '사회주의 진영의 승리'라고 보도하였고, 자유주의 진영은 "개인의 자유는 선택되지 않았다"라며 냉담한 반응을 보였다.

4. 북한의 집단귀국운동의 주요한 요인과 한일회담과의 관계

한편, 북한이 1958년 전후 재일조선인 집단귀국사업을 추진한 배경은 무엇이었을까. 북한의 내부자료에 접근하지 못하는 한계는 있지만 동시기의 북한의 내외정세를 중심으로 파악해 보고자 한다. 50년대 후반 북한에 의한 재일조선인 집단귀국사업의 요인에 대해서는 주로 3가지가 거론되고 있다. 그것은 ①부족한 노동력 공급 ②북일 국교정상화 운동 ③한일회담 저지이다. 그러나 주목해야 하는 것은 이러한 몇 가지 귀국사업의 요인은 북한의 장기간에 걸친 귀국사업의 전개 중에서 북한의 대내외의 상황에 의해서 그 중요성의 우선 순위가 변화하였고, 또한 동시에 귀국사업의 목적도 변화해 온 측면이 있다는 것이다. 말하자면, 북한의 재일조선인 귀국사업은 1958년 8월 전후만이 아니라 1953년 한국전쟁 직후, 1955년 5월 총련 결성 이후, 1956년 8월의 분파투쟁 이후, 1961년 한국에서의 군사쿠데타 등 북한을 둘러싼 대내외 상황 변화와 밀접한 관련을 갖고 진행되어 왔다는 점이다. 1958년 8월 집단귀국운동의 개시는 한국전쟁 이후부터 시작된 북한의 재일조선인 귀국사업의 지속적인 전개과정의 결과인 것으로 이해할 수 있다. 이러한 측면에서 각 요인을 검토해 보고자 한다.

첫째로, 북일 국교정상화운동으로서의 귀국사업이다. 재일조선인 귀국문제는 북한이 북일국교정상화를 제안한 1954년 남일성명 발표 이후, 북일관계 개선의 창구로서 전술적으로 고려되었다. 재일조선인 귀국문제는 북일 양 정부 당사자의 결정과 교섭이 없이는 불가능한 사업이었고, 그것은 북일 관계개선의 필요성을 요구하는 중요한 계기이기도 하였다. 하지만 일본 측은 처음부터 인도적 문제로서의 재일조선인 귀국문제와 정치적 문제로서의 북일 국교정상화 문제를 분리해서 대응하였다. 일본 측이 북일 적십사사와 국제적십자사의 역할론을 강조한 것은 재일조선인 귀국문제가 한일관계에 균열을 가져와서 북일관계 개선이라는 정치문제로 발전하는 것을 우려하였기 때문으로 보인다.

한편 북한 당국도 재일조선인 귀국문제를 북일 국교정상화의 전제조건으로 꼭 요구하는 것은 아니었다. 북한은 1954년부터 재일조선인 귀국문제를 제안한 것을 계기로 조일우호운동을 전개하였고, 조일무역 교류의 확대에도 관심을 가졌다. 북한이 1958년 말 국제적십자의 중재를 받아들여 재일조선인 귀국운동을 실현했을 때에도 북일교류의 확대와 무역의 증대, 자유왕래의 실현 등 '단계적인 방식'에 의한 장기적인

국교정상화 노선을 가지고 있었기에 1958년 8월 단계에서 북일 국교
정상화를 제안하기 위해서 갑자기 집단귀국운동을 시작했다고는 생각
하기 어려운 측면이 있다.

두 번째로 노동력 부족에 따른 귀국운동의 실현이다. 한국과 일본
당국도 재일조선인 귀국운동은 북한의 부족한 노동력을 보충하기 위하
여 이루어졌다는 인식이 지배적이다. 한국 측은 이것을 '북한의 전투
력' 강화를 위한 목적이라는 극단적인 표현을 사용하기도 하였다. 농
촌의 노동력의 부족을 보충하기 위하여 1954년 11월부터 농업집단화
(공동화)가 놀라운 속도로 전개되었고, 1958년 8월에는 공동화의 완료
가 선언되었다. 그러나 이러한 집단화에도 불구하고 농업분야에 있어
서의 노동력 부족, 경작면적의 감소, 곡물생산량의 저하 등의 문제는
매우 심각하였다.[35] 게다가 1954년 9월부터 1958년 10월까지 실시된
약 30만의 중국인민지원군의 철수는 건설현장에서의 노동력 공백상태
도 불러왔을 것이다.

1956년 전후부터 공업분야에서도 농업분야에서도 노동력이 결정적
으로 부족한 상황이 발생하였다. 이러한 상황을 반영하여 1956년 1월
김일성은 북한의 노동력 부족을 솔직히 인정하면서 "공업 건설에 필요
한 노동력을 농촌에서 보충하는 것은 불가능하다"라고 지적하고 있다.
이것은 그외의 어떤 곳으로부터 노동력을 보충하지 않으면 안된다는
것을 이미 암시하고 있었던 것이다.[36] 60만이 넘는 재일조선인의 귀국
사업이 노동력 부족의 긴급한 해결책으로 간주되었다는 것은 쉽게 상
상할 수 있다.

---

35) 북한의 공업 대 농업의 총생산액의 비율은 1964년(28 : 72), 1949년(47 : 53),
　　1953년(42 : 58), 1956년(60 : 40), 1960년(71 : 29)이었고, 1956년 이후, 농업
　　생산량이 감소하고 있다. 1961 ≪조선중앙년감≫ (조선중앙통신사, 평양) 322
36) 金日成, 1967 <건설사업에서의 혁신을 위하여> (전국건축가 및 건설자회의
　　에서의 연설, 1956.1.30) ≪김일성저작선집1≫ (조선노동당출판사, 평양) 590

그러나 귀국한 사람들의 경력, 북한에서 배치된 곳 등에 관하여 탈
북자들과 총련 관계자들의 증언을 종합해 보면, 귀국한 재일조선인들
이 장기적으로는 북한의 국가건설에 결정적인 노동력이 되었다고는 생
각하기 어려운 측면들도 많다. 귀국한 사람들의 다수는 조선어를 거의
말할 수 없었던 2세였고, 일본에서의 생활 곤란자, 노인, 취학 희망의
학생 등이 중심이었다. 그리고 당시 북한에서는 사회주의 건설을 위한
사상, 기술, 문화의 3대혁명을 철저하게 실시하면서 집단 동원에 의한
건설을 진행하고 있었기에 자본주의 사회에서 온 귀국자들은 사회의
규율과 풍습을 흐트러뜨리는 요인으로 간주되기도 하였다. 북한에서는
그러한 귀국자들을 감시하기 위한 인력을 배치해야 했기에 오히려 부
족한 노동력이 한층 더 손실되는 측면도 있었다고 한다. 재일조선인의
'북송'을 반대하던 한국 당국에서는 그들이 북한의 '병력'이 될 수도
있다는 이유를 제시한 적도 있지만 실제 귀국한 재일조선인들은 국가
건설의 주요 분야인 공업분야에는 거의 배제되었고, 대부분이 평양 이
외 지역의 집단농장, 어촌, 산속의 농촌 등으로 배치된 것으로 보인다.

세번째로 한일회담 저지를 위한 귀국운동이다. 재일조선인 귀국운동
은 한일회담과도 밀접한 관련을 가지고 있다. 1957년 말 오무라 수용
소와 일본인 어부의 억류문제가 해결됨으로써 한일 국교정상화 교섭의
장애물이 하나씩 해결되어갔다. 그리고 1958년 4월부터 한일회담이 재
개되었고, 이후 한일회담은 본격적인 궤도에 올라가려는 듯이 보였다.
하지만 그해 8월부터 시작된 집단귀국운동은 이러한 한일회담의 재개
시기와도 일치하고 있었다. 이것은 북일 관계개선을 한일관계 개선보
다 우선적으로 실현하고자 하는 북한으로서는 재일조선인의 대대적인
귀국운동을 통해서 한일관계를 분리시키고 한일회담을 저지하려는 측
면이 있었다고도 보인다. 또한 한국과의 체제경쟁을 하고 있는 북한으
로서는 일본을 대상으로 재일조선인의 귀국을 실현시킴으로써 한국보

다 대외적 정통성의 우위를 증명하려는 노력도 있었다고 판단된다. 1959년 12월 재일조선인의 귀국 실현과 동시에 북한의 예상대로 한일교섭도 일시적으로 결렬되었다.

하지만 2개월 후 한일회담이 재개되어 일본은 한국 측에 재일조선인 귀국문제에 대한 이해를 구하면서 한일회담의 진전에 대한 의사를 보였다. 재일조선인 귀국사업으로 한일회담이 일시적으로 중단된 것은 사실이지만, 북한으로의 귀국사업의 실현은 한일관계 개선의 장애물을 제거한 것으로 북한의 의도와는 반대로 오히려 한일관계 개선을 촉진시킨 측면도 있었던 것이다. 이것은 일본 측이 재일조선인 송환사업과 북일관계 개선을 분리해서 사고한 것과 북일관계를 한일관계보다 우선시하는 대한반도 정책이 형성되어 가고 있었기 때문이다. 북한의 기대와는 달리 일본은 북일관계 개선을 서두르지 않았으며, 이것은 현재까지 북일관계 개선이 되지 않는 역사적 배경의 하나라고 할 수 있다.

북한의 재일조선인 귀국운동은 준비부족에도 불구하고 한일회담에 대한 대응을 통해서 제안된 것을 부인할 수 없다. 하지만 그 속에서 북한이 대외적인 요인보다도 내부적인 정치적 필요성에 따라 재일조선인 귀국운동을 무리하게 추진한 것이 선명히 드러났다. 북한에서는 1959년부터 ≪항일빨치산 참가자의 회상기≫가 출판되는 등 김일성 중심의 항일무장투쟁의 전통이 국가 정통성의 최고 지위를 확립해 가는 국내 정치적 분위기이기도 하였다. 이것은 구 일본제국에 대한 적개심이 사회 전체에 강조되었고 또한 식민지시대 일본에 경제적 목적으로 이주한 재일조선인과 그 가족들은 '기회주의자'로 평가되어 일본에서 귀국한 사람들과는 어느 정도 거리를 두는 사회 분위기가 팽배한 시대였다고 한다. 이러한 특성들은 북한이 재일조선인의 집단귀국사업을 국가건설을 위한 예비 노동력을 확보한다는 측면보다는 그 사업의 실현을 통한 정치적 효과를 노렸다는 주장이 더 설득력을 갖게 된다.

북한에서의 이러한 귀국사업의 '정치적 의미'에 대하여 김일성은
'영접위원회 회의'에서 이미 지적하고 있었다.[37] 또한 한덕수도 후에
귀국 30주년 기념 강연에서 이것과 유사한 내용을 말하고 있다.[38]

> 재일조선 동포를 조국으로 데려오는 것은 정치적으로도 매우 중요한 의
> 미가 있습니다. 재일조선 공민들의 공화국 북반부로의 귀국이 실현되면 남
> 북조선 전체 인민과 해외에 있는 모든 조선 동포들에게 큰 정치적 영향을
> 줄 것이고, 우리 근로자와 남조선 인민, 그리고 해외의 모든 조선 동포들이
> 우리나라에서 진정한 애국자가 누구이고 매국자가 누구인지를 좀 더 확실
> 히 알 수 있게 될 것입니다.[39]

V. 결 론

1954년 2월 북한이 재북 일본인 귀국문제와 재일조선인 귀국문제를
동시에 해결할 의사를 밝힌 것은 전후 북한이 일본과의 관계개선을 요
구하는 첫 시도였던 것이다. 이 시기 북한은 북일 우호친선교류를 통
한 민간차원의 경제교류의 확대와 재일조선인의 귀국을 통해 전후 복
구를 위한 노동력 확보를 고려한 것으로 보인다. 하지만 북한은 이 단
계에서 일본과의 관계정상화나 재일조선인의 귀국운동이 쉽게 실현될
것이라고는 생각하지 않았다. 또한 재일조선인의 귀국운동을 일본과의
관계 정상화를 위한 전제수단으로 생각하지도 않았다. 북한은 먼저 우
호적인 대일조치를 통해 일본과의 관계개선을 위한 창구를 마련할 필
요성이 있었던 것이다.

---

37) 김일성, 1997 <일본에서 귀국하는 동포들을 영접하는 준비를 잘 하는 것에
대하여> (내각 제3차 전원회에서 한 연설, 1959.2.16) ≪재일조선인운동의 강
화발전을 위하여 1≫ (조선노동당출판사, 평양) 50
38) 한덕수, 1989 ≪앞 책≫ 11
39) 김일성, 1997 ≪앞 책≫ 50

하지만 1958년 전후 재일조선인 귀국운동은 김일성 체제의 정당성을 증명하기 위한 대내외적으로 정치적인 민족운동으로 변모하면서 순수한 인도적인 귀국운동으로는 더 이상 존재할 수가 없게 되었다. 총련이 귀국운동을 통해 사회주의 민족의식을 고양시키면서, 재일조선인 운동과 북한 노동당과의 일원화를 추진해가는 계기로 활용한 것은 1958년 중반 이후 집단귀국운동의 정치적 성격을 보여주는 중요한 측면이다.

한편, 재일조선인 귀국운동은 한일회담을 방해하는 중요한 수단이 되기도 하였다. 한일 양국은 재일조선인 귀국운동을 둘러싸고 갈등과 대립을 지속하였지만, 오무라 수용소와 부산 억류 수용자 문제를 상호 석방으로 동시에 해결함으로써 재일조선인 송환의 전제조건을 만들었다. 일본은 이 기회를 놓치지 않고 재일조선인 귀국운동을 실현하였고, 한국은 강력히 반발하였음에도 불구하고 한일회담을 재개함으로써 북일관계가 한일관계보다 우선시되는 것을 저지하려고 하였다. 이것은 전후 한일관계가 재일조선인 송환문제의 해결을 통해서 출발하게 된 것을 의미하였고, 북일관계는 역으로 재일조선인 송환문제의 유산만 남긴 채 정상화와는 거리가 먼 비정상관계를 지속하는 계기가 되었다고 할 수 있다.

1950년대 후반에 시작된 재일조선인의 귀국운동은 냉전구조 속에서 이동의 자유가 없었던 사람들의 제한된 정보에 의한 강요된 선택의 결과이기도 하였다. 거주지 선택의 자유라는 인도적인 측면보다도 과잉선전과 기획을 통해 정치적 목표를 달성하려고 하였던 북한 당국과 총련이 귀국사업의 일차적 책임이 있는 것은 사실이다. 하지만 한국 정부의 재일조선인 귀국에 대한 거부는 재일조선인의 탈출구에 대한 봉쇄였으며, 이러한 전제조건 속에서 국내의 골칫거리를 내 쫓으려는 일본 정부의 음모와 이 음모를 국내외적으로 활용하려는 북한당국의 정치적 이해가 맞아 떨어지면서 50년대 후반 불가능했던 집단귀국이 실현되는 연쇄작용이 발생하기에 이르렀다.

재일조선인 귀국사업은 동아시아에서 이루어진 제한된 운동만이 아니었다. 제3세계 국가에게 선택을 강요하던 사회주의와 자본주의 대결진영은 재일조선인의 귀국운동을 통해 각 체제의 우위를 선전하는 방향으로 이용하였으며, 그 속에는 중국과 소련의 적극적인 지지와 미국의 침묵, 국제적십자사의 개입이라는 강대국과 국제기구의 협력 속에서 진행된 국제적 귀국사업이기도 하였다.

재일조선인들이 식민지의 경험과 한국전쟁, 분단 조국의 현실, 일본의 차별구조의 존재와 조국에 대한 동경이라는 역사적 경험을 가진 존재들이라는 점을 고려하면, 북한으로의 집단귀국의 선택이 꼭 재일조선인들의 수동적 선택 또는 강요된 선택이었다고 일방적으로 설명하기 어려운 측면도 있다. 총련과 북한 당국이 주도한 북한공민화운동, 즉 사회주의 조국배우기 운동은 새로운 사회주의 민족운동의 일환이었기에 재일조선인들은 일본의 구조적인 차별 속에서 생활하기보다는 사회주의 조국의 건설이라는 주체적 의식 속에서 현실보다는 이상을 선택하였고, 그 결과는 돌이킬 수 없는 선택을 하게 되었다.

냉전 종결 이후 동아시아지역에도 냉전시대의 국가권력에 의한 개인의 인권침해가 국제적인 테마가 되고 있다. 이것은 이 지역에도 냉전구조의 해체 과정으로서 국가권력과 '인간의 안전보장 문제'가 새롭게 제기되고 있다는 것을 의미한다. 동아시아에서 인간의 안전보장 문제를 고려할 때 북한의 인권문제는 무엇보다 중요하며 특히 북일관계의 비정상적인 관계속에서 발생한 10만 명의 재일조선인의 집단 귀국 문제는 지금까지도 그 진상과 배경이 확실하게 밝혀지지 않은 채 어둠에 묻혀있다.

북한으로 귀국한 재일조선인들이 강제수용소 또는 탈북자로서 북한을 탈출하고 있는 상황이 전개되고 있지만, 재일조선인 귀국사업의 실체를 해명하고 있지 않은 한국과 일본, 북한의 당국들은 이들의 존재를 인정하지 않은 채 이들은 또 다른 인권침해 속에서 망명자로 생활하지 않을 수 없는 상황이 지속되고 있다. 북일 간에 존재하는 인도적 문제들은 이미 정치문제로 존재하고 있으며 순수한 인권문제로의 접근이 불가능한 사안들이 대부분이다. 따라서 외교적 수단을 봉쇄하고 일방적인 제재 등에 의한 방법으로 북한이 안고 있는 인도적 문제들의 해결을 위한 효과를 기대하는 것은 불가능하다.

전후 한일관계 및 북일관계 속에서 공백의 역사로 기록되어왔던 재일조선인 귀국운동은 동아시아의 대표적인 외교문제였으며, 이는 외교적인 프로세스를 통해 국제적인 틀 속에서 재일조선인 집단귀국 문제와 인도적인 조치 여부가 언젠가는 토론되어야 한다는 것을 의미한다. 그것을 위해서도 국내외의 각 행위 주체들(총련, 일본공산당, 사회당, 자민당 등 일본의 국내주체들과 한국, 미국, 일본, 북한, 국제적십자사, 소련 및 중국 당국자 등의 정부주체들)의 구체적인 역할론 등이 앞으로 구체적으로 해명되어야 할 것이다.

The Repatriation of Korean residents in Japan and formation of Japan-DPRK-ROK relation

Lee, Young-Chae

The Repatriation of Korean residents in Japan to DPRK (=Kikoku Undou=Repatriation Movement) was very important case in the formation of Japan and Korean Peninsula after post-war. While the Kikoku Undouo of Korean residents in Japan to DPRK is a significant event in the post-war history of Japan-DPRK and Japan-ROK relations, it has barely been a topic of official academic research and has been left behind as "blank history" for a significant period of time. With recent emerging interest in the Human rights of the DPRK, Japanese abduction issue and in connection to the experience of married life in the DPRK for Japanese-born women, however, Research into the repatriation issue is starting to bring results.

It was right after the end of the Korean War that the DPRK hoped to normalize relations with Japan by first promoting negotiations regarding the repatriation of Japanese residents in the DPRK (February 1954), as well as over the issue of Korean residents in Japan. At that time, there are two background factors behind the changes seen in the DPRK's policy toward Japan: 1) DPRK's intention to undertake economic exchanges with Japan; and 2) DPRK's expectation that Korean residents in Japan would serve as a labor force that could contribute to post-war recovery work. However, DPRK did not think that the normalization with Japan and the repatriation of Korean residents in Japan to DPRK was come true so easily at this stage. In addition, DPRK did not think of Repatriation Movement as a precondition for normalization with Japan either.

DPRK and Chosen Souren first envisaged a small-scale Kikoku Undou, targeting political refugees and low income people. In mid 1958, however, they officially set up a mass Kikoku Undou as a political project. During this time, mass political purges were held against those who were against the Kim Il Sung leadership—especially after the "August faction conflict of 1956." In addition, mass mobilization for a new economic plan was also required.

In order to implement mass repatriation, DPRK and Chosen Souren appealed to the Korean residents in Japan to make a contribution to the fatherland by joining mass repatriation. Emphasizing patriotism for socialist fatherland, they asserted that it was these residents' obligation to protect the socialist fatherland, strengthen the base of revolution, participate in the construction of a socialist country, and help achieve reunification.

On the other hand, Kikoku Undou by DPRK and Chosen Souren was the important political means to interfere with the normalization Japan-ROK. The Japan-ROK two countries continued a tangle and opposition over the repatriation of Korean residents in Japan to DPRK. However, a mutual exchange scheme was carried out based by agreement of Japan and South Korea government, whereby Japanese fisherman detained at Pusan were returned and those who requested repatriation to DPRK from Omura Camp were released on parole in 1957. Meanwhile, The Japanese government did not miss this opportunity and approved mass repatriation to DPRK as a "cabinet consent item."

The Korean government strongly resisted it. However, Korean government tried to prevent what Japan-DPRK relation was improved than Japan-ROK relation.This meant that Japan-ROK relations in the post-war history came to begin it through the solution of the issue of repatriation of Korean residents in Japan to DPRK.

The reason why Kikoku Undou ended was because it was not operated purely from the standpoint of human rights, but for political reasons. Problems regarding returnees rose up after the end of Cold War in a new form, and those who repatriated are now emerging as refugees from DPRK. The Kikoku Undou of Korean residents in Japan was achieved during the Cold War under circumstances whereby there were no normal relations between DPRK and Japan. Considering the standpoint of the various actors, it is clear that the Kikoku Undou was carried out because South Korea refused to accept the repatriation of Korean residents in Japan, Japan wished to "get rid of troubles," and DPRK demanded use of repatriation as a political tool. This would then imply that cooperation between the relevant countries is also necessary to solve today's emerging problems.

Key Words : Korean residents in Japan, Repatriation, Kikoku Undou, Normalization of Japan-DPRK, Talks between Japan-ROK

在日朝鮮人帰国運動と韓日・朝日関係の形成過程

李泳采

在日朝鮮人帰国運動は戦後日本と朝鮮半島の関係形成(韓日、朝日関係)において非常に重要な事件であった。ところが、今まで在日朝鮮人帰国運動はほとんど公式的な学問の対象とはならず、戦後前後韓日・朝日関係史において、長い間「空白の歴史」として放置されて来た。最近になってから、北朝鮮の人権問題、日本人拉致問題、日本人妻問題とともに、在日朝鮮人の北朝鮮への帰国問題に対する研究論文が出始めている。

朝鮮戦争直後の54年2月、北朝鮮が在朝日本人の引き揚げ問題と在日朝鮮人の送還問題を同時に解決する意思を明らかにしたことは、戦後北朝鮮が日本との関係改善を要求する初の試みでもあった。この時期、北朝鮮は朝日友好の親善交流を通じて、民間レベルの経済交流の拡大と、在日朝鮮人の帰国を通じて戦後復旧のための労働力の確保を考慮したように見える。しかし、北朝鮮はこの段階では、日本との関係正常化や在日朝鮮人の帰国運動が易しく実現できるとは思わなかったようである。

政治亡命者と生活貧困者、学生など少数の帰国運動を中心に考えていた北朝鮮と朝鮮総連は、58年半ばに入り、在日朝鮮人の集団帰国運動を政治的な方針として公式的に打ち出した。56年8月以降、北朝鮮内部では金日成一人体制への反対による大量の政治粛清が行われ、また、その中でも新しい経済計画への人民の動因が必要な時期であった。

北朝鮮と朝鮮総連は、帰国運動を実現するため在日朝鮮人に対して「社会主義祖国」への愛国心を強調しながら、在日朝鮮人の任務は、社会主義祖国の死守、民主基地の革命的な強化、北朝鮮での社会主義建設への参加、そして祖国統一にあると主張し、集団帰国を通じた祖国への貢献を呼

びかけた。

　北朝鮮による在日朝鮮人帰国運動は韓日会談を妨害する重要な政治的手段でもあった。韓日両国は在日朝鮮人帰国運動をめぐって、葛藤と対立を持続していたが、57年、大村収容所と釜山抑留の漁師問題を相互釈放による同時解決を図ることで在日朝鮮人送還の前提条件を作った。日本側はこの機会を逃さず、政府の「閣議了解」で許可し、在日朝鮮の帰国運動を実現させた。

　韓国側はそれに強く反発したにもかかわらず、韓日会談を再開することで朝日関係が韓日関係より優先されることを阻止しようとした。これは戦後韓日関係が在日朝鮮人の送還問題の解決を通じて出発するようになったことを意味した。

　純粋な人道的な面ではなく、政治的な側面で行われた集団帰国運動は、実施されてからすぐ終わった。ところが、冷戦終結後、北朝鮮から脱北者として彼らの問題が新しく登場している。冷戦期、朝日国交がない状態で、韓国側の受け入れ拒否、日本側の追い出し、北朝鮮側の政治的な利用の思惑が一致した時点で在日朝鮮人帰国が実現されたということは、この問題の解決のためには関係国の協力が必要であることを反映している。

主題語：在日朝鮮人、帰還、帰国運動、日朝国交正常化、韓日会談

찾아보기

· 한일관계사연구논집 편찬위원

　위원장 : 조　광(고려대학교 한국사학과 교수)
　위　원 : 노태돈(서울대학교 국사학과 교수)
　　　　　김태식(홍익대학교 역사교육과 교수)
　　　　　조법종(우석대학교 사회교육과 교수)
　　　　　손승철(강원대학교 사학과 교수)
　　　　　이계황(인하대학교 일어일문학전공 교수)
　　　　　한명기(명지대학교 사학과 교수)
　　　　　주진오(상명대학교 역사콘텐츠학과 교수)
　　　　　류승렬(강원대학교 역사교육과 교수)
　　　　　하종문(한신대학교 일본지역학과 교수)
　　　　　이석우(인하대학교 법학전문대학원 부교수)
　　　　　이찬희(한국교육개발원 석좌연구위원)
　　　　　정재정(서울시립대학교 국사학과 교수)
　　　　　김도형(연세대학교 사학과 교수)
　　　　　정진성(서울대학교 사회학과 교수)
　　　　　현명철(경기고등학교 교사)
　　　　　신주백(연세대학교 국학연구원 HK연구교수)

해방 이후 한일관계의 재편　　　　　　　　　값 23,000원

2010년 3월 15일　초판 인쇄
2010년 3월 25일　초판 발행

　　　　　　　편　　자 : 한일관계사연구논집 편찬위원회
　　　　　　　발 행 인 : 韓 政 熙
　　　　　　　편　　집 : 신학태 김지선 문영주 정연규 안상준 문유리
　　　　　　　발 행 처 : 景仁文化社
　　　　　　　　　　　　 서울특별시 마포구 마포동 324-3
　　　　　　　　　　　　 전화 : 718-4831~2, 팩스 : 703-9711
　　　　　　　　　　　　 http://www.kyunginp.com
　　　　　　　　　　　　 E-mail : kyunginp@chol.com
　　　　　　　등록번호 : 제10-18호(1973. 11. 8)

ISBN : 978-89-499-0679-9 94910 세트
　　　　978-89-499-0687-4 94910
* 파본 및 훼손된 책은 교환해 드립니다.